税理士の未来

新たなプロフェッショナルの条件

坂本孝司 [著]
Sakamoto Takashi

中央経済社

はじめに

　10年あるいは20年後，あなたはどのような税理士であることを望んでいますか。そして，社会（国家，国民）はどのような税理士業界になることを期待しているのでしょうか。

　本書は，税理士の過去と現在の状況を踏まえながら，税理士の「未来のあるべき姿」を理論的かつ実務的に明らかにし，その目標に導く明確な道筋を示すことを目指しています。

◆職域防衛・運命打開のために

　かつて，米国公認会計士協会のジョン・L・ケアリー（John L. Carey）専務理事は，「もしも現存の業務の本質的な性格とか目的が明確に理解されないならば，現在行われている業務の改善あるいは拡張に対する機会は見逃されてしまうであろう」，「もし現存の職業がそれを満たさないならば，新しい職業が生まれてくるであろう。あるいはそれに隣接するような職業がこの新しい仕事を引き継ぐことになろう」と喝破しました（ケアリー＝加藤監訳（1970）；116頁。Carey (1965)；p.115.）。

　税理士業務の原理（philosophy）の公式化，すなわち，税理士業務の「本質的な性格と目的」が明確化されなければ，税理士の職域が防衛されず，運命が打開されないということです（職域防衛と運命打開）。

　「職域防衛と運命打開」は，職域エゴでも，単なるスローガンでもありません。どんなに時を経ても変わらない絶対概念であり，目指すべき理想像（イデア）です。ただし，その理想像を目指すための方法論は，時代背景的な「場の条件」（場の特定，参加者の条件，役割期待）によってその変化を免れません。すなわち，税理士の「職域防衛・運命打開」は，税理士業務の「本質的な性格と目的」を明確化したうえで，時代背景的な「場の条件」を踏まえて「税理士業界が勝ち残り，成長するための必要条件」を探求し続けることによってのみ実現されるのです。

◆税理士業務の原理の公式化

　税理士業界は，資格取得の経緯，経験などの相違から，まるで別々の職業であるかのような多様な人たちから構成されています。そして，一般に人は「われこそが王道を歩んでいる」と考える傾向があります。例えば，「税理士は税法に関する法律家である」とする立場の人は，税理士を「会計の専門家である」とか「経営助言の専門家である」とする考えを受け入れにくいでしょうし，「税理士は会計の専門家である」とする立場の人は，税理士を「税法に関する法律家である」とする考え方に抵抗感を抱くことでしょう。

　したがって，税理士の一人一人が真に納得するような「税理士業務の原理（税理士業務の本質的な性格と目的）」を提示することは至難の業といえます。このような困難はありますが，本書では，多くの税理士に賛同していただけるような「端的な表現」で，「税理士業務の原理」を明確化し，「税理士業界が勝ち残り，成長するための必要条件」を示すことに努めました。

◆本書の構成

　本書は全7章で構成されています。第1章では，税理士は，「税務・会計・保証・経営領域における財務的および経済的なデータの専門家」であり，税務の領域では「税法に関する法律家」として，会計の領域では「会計専門家」として，保証の領域では「税務監査人・会計参与」として，経営の領域では「経営コンサルタント」として位置づけられるべきことを示しました。そして，第2章から第5章では，税理士が行う税務業務・会計業務・保証業務・経営助言業務（税理士の4大業務）のそれぞれについて，理論的かつ実務的な解説を加えています。第6章では，税理士の4大業務の核となる「会計帳簿の信頼性」確保のために必要となる，適切な記帳・税理士による巡回監査・適切なシステムについて説明しています。第7章では「変化する時代への対応」として，中小企業金融において果たすべき税理士の役割を具体的に示しました。

　税理士業界を取り巻く外的および内的要因は常に変化し続けています。現状維持は楽であり，変化への対応は時として苦痛を伴います。しかし，変化を恐れてはいけません。変化はむしろチャンスです。税理士という職業が，将来にわたって，国家，国民から真に信頼され，尊敬されて，わが国になくてはなら

ない職業として不動の立場を築き上げ続けるために，本書が多少とも貢献できることを祈っています。

◆感謝にかえて

本書をとりまとめるにあたっては，多くの方々からの計り知れない学恩を受けています。

飯塚毅博士

職業会計人（税理士および税理士業務を行う公認会計士）の「職域防衛・運命打開」のためにその生涯を捧げられた飯塚毅博士（TKC全国会初代会長，TKC全国政経研究会初代会長）には，直接，間接に，税理士・税理士業界のあるべき姿を指し示していただきました。

大学卒業後，浜松に帰って修行させていただいた後藤允良（のぶよし）税理士事務所はTKCの会員事務所でした（先生はTKC静岡会の副会長を歴任されました）。TKCとのご縁のはじまりです。1981年4月，25歳で会計事務所開設と同時にTKCに入会しました。それから9年4ヵ月後，はじめて参加したTKC全国役員懇話会（第7回，1990年7月26日，仙台市）の会長講演で，飯塚博士は「こんなに大勢はいらない。50人が団結しさえすれば，われわれの理想とする職業法規が実現する」と熱く語られました。その時私は「絶対にその一人になる」と決心し，それ以来，会計事務所経営の傍ら，飯塚博士のご研究を手がかりにして米独の職業会計人制度・会計制度・税法などを研究する生活をはじめました。

飯塚博士は，職業会計人（税理士，公認会計士），企業経営者（TKCの創業者），研究者（税法学，法会計学，職業会計人制度），組織リーダー（TKC全国会およびTKC全国政経研究会の会長），教育者などの顔をお持ちです。本書では，税理士が行う税務業務・会計業務・保証業務・経営助言業務，さらには巡回監査やシステムなど，あらゆるところで飯塚博士の見解を参照し引用しています。その意味で，本書は，飯塚毅博士が描かれた「税理士の原理」を私的に整理して再構築したもの，といっても過言ではありません。謹んで本書を御霊前に捧げさせていただきます。

武田隆二博士

　武田隆二博士(神戸大学名誉教授，TKC全国会第3代会長)には，武田ゼミ生であった大学4年生の時に，先生との話の成り行きで「日本一の税理士になります」と無理矢理に宣誓させられました。大学卒業後，武田先生にしばらくお会いすることはできませんでしたが，(前出の1990年に仙台で開催された)第7回TKC全国役員懇話会の式典の開始直前，会場の最前列に武田先生を見つけました。おもわず駆け寄って「坂本です」とご挨拶をしました。武田先生は「久しぶりですね。ところで，あなたは何と言って私の提案を断って浜松に帰ったのか覚えていますか」と問われ，「あなたは『日本一の税理士になる』と言って私の提案を断ったのですよ。最近TKCの依頼で全国各地で講演していますが，あなたのことをよくお聞きします。日本一の税理士を目指して頑張っているようですね」とお話しくださいました。感極まりました。その直後に「こんなに大勢はいらない。50人が団結しさえすれば」という(前出の)飯塚会長の講演があったのです。私にとって1990年7月26日は運命の日となりました。

　それから12年後，武田博士はTKC全国会の会長に就任されて全国会を牽引され(2002年～2006年)，会長退任後は愛知工業大学大学院に赴任されました。この間，全国会の会務を通じて，その後は大学院の最後の武田ゼミ生として，先生から直接のご指導をいただきました。武田博士は，税理士業界は今後税務のみならず会計・保証・コンサルティングが課題になるとされ，中小企業会計基準や税理士が行う保証業務に関する理論を構築されました。先生のご期待にどの程度お応えできたのか心許ない限りですが，謹んで本書を御霊前に捧げさせていただきます。

　　＊何をもって「日本一」とするかですが，河﨑照行博士は「わが国でもっとも影響力のある
　　　税理士」と表現してくださいました(『最新 中小企業会計論』(中央経済社)の「序」)。そ
　　　のようになれますよう生涯をかけて精進したいと思います。

　また，『税理士の職務と責任』(中央経済社)を著された松沢智教授(弁護士，TKC全国会第2代会長)には，とりわけ「税法に関する法律家」としての税理士業務をご教示いただきました。世界第一級の職業会計人専用の情報センターを作り上げられた飯塚真玄TKC名誉会長(TKC全国会最高顧問，宇都宮大学客員教授)には，「職業会計人の職域防衛・運命打開」を実現するための哲学・戦略・

戦術について，現在もなお多大なお智慧とご示唆をいただいています。武田会計学を継承され，中小企業会計の最高権威である河﨑照行博士（甲南大学名誉教授，中小企業会計学会会長，TKC全国会最高顧問）には，大学の武田ゼミでご指導をいただいて以来，今日に至るまでご指導を賜っております。本書は，こうした方々のお支えがなければ完成させることができませんでした。有り難いご縁に改めて心より感謝申し上げます。

　加えて，学会等において示唆をいただいている研究者の方々，愛知工業大学経営学部・大学院でお世話になっている先生方，月刊誌『TKC会報』で対談させていただいた皆さま，そしてTKC全国会およびTKC全国政経研究会を牽引いただいてきた会員先生方に感謝いたします。

　本書執筆のきっかけは，数年前に，中央経済社学術書編集部編集長の田邉一正氏から「税理士のあるべき業務を明らかにする書籍を出すことは坂本先生の使命です」という熱心な説得を受けたことでした。身に余る重いテーマであり，責任も伴うことから固辞したのですが，同氏の「税理士の未来のためです」という殺し文句もあり，熟考の末，本書執筆の決意をするに至りました。聞けば，田邉氏は松沢智教授や武田隆二博士の雑誌の連載やご著書の刊行にもかかわっておられたそうです。これもまた有り難いご縁をいただいています。

　こうしたことから終始格別の誠意と熱意をもって対応してくださいました田邉一正氏に心からの感謝とお礼を申し上げます。また現下の厳しい出版事情のなかで，需要が限られていると思われる本書出版の機会を与えてくださいました中央経済社の山本継社長に心底からの敬意と謝意を表します。

　なお，本書における記述内容は，筆者の個人的な立場でとりまとめたものであって，筆者が会長職を務めるTKC全国会やTKC全国政経研究会の公式な見解ではありません。本書に記された内容に関する責任はすべて筆者個人が負っています。

　令和元年6月

坂本　孝司

目　　次

第 1 章
税理士の職務

1　税理士の職域　2

   1　業務の原理の公式化　2

   2　4大業務　4

      (1)　4大業務の内容　4

      (2)　4大業務の全容　8

      (3)　税務業務の位置づけ　9

   3　監査証明業務提供会社に対する非監査証明業務の
     提供禁止　9

      コラム1　税理士業界が勝ち残る条件　10

2　税理士制度の沿革　12

   1　税理士法制定前まで　12

   2　税理士法制定以後　15

      (1)　税理士法制定　15

      (2)　会計業務　16

      (3)　使命の明確化　17

      (4)　書面添付制度の拡充　18

      (5)　職域の拡大　18

3　税理士法の要請　20

   1　独立した公正な立場　20

   2　税理士の使命をめぐる論争　22

      (1)　歴史的な経緯　22

      (2)　弁護士と税理士との相違　23

ii

   ⑶　「税理士の使命」と職域をめぐる法改正　23

  3　納税義務の適正な実現　24

4　**4大業務の展開とその基盤　26**

  1　4大業務の展開　26

  2　AIと税理士の4大業務　29

  コラム2　ドイツにおける税理士の歴史　32

第2章

税務業務

1　**租　　税　46**

  1　租税正義　46

  2　租税法律主義　47

  3　税法の構成　49

2　**税理士業務　51**

  1　税理士は租税正義の護持者　51

   ⑴　税理士法の要請　51

   ⑵　業務の特質　52

  2　税務業務と他の業務との関係　55

   ⑴　6つの領域　55

   ⑵　租税実体法と税務会計論　57

  コラム3　税務業務－ドイツの税理士と米国の公認会計士－　57

3　**税務業務と会計業務－帳簿（簿記）の証拠力－　60**

  1　租税法上の「帳簿（簿記）の証拠力」　60

  2　わが国の青色申告制度　65

  コラム4　フランス租税法上の「帳簿（簿記）の証拠力」　68

4　**税務と会計業務－確定決算主義－　69**

目　　次 ■　iii

　　1　確定決算主義の構造　69

　　2　確定決算主義の本質　74

　　コラム5　一石二鳥　Two Birds, One Stone　75

第3章

会計業務

1 税理士が行う会計業務　82

　　1　税理士法の規定　82

　　2　4大業務における会計業務の位置づけ　83

　　3　会計制度と税理士業務　86

　　　(1)　会計帳簿の領域を含む会計制度　86

　　　(2)　「商業帳簿（帳簿）の法の適用局面」と
　　　　　「会計技術の組立の局面」　88

2 商業帳簿（帳簿）の法の適用局面　92

　　1　法律的アプローチ　92

　　2　商業帳簿の本質的な機能　94

3 会計技術の組立の局面　96

　　1　会計的アプローチ　96

　　2　中小企業向けの会計基準　101

　　3　会計基準の適用企業と複線化　105

4 記帳代行業務　107

　　1　関与先企業が行うべき記帳にどのように対応するか　107

　　2　起票代行についての考え方　109

　　コラム6　起票能力の貧困な顧問先を抱えて問題点2つあり　113

iv

第4章

保証業務

1 税理士による保証業務の重要性 118

　1　保証業務　118

　2　税理士による保証業務　120

2 書面添付業務 122

　1　税務監査証明業務としての位置づけ　122

　　(1)　第1項書面添付と第2項書面添付　122

　　(2)　制度創設の経緯　125

　　(3)　書面添付の内容　125

　　(4)　添付書面の記載内容　126

　　(5)　広狭2つの意味　126

　2　決算書の信頼性確保の仕組み　128

　　(1)　帳簿の証拠力・確定決算主義・巡回監査・書面添付　128

　　(2)　中小企業会計基準・電子帳簿保存法　130

　3　書面添付業務の位置づけ　132

　　(1)　標準業務としての書面添付業務　132

　　(2)　自己監査と税務監査　133

　　コラム7　「法人税の所得計算」と「企業会計の利益計算」の親和性　134

3 会計参与制度 135

　1　会計参与制度の意義　135

　2　帳簿記載要件と会計参与業務＝「共同して作成する」という意味　138

　3　書面添付制度と会計参与業務　139

　　コラム8　保証業務と廉潔性　140

4 税理士が行う保証業務の社会的認知 142

　1　決算書に対する保証業務の領域　142

目　　次■　v

2　中小企業金融と決算書の信頼性　144

(1)　「無担保・無保証融資の推進」と「決算書の信頼性確保」の関係　144

(2)　将来に向けて　145

コラム9　「決算書の信頼性」は外部から識別可能である　148

第5章

経営助言業務

1　経営助言業務の概要　156

1　税理士の4大業務と財務管理　156

(1)　経営者の「親身の相談相手」　156

(2)　経営助言業務の主領域　157

2　制度的な裏付け　159

コラム10　発生史論的には，職業会計人は経営者の親身の相談相手であった　163

2　税務業務と経営助言業務　165

1　税務業務　165

2　税務コンプライアンスと経営助言業務　166

3　会計業務と経営助言業務　168

1　会計で会社を強くする　168

2　財務会計と管理会計　171

4　財務管理論と経営助言業務　174

1　中小企業向けの財務管理論　174

(1)　間接金融・税務管理　174

(2)　中小企業向けの財務管理論の体系　175

(3)　税務管理　176

(4)　財務分析　177

2　各　　　論　178

3　経営計画の策定支援業務　183

5 財務管理論とその関連領域　185

コラム11　ドイツ税理士が行う経営助言業務　188

第6章

4大業務展開の基礎
―会計帳簿・巡回監査・システム―

1 会計帳簿の信頼性　194

　1　適切な記帳　194

　　(1)　適切な記帳が必要な理由　194

　　(2)　商法・会社法・中小会計要領に成文化された記帳条件　196

　2　記帳条件の具体的な内容　197

　3　記帳指導の重要性　200

コラム12　入口規制型（ドイツ）と出口規制型（米国）　202

2 巡回監査　205

　1　巡回監査実施の要請　205

　2　巡回監査の内容　207

　3　4大業務の展開　209

3 システム　212

　1　適切なシステム　212

　2　記帳の訂正・修正・加除の履歴が残るシステム　214

　　(1)　簿記の当たり前のルール　214

　　(2)　わが国の状況　215

　　(3)　ドイツにおけるコンピュータ会計法規制定の状況　218

　　(4)　電子帳簿保存法　219

4 情報センターの活用　221

　1　記帳の適時性等の検証と保証　221

　2　記帳適時性証明書の意義　223

コラム13　税務官吏の質問にどう答えられるのか　224

第7章

変化する時代への対応
－中小企業金融における会計と税理士の役割－

1 ドイツ中小企業金融にみる会計と税理士の役割　232

　1　問題提起　232

　2　税理士による「年度決算書の作成に関する証明業務」の
　　　歴史的経緯　233

　3　税理士による「決算書の作成に関する証明業務」　239

　　(1)　2010年連邦税理士会の『声明』が想定する証明書　239

　　(2)　「税理士による簿記の協力作業」と「税理士による帳簿の記帳」の
　　　　区分　240

　　(3)　完全性宣言書　241

　　(4)　蓋然性評価を伴う年度決算書の作成　242

　　(5)　「蓋然性評価を伴う年度決算書の作成」と「格付コンサルティング」
　　　　との関係　244

　4　レビュー・コンピレーション・プレパレーション
　　　との相異　244

　　(1)　レビューの構図　244

　　(2)　具体的な相違　246

　　(3)　入口規制と「決算書の作成に関する証明業務」　248

　5　社会を構成する3つのセクターと中小企業金融　248

　コラム14　米国の中小企業金融における会計と公認会計士の役割　250

2 わが国の中小企業金融における
会計と税理士の役割　253

　1　全　体　像　253

　2　融資（貸出）の仕組み・決算書の信頼性・経営改善の関係　254

3 「情報の非対称性」の解消・縮減　258

1　情報の非対称性とは　258

　　　2　中小企業金融における「情報の非対称性」　259

　　　3　商業帳簿の活用　260

　4　「経営者保証に関するガイドライン」と税理士業務　262

　　　1　背　　景　262

　　　2　ガイドラインの具体的内容　263

　　　3　課題と対応　266

引用文献　273

索　　引　281

税理士の職務

　税理士は，税務・会計・保証・経営助言領域における財務的および経済的データの専門家である。税務の領域では「税法に関する法律家」として，会計の領域では「会計専門家」として，保証の領域では「税務監査人・会計参与」として，経営の領域では「経営コンサルタント」として位置づけられる。

　税理士業務の，他の専門職にない，際立った特質は，同一企業に対して，4大業務（税務業務，会計業務，保証業務，経営助言業務）を同時に提供できること，インテリジェンス・バンクとしての機能を果たすことができること，企業・個人のガバナンス強化に貢献できることである。

　税理士法第1条が定める「独立した公正な立場」は，税務のみならず，会計業務，保証業務および経営助言業務においてもその堅持が求められる。税理士としての矜持は独立性と公正性の堅持である。

1 税理士の職域

1 ■ 業務の原理の公式化

税理士（Steuerberater, Certified Public Tax Accountant）[1]が行う業務の原理（philosophy）を公式化する必要性が高まっている。

税理士は，税務（Steuersachen, tax practice）の専門家として，わが国に欠くことができない職業制度として発展を遂げてきた。税理士は，わが国の法人企業の約9割に関与しており[2]，いまや経営者の「親身の相談相手」として，わが国の社会経済活動にとって欠くことのできない重要な職業集団になっている。

しかし，「税理士は税務の専門家である」という一般的な認識はあるものの，税理士が行う業務の全容に関する正確な合意と理解は形成されていない[3]。それは，税理士という資格制度が日本やドイツなどの限られた国だけに存在していること[4]，加えて，端的な表現では説明できないほど，税理士の業務内容が拡大し，細分化し，かつ深化していることによる。例えば，ある税理士は「税法に関する法律家」（Tax Lawyer）であり，ある税理士は「会計専門家」（Accounting Profession）であり，ある税理士は「経営コンサルタント」（Management Consultant）であり，そして，ある税理士は旧態依然とした「記帳代行業者」である。

米国公認会計士協会（AICPA）のジョン・L・ケアリー（John L. Carey）専務理事は「もしも現存の業務の本質的な性格とか目的が明確に理解されないならば，現在行われている業務の改善あるいは拡張に対する機会は見逃されてしまうであろう」，「もし現存の職業がそれを満たさないならば，新しい職業が生まれてくるであろう。あるいはそれに隣接するような職業がこの新しい仕事を引き継ぐことになろう」と喝破した[5]。この見解は約半世紀前のものであるが，まさに箴言であろう。自らの職業の「本質的な性格と目的」を明確にしておかないと，職域を拡大するチャンスを見逃してしまうのみならず，職域を防衛することすらできなくなってしまうということである。

税理士を取り巻く，法規制緩和による競争の自由化，IT（情報技術, information technology）や AI（人工知能, artificial intelligence）の進展は，税理士がプロフェッショナルとして選択すべき職域，業務領域はどのようなものか，という本質的な問題を浮き彫りにしている。

いま重要なことは，税理士の「本質的な性格と目的」を明確化し，その上で将来の税理士のあるべき姿を具体的に提示することである。

＊わが国における職業会計人は，税理士業務を行う職業会計人（税理士および税理士業務を行う公認会計士）と，もっぱら監査法人等において監査業務に従事する公認会計士に大別される。われわれがここで対象とするのは，税理士業務を行う職業会計人である。

米国にはドイツやわが国のような税理士制度が存在しない。したがって米国の公認会計士の職業領域は，わが国の税理士と公認会計士の2つの職域を包含したものに相当する。ケアリー氏は，（その当時）次の数十年に米国においておそらく出現するであろうと思われる環境の下で，会計専門家が生き残り，そして成長するための必要条件を決定するにあって，次のような3つの基本的な概念を提示している。そして，これらの概念は，多くの公認会計士達が従来行ってきた社会に対する貢献の機会よりもはるかに多くの機会を与えることを示すものであるとし，これら3つの提案をできる限り広く世に示してみるべきだと指摘している[6]。

① 会計機能は，すべての財務的・経済的データの測定と伝達（measurement and communication of financial and economic data）とを含むものである。
② 職業会計業務は，財務的・経済的データの測定と伝達とにおいて経営的必要のすべてをも包含する1つの統合的業務であるべきである。
③ 財務諸表監査に特徴づけられる立証機能（attest function）が，また適切に，他の領域にまで拡大されなければならない。

つまり，職業会計人の業務は，複式簿記，貸借対照表，損益計算書，キャッシュ・フロー計算書，税務申告書，その他の数量的データまでも包含する，財務的・経済的データの測定と伝達に関する業務であり（①），経営全般をカバーする統合的業務であるべきである（②）。そして，保証業務（立証機能）の領域を拡大するべきであるということである（③）。

ケアリー氏は「これらの考えは，一般的な抵抗を受けるであろうことが予想

される[7]」としている。そして，ガードナー（John Gardner[8]）の見解を引用し，これらの考え方によって「現状維持についての気むずかしい硬直性と，頑固な自己満足を打破することはむずかしいであろう」としている[9]。

確かに，わが国の税理士業界においても，その資格取得の相違や，異なった教育背景，個人の嗜好などから，税理士が行う業務がどのようなものであるか，どのように展開されるべきかについて多種多様な見解が存在する[10]。

したがって，弁護士業務を「法律の専門家である」と定義づけるように，税理士の全員が納得するような表現で，税理士業務の全容を端的に定義づけることは多くの困難を伴う。

さらに，税理士が行う業務は，税法をはじめとする法学，会計学，経営学などに関連して，極めて学際的であり，その幅の広さと奥行きは他の国家資格の追随を許さないものがあるが，わが国の，税法学，商法・会社法学，財務会計論，管理会計論，監査論，財務管理論などに存在する，「他の専門領域は浸食しない」という学問上の暗黙のルール（作法）が，学際性ある税理士の業務に関する理解を困難にさせている。

より具体的には，法学（税法学）の研究者が税理士業務を解説する場合には，会計業務・保証業務・経営助言業務に踏み込むことができず，会計学の研究者が税理士業務を解説する場合には，税務業務の内容を解説することに躊躇を覚えるであろう。これは学生に税理士業務を説明する場合も同様であり，法学（税法学）の立場からは「税法に関する法律家」として，会計学の立場からは「会計専門家」として税理士を説明する。したがって，法学（税法学）の研究者であれば，税理士を弁護士に次ぐ資格として，会計学の研究者であれば，税理士を公認会計士[11]に次ぐ資格として位置づけることになる。

まさに「木を見て森を見ず」。これらの視点からは，永遠に，税理士業務の魅力やその業務の全容を明らかにすることができないのである。

2 ■ 4大業務

(1) 4大業務の内容

税理士の「本質的な性格と目的」を明らかにするという命題に従って，税理

士が行うべき業務を体系づければ、「税理士は、税務・会計・保証・経営領域における財務的および経済的なデータの専門家である」という結論に至る[12]。

税理士は、職業会計人（Professional Accountant）であり、税務の領域では「税法に関する法律家」として、会計の領域では「会計専門家」として、保証の領域では「税務監査人・会計参与」（Tax Auditor, Accounting Advisor）として[13]、経営の領域では「経営コンサルタント」として位置づけられるべきである。そして未来的には、これらの概念以外の（未知の領域における）、財務的および経済的なデータの専門家としての道も拓かれている。

＊使命という視点から定義づければ、税理士は、「租税正義」と「一般に公正妥当と認められる会計の慣行」の護持者（守護神）であり、かつ、経営者にとって「親身の相談相手」でなければならない。

近未来的には、税理士は、4つの顔をもつ、異分野融合型のプロフェッショナルになるべきである[14]。そして、ジェネラリスト・スペシャリストとして、税務業務（tax practice）・会計業務（accounting practice）・保証業務（assurance engagements）・経営助言業務（management advisory service）（以下、「4大業務」という）をすべて遂行することが理想であるが、次のように、特定の領域に特化してその分野におけるスペシャリストとして業務遂行する税理士・税理士法人が存在してもよい。

- 税法に関する法律家＝例えば、資産税、国際税務、連結納税や組織再編税制等など。
- 会 計 専 門 家＝例えば、社会福祉法人会計等の業種別会計、大企業の連結会計など。
- 経営コンサルタント＝例えば、認定経営革新等支援機関として経営改善指導など。

ダイヤモンドが多くのカット面があるからこそ光り輝くように、これら専門性の極めて高い税理士が多数存在することによって、税理士業界はいっそう光り輝き、税理士に対する社会からの評価はさらに高まることになるであろう（**図表1-1**および**図表1-2**を参照）。

ここで、将来的な展望を踏まえて、他の専門職にはない、税理士業務の際立った特質を挙げれば次のとおりである。

図表1-1　税理士の4大業務(1)

共通領域	業務領域	個別専門領域の専門家	
財務的および経済的なデータの専門家＝職業会計人（Professional Accountant）	税　務	税法に関する法律家	Tax Lawyer
	会　計	会計専門家	Accounting Profession
	保　証	税務監査人 会計参与	Tax Auditor Accounting Advisor
	経　営	経営コンサルタント	Management Consultant
	4大業務以外の，財務的および経済的なデータの専門家		

出典：筆者作成

図表1-2　税理士の4大業務(2)

出典：筆者作成

① 税理士は同一の企業に対して4大業務を同時に提供することができること

　サービスを受ける企業にとっては，同じ税理士から，多面的かつ総合的なサービスを同時に受けることができる（他方，監査証明業務を行う公認会計士・監査法人には，大会社等に関して，非監査証明業務の同時提供禁止規定が適用される）。企業経営者にとってこれほど頼りになる外部専門家が他に存在するであろうか。

　ただし，飯塚毅博士は，税理士の無償独占業務である税務業務に関してさえも「税理士業務が法律業務なのだ，と割り切って理解して実践している税理士がさして多くはない[15]」と指摘されている。確かに，現段階では，税理士業界（税理士と税理士業務を営む公認会計士）全体としては，4大業務が標準業務と

なっているとは言い切れない状況ではある。しかしながら，「税」と「会計（帳簿）」がすべての事業者に関係する社会的なインフラであること，法人企業の約9割に税理士が関与していることを考えあわせるとき，税理士は「税法に関する法律家」としての立場をいっそう強固にしていくとともに，会計・保証・経営領域の専門家としての立場を確固としたものにしていく必要がある。それは，税理士が将来に向けて「伸び代」のある職業であることを意味している。

② 税理士事務所はインテリジェンス・バンクとしての機能を発揮すべきであること

これからの新しい時代に即応するためには，個々の事務所はもとより，業界全体としても，税理士業固有の業務やその関連周辺業務について必要な技術やノウハウといった知的財産を積極的に開発し，組織の共有材として保有し，共同利用する「インテリジェンス・バンク」（intelligence bank）としての機能を発揮できる「知識情報共同体」の役割を担う必要がある[16]（例えば，TKC全国会はその一例である）。ここで知的財産とは，税務・会計・保証・経営助言領域の知識情報や各種システム，事務所経営のノウハウ，職員の教育システム，各種の法律情報データベースなどである。

③ 税理士は企業・個人のガバナンス強化に貢献する専門家であること

税理士は，法的にも会計的にも，企業が健全に経営できるように，企業・個人のガバナンス強化の要として，トータルでコミットする専門家であるべきである[17]。コーポレート・ガバナンス（企業統治，corporate governance）とは，一般には，企業が内部や外部からの監視や規律を活用し，経営者，株主，債権者等のステークホルダー（利害関係者）のためにどのような活動を行うかを明確に示し，適切な経営判断や経営の効率化を促進する仕組みを指す（『2008年版中小企業白書』）。コーポレート・ガバナンスで求められる，経営理念の明確化，法令遵守（コンプライアンス），内部統制の整備，ステークホルダーへの説明責任，迅速かつ適切な財務情報の開示は，税理士による巡回監査や税理士の4大業務でカバーすることができる。加えて，中小企業の場合には，税理士は，企業とあわせて当該企業の経営者の税務管理を含めて関与することが多いことから，税理士は企業・個人のガバナンス強化をトータルで支援することができる

唯一の外部専門家という位置づけにある。

(2) 4大業務の全容

　税務業務，会計業務，保証業務および経営助言業務の間には理論的な分離はなく，目的は異なるが，これらはすべて同じデータに基づく多様な分類，分析および解説を包含している[18]。そして，これらの4大業務は，すべて同じ基礎的データ（仕訳・会計帳簿）に基づいており，かつ，財務的および経済的なデータという「継ぎ目のない織物」（seamless web）となっている[19]。

　つまり，税務業務・会計業務・保証業務・経営助言業務は，それぞれ独立した業務ではなく，相互に重なり合っており，かつ，それらの中心には基礎的データである会計帳簿（仕訳）が存在している。したがって，税理士が，その4大業務を専門家的に確実に遂行するためには，その核となる「会計帳簿（仕訳）の信頼性」が確保されなければならない。そして，会計帳簿（仕訳）の信頼性を確保するためには，①適切な記帳，②税理士による巡回監査（月次巡回監査と決算巡回監査），③適切なシステムが絶対的に必要となる。これらを図に示せば**図表1-3**となる。なお，「会計帳簿（仕訳）の信頼性」は第6章で改めて考察する。

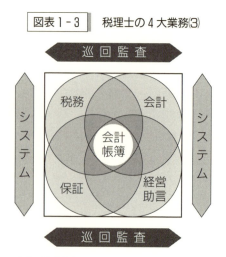

図表1-3　税理士の4大業務(3)

出典：筆者作成

なお，ドイツの税理士も，税法と会計の専門家であるとともに，経営助言の専門家でもある（第5章コラム11「ドイツ税理士が行う経営助言業務」を参照）。さらにドイツ税理士は経済監査士（Wirtshaftsprüfer）とともに「年度決算書の作成に関する証明業務」を行っている（第7章 **I** を参照）。ドイツの税理士も，税務業務，会計業務，保証業務および経営助言業務という4大業務の専門家である。

(3) 税務業務の位置づけ

発生史論的には税理士は「税務の専門家」として誕生し，発展してきた。そして今後も「税務の専門家」としての職業的特性を強化することはもちろんであるが，同時に，税理士業務（4大業務）全体に占める会計業務・保証業務・経営助言業務の割合は，相対的に高くなると考えられる。というのは，現在，わが国において，利益計上法人は未だに4割を切っており，6割を超える法人は欠損法人であって法人税の支払に関係がないからである[20]。これらの欠損法人に対して，税理士は，親身の相談相手として，会計業務・保証業務・経営助言業務を展開する必要性が増している。

3 ■監査証明業務提供会社に対する非監査証明業務の提供禁止

公認会計士（監査法人）が，大会社等（会計監査人設置会社等一定の会社）に監査証明業務を行う場合には，独立性の要請から，その監査証明業務提供会社に対して非監査証明業務を同時に提供できない。

従来の米国公認会計士協会（AICPA）の会計士行動規程（Code of Professional Conduct）によれば，監査業務に従事している会員は，独立性を保持していれば，監査業務提供会社に対して税務業務や経営助言業務を同時提供できるとされていた[21]。

しかし，2001年から2002年に起きたエンロン事件やワールドコム事件などの会計スキャンダルによって大きく傷ついた証券市場の信用を回復させるために米国企業改革法（サーベンス・オクスレー法，Sarbanes-Oxley Act）が制定され（2002年7月），監査制度，経営者の責任，情報開示などを抜本的に改革することを目的とした同法は，「監査の独立性」を強化するために「監査証明業務提供会社に

対する非監査証明業務の同時提供禁止[22]」を盛り込んでいた。

その後，わが国においても，2003年の公認会計士法の改正により，大会社等に対して，従来からの監査証明業務の禁止規定に加え，独立性の充実・強化の観点から新たな規定が設けられた。さらに2007年にも改正が実施され，規制の強化が行われている[23]。具体的には，公認会計士法に第24条の2「大会社等に係る業務の制限の特例」が追加されて，同法第2条第2項業務（財務書類の調製に関する業務，財務又は会計に係る情報システムの整備又は管理に関する業務など）により継続的な報酬を受けている大企業等（会計監査人設置会社等）に対して監査証明業務（同法第2条第1項業務）を行ってはならないことになった[24]（指導的監査と批判的監査については第6章 **2** 2①を参照）。

これは，公認会計士・監査法人の「証券市場の番人」という使命に対する社会からの期待の大きさを示すものである。しかし同時に，大会社等に関して，監査証明業務を行う公認会計士・監査法人は，原則として，当該企業に対して税務業務・会計業務・経営助言業務を行うことができず，また，税務業務・会計業務・経営助言業務を行う場合には，原則として，当該大会社等に対して監査証明業務を行うことができないという，二律背反の状態に追い込まれてしまったのである。

他方，税理士業務を行う職業会計人（税理士および税理士業務を行う公認会計士）は，同一企業に対して，税務業務・会計業務・保証業務・経営助言業務をすべて同時に遂行することができる。これは税理士業務を営む職業会計人だけの特権である。

コラム 1 **税理士業界が勝ち残る条件**

米国公認会計士協会（AICPA）のケアリー専務理事は，1965年に出版された"The CPA plans for the future"という書物において，ドラッカー博士（Dr. Peter F. Drucker）の見解を手がかりにして，米国の公認会計士業界が生き残る条件として次の3つを掲げた[25]。

第1章 税理士の職務　11

> 1. この職業は，効果的な業績を上げるために組織化されなければならない。
> 2. この職業は，必要で，そして有用な仕事をしているということを社会に納得させなければならない。
> 3. この職業は，現代の業務に適用する場合においてのみ，また経済の変転する要求を満たすために新しい業務をはじめる場合においてのみ，生き残ることができる。

　1. については，「組織というものは，人間によって構成されるものである。組織の人々はいかにして彼ら自身の特殊な機能が，全体としての活動の総括的な最終結果に対して，どのように貢献しているかについて知らなければならない。知識が新しい人々の不断の流入に対しても，分け与えられなければならない。なぜなら，この職業は，1個の人間の一生を切り抜けるための能力を与えるものでなければならない」と解説されている。組織化は，個々の税理士の存在とその成長に光を当てる構造でなければならないということである。

　2. については，「社会的情勢と経済政策の予測，そしてこの両者の必要を満たすための準備とが，つねにこの職業が生き残るために必要なことである」とする。社会からの納得を得るためには，組織は内向きであってはならない。社会の情勢や国の政策などから税理士業界としての貢献・社会的な需要を予測して対応し，社会からの納得を得る努力が必要である。

　3. については，「この職業の特殊な目的は，経済上必要な業務を提供することである」と指摘する。イノベーションは，社会の変化，法律制度の変化，技術革新などによってもたらされる。業界として，これらの不断の予測と準備が必要である。

　同書が発刊されて半世紀以上経過した現在，世界における米国公認会計士の位置づけをみたとき，ケアリー氏が提起した3条件を充足せしめるために，米国公認会計士業界が不断の努力と研鑽を積み重ね続けたことがうかがえる。なお，これに関しては，例えば，千代田（2014）に詳しい。

2	税理士制度の沿革

1 ■税理士法制定前まで

　税理士業務の原始的形態は，日清戦争（1894（明治27）年8月宣戦布告，1895（明治28）年4月講和条約）終結以後にその存在が認められる。そして，税理士業務の黎明期から今日に至るまでの沿革を概観すれば，税理士法制定前まで（①税務代弁業の時代，②税務代理士の時代）と，税理士法制定以後に大別することができる。なお，以下の内容は主に『税理士制度沿革史 増補改訂版』（日本税理士会連合会，1987年）を参考にした。

① 税務代弁業の時代

　明治初期の税制は，地租中心主義であり，商工業者の税負担も低かったので，税務当局との紛争もあまりあらわれなかった。1887（明治20）年に至って，わが国で初めて所得税が創設されたが，これは，個人の商工業者だけを納税者とし，税率も1％から3％程度のものであったため，当初の税収は少なかった。日清戦争後にわが国の予算規模は急速に膨張し，この財源を確保するため，1896（明治29）年3月に営業税法[26]を制定した。これによって，わが国の地租偏重の税制は次第に是正されていった。しかし一方，商工業者の税負担も漸次重くなっていった。このために，関西地方の特定の商工業者においては，退職税務官吏や会計に素養のある者に対し，個別に税務の相談を依頼し，申告を依頼した。このような商工業者の依頼を基礎として，現行税理士法第2条の税務代理，税務書類の作成および税務相談の原始的業務は，散発的に行われることとなった[27]。

　1904（明治37）年に日露戦争が起こり，これの戦費調達のために増税がなされ，営業税はさらに重課されることになり，従来所得税の課税対象とならなかった商工業者の底辺にまで課税の手が伸びることとなった。そこで，税務の代理

を専門家に依頼する納税者の数も増し，また，この時代から税務の代理業務を専門的に行う職業群が発生した。しかし，これらの業者の中には，依頼者の税知識の乏しいのを奇貨として，故なく審査請求などを納税者に勧めて，不当な報酬額を要求するなど，その弊害は決して少なくなかった(28)。

そのため，大阪府は1912（明治45）年に「大阪税務代弁者取締規則」を制定し，京都府も1936（昭和11）年に「京都税務代弁者取締規則」を制定した(29)。「大阪税務代弁者取締規則」は，その第1条を以下のように定めていた(30)。

> 本則ニ於テ税務代弁者ト称スルハ他人ノ委任ヲ受ケ税務ニ関シ当該公務所ニ対シ願届申立其他ノ手続ノ代弁ヲ業トスルモノヲ謂フ

そして，「税務代弁者になろうとする者は，警察署長の許可を要すること」とし，名義貸しを禁止した。そして，一定の信用保持義務を定めてその義務違反に対しては業務停止または許可取消しを行い，一定の事項を記載した「事件簿」を備えつけ，許可を受けずに税務代弁業務を行った者は拘置または科料に処されることとした(31)。

この時期は，税理士制度の揺籃期であって，税務代弁業としての専門的な職業が納税者と税務官庁との橋渡しとしての社会の必要から生まれたが，これに対する警察取締として初めて規則が制定されたところに特質がある(32)。

② 税務代理士の時代

大阪府で「大阪税務代弁者取締規則」が制定され，一応の効果は認められたが，いまだ全国的に統一された法制が確立されていなかったため，無知な商工業者に対する税務代理業者の不正・不当な行為は後を絶たなかった。そこで1930（昭和5）年に西日本計理士会が「税務代理人取締規則制定に関する建議書」を，1933（昭和8）年には国会議員が「税務代理人法案」を提起したが，これらの法案は成立するには至らなかった(33)。

太平洋戦争が1941（昭和16）年に勃発し，それに伴い膨大な追加予算の財源に充てるため，税法が改正され大増税がなされた。しかも，税制は複雑となり，税務に関しては特に専門的知識と経験とを必要とするようになってきたため，税務会計に関する知識・経験に基づいて税務に関し，納税者の代理を行い，ま

たは納税者の相談に応ずる等これを業とするいわゆる税務代理業者が続出し，さらにその数は年をおって増加する傾向にあった[34]。

しかし，税務代理業者のなかには依然として税務当局との間にトラブルを生ずる業者も少なくなく，納税者に対し，不当に高い報酬を要求し納税者を困惑させたようでもあった。そこで，業者の資格を限定するとともに，これを許可制として，その資質向上を図ると同時に監督の充実を期し，もって税務行政の円滑・適正な運営を図る必要から「税務代理士法」の制定を行う必要が痛感されてきた[35]。

1942（昭和17）年の1月に至り，政府は戦時における税務行政の円滑な運営に資すること等を目的として，第79回帝国議会に税務代理士法案を提案し，税務代理士法（昭和17年2月23日法律第46号）が公布された。税務代理士法の第1条は次のような規定であった。

> 税務代理士ハ所得税，法人税，営業税其ノ他命令ヲ以テ定ムル租税ニ関シ他人ノ委嘱ニ依リ税務官庁ニ提出スベキ書類ヲ作成シ又ハ審査ノ請求，訴願ノ提起其ノ他ノ事項（行政訴訟ヲ除ク）ニ付代理ヲ為シ若ハ相談ニ応ズルヲ業トス

同法は，税務代理士業務を行い得る者を税務代理士に限定するとともに，税務代理士となるためには大蔵大臣の許可を要件とした。そして，取締監督として，事務所の設置義務，帳簿の作成義務，作成書類の署名捺印の義務，脱税相談等の禁止等を規定した。このように，税務代理士は大蔵大臣の厳重な監督支配下にあって，もっぱら，税務行政の円滑な執行に奉仕する補助的な地位にあり，この関係は，戦後の1951（昭和26）年に至るまで続いていた[36]。

その初期的段階を含めて，税理士の原型である税務の専門家は，少なくとも税理士法の制定（1951年）頃までは，会計知識の保持を前提とした，税務業務（現行税理士法が定める税務代理，税務書類の作成および税務相談業務，税理士法第2条第1項業務）の専門家として成長・発展してきた。

第1章 税理士の職務 ■ 15

2 ■税理士法制定以後

(1) 税理士法制定

1947（昭和22）年以後の税制改正において，所得税・法人税等主要な租税について申告納税制度が採用され，税制の民主化が図られて，従来の税務代理士のあり方も自ずからその性格を変えることとなった。

1949（昭和24）年，米国のシャウプ使節団が来日し，従来の税務代理士制度につき検討し，政府に対し勧告を行った。これを第1次シャウプ勧告という。この勧告は，正確な経理と記帳とを基礎とする近代的な税務の運営（青色申告制度）を強調するとともに，税務に関する専門家（税理士）の果たすべき役割を次のように述べている[37]。

> もし，単にえこひいき又は寛大を得るために交渉するのではなくて，納税者の代理人を立派につとめ，税務官吏をして法律に従って行動することを助ける積極的で見聞の広い職業群が存在すれば適正な税務行政はより容易に生まれるであろう。また引き続いて，適正な税務行政を行うためには，納税者が税務官吏に対抗するのに税務官吏と同じ程度の精通度をもってしようとすれば，かかる専門家の一団の援助を得ることが必要である。従って，税務代理士階級の水準が相当に引き上げられることが必要である。かかる向上の責任は主に大蔵省の負うべきところである。税務代理士の資格試験については，租税法規並びに租税および経理の手続と方法のより完全な知識をためすべきである。

政府は，直ちに改正に着手し，1950年（昭和25）年に再び来日したシャウプ使節団にその経過を報告した。第2次シャウプ使節団は，経過報告を検討し，第2次勧告を行い，税務代理士法の改善を勧告した。これを第2次シャウプ勧告という。政府は，民主的税務行政に資するため，税務代理士法の抜本的改革を行うべく，新しい税理士法案を決定した[38]。

税理士法案は1951（昭和26）年3月30日に議員提案により国会に上程され，同年5月31日に可決された。同法の第1条「税理士の職責」は，次のような規定であった。

税理士は，中正な立場において，納税義務者の信頼にこたえ，租税に関する法令に規定された納税義務を適正に実現し，納税に関する道義を高めるように努力しなければならない。

(2) 会計業務

　1950（昭和25）年には，シャウプ勧告に基づく税制の全面的な改革の一環として，申告納税制度が適正に機能するために青色申告制度が創設された。青色申告の承認を受けた納税者は，帳簿書類を備え付け一定水準の記帳を継続的に行うとともにこれを保存することが義務づけられる。ただし，承認を受けても，帳簿等の記帳保存義務を守らなかったこと，相当の虚偽の記帳をしたことなどに該当する場合は，青色申告の承認が取り消されることがある。そして，青色申告者および青色法人以外の納税者に比して税制上有利な所得金額の計算や取扱いが認められる（青色申告制度における「帳簿（簿記）の証拠力」については，第2章 **3** 2を参照）。

　税理士制度（1951年制定）は，シャウプ勧告によって青色申告制度（1950年創設）と「一体として」導入された制度であり，税理士は，納税者に青色申告を勧奨・啓蒙するとともに，納税者に帳簿書類の備え付けや記帳の指導を行うという重要な職務を担うことになった。つまり，税理士は，税務の専門家であるとともに，「会計の専門家」としての業務を積極的に遂行することになったのである。

　1956（昭和31）年の税理士法改正によって，税理士による書面添付制度が創設された。この書面添付制度は，1956（昭和31）年の税理士法改正時に，日本税理士会連合会が税務計算書類の監査証明を税理士業務に加えたいとの要望をもとにできあがった制度である（創設の経緯は第4章 **2** 1(2)を参照）。書面添付業務は，税理士による税務監査証明業務であり，税理士による保証業務であるが，その業務の相当部分はまさに「会計の専門家」としての所見の表明である（第3章 **1** 2③および第4章 **2** 1(4)参照）。

　1963（昭和38）年6月に，租税法律主義を巡る税理士と国税当局の争いとして有名な「飯塚事件」が勃発している。飯塚事件とは，栃木県鹿沼市にあった飯塚毅（税理士・計理士＝当時，後のTKCの創設者）の経営する会計事務所とその関係先に，税務調査が入り（調査官は延べ二千人を超えると言われる），所長以外の

4名の職員が法人税法違反（教唆）の容疑で逮捕起訴されたものの，1965（昭和40）年2月5日に木村秀弘国税庁長官の依願退職を経て，1970（昭和45）年11月11日に無罪判決が確定した事件である[39]。飯塚事件では，行政原則（税務実務）上の租税正義，より具体的には，行政原則（税務実務）における租税法律主義と衡平法（equity[40]）の位置づけ，そして税理士業務が法律業務であるか否か[41]が主な争点であった（租税法律主義は第2章■2を参照）。

1967（昭和42）年には，法人税法の簡素化の一環として，法人の収益・費用等の額は，「一般に公正妥当と認められる会計処理の基準」（「公正処理基準」という）に従って計算されるべきことが規定された（法人税法第22条第4項）[42]。この規定の創設によって，改めて税理士は「会計の専門家」であることが再確認された。

1980（昭和55）年の税理士法改正では，税理士は，税理士の名称を用いて，税理士業務に付随して，税務書類の作成，会計帳簿の記帳の代行その他財務に関する事務を業として行うことができることを確認的に明らかにした（第2条第2項）。この条項は確認条項ではあるものの，明文で税理士が「会計の専門家」であることを宣明するものである。

2012（平成24）年に，中小企業向けの会計基準として「中小企業の会計に関する基本要領（中小会計要領）」が策定・公表されたことによって，「中小企業の会計に関する指針（中小指針）」（2007（平成19）年制定）とあわせて，中小企業が拠るべき会計のルールが明確化された。続けて，2012（平成24）年に成立した中小企業経営力強化支援法によって認定経営革新等支援機関制度が創設された。これはもともと税理士・税理士法人を想定して設けられた制度であるが，同法に基づく「告示」は，支援機関に「中小会計要領」と「中小指針」の活用等を求めている。これは税理士が「会計の専門家」であることを前提にしたものである（第3章■2④参照）。

(3) 使命の明確化

税理士法が施行されて以後，税理士の使命をどう考えるかなどをめぐる大きな議論があったが（本章■2(1)参照），大きな改正は見送られていた。

その後，日本税理士会連合会による税理士法改正運動など，税理士法改正をめぐる気運の高まりを受けて，政府は税理士の使命の明確化等を含む「税理士法の一部を改正する改正案」を1979（昭和54）年5月12日に第87回通常国会に提

出した。同改正案は，税理士の業務範囲の拡大と明確化など多岐にわたっていたが，「税理士の使命」（第１条）として「税理士は，税務に関する専門家として，独立した公正な立場において，納税義務者の信頼にこたえ，租税に関する法令に規定された納税義務の適正な実現をはかることを使命とする」と規定していた。この改正案は，第91回通常国会に引き継がれ，参議院において，改正法案第１条に「申告納税制度の理念に沿つて」を挿入するという修正案に基づく改正案が可決され，衆議院に回付された後，1980（昭和55）年４月14日法律第26号として成立・公布された。改正後の税理士法第１条は次のとおりである。

> 税理士は，税務に関する専門家として，独立した公正な立場において，申告納税制度の理念に沿つて，納税義務者の信頼にこたえ，租税に関する法令に規定された納税義務の適正な実現を図ることを使命とする。

(4) 書面添付制度の拡充

2001（平成13）年の税理士法改正では，書面添付制度に事前通知前の意見聴取が創設された。改正後の書面添付制度は，税理士法第33条の２に規定する書面と法第35条に規定する意見聴取を総称したものであり，法第30条に規定する税務代理権限証書と法第33条の２に規定する書面を添付した申告書を提出しているという２つの条件を満たしている場合，調査の通知前に，税理士に，添付書面に記載された事項に関する意見を述べる機会を与えなければならないとするものである。この意見の聴取によって申告書の内容に疑義がなくなった場合には，通常は帳簿書類の調査に至ることはない。

(5) 職域の拡大

近年，税理士法以外の立法措置によって税理士の職域の拡大が実現している。それは，保証業務と経営助言業務の領域において顕著である。

1980（昭和55）年４月１日に成立・公布された改正後の税理士法第１条に規定された税理士の「独立性と公正性」保持義務は，その後の税理士による保証業務の進展に関して理論的な支柱となった（第４章■2を参照）。

2012（平成24）年には，中小企業経営力強化支援法が成立し，認定を受けた税

理士等が経営革新等支援機関となる制度が構築された。この認定制度は，税務，金融および企業財務に関する専門的知識や支援に係る実務経験が一定レベル以上の個人，法人，中小企業支援機関等を，経営革新等支援機関として認定することにより，中小企業に対して専門性の高い支援を行うための体制を整備するものであり，認定を受けた機関の大部分は税理士および税理士法人である。この法律に伴う告示は「認定経営革新等支援機関は，中小企業に会計の定着を図り，会計の活用を通じた経営力の向上を図ることに加え，中小企業が作成する計算書類等の信頼性を確保して，資金調達力の向上を促進させることが，中小企業の財務経営力の強化に資すると判断する場合には，中小企業者に対し，『中小企業の会計に関する基本要領』または『中小企業の会計に関する指針』に拠った信頼性ある計算書類等の作成及び活用を推奨すること」としている。

　つまり，経営革新等支援機関である税理士に，「会計で会社を強くする」という視点から，①中小企業に会計の定着を図ること，②会計の活用を通じた経営力の向上を図ること，③中小企業が作成する計算書類等の信頼性を確保すること，④資金調達力の向上を促進させること，⑤中小企業の財務経営力の強化を図ること，⑥「中小企業の会計に関する基本要領」または「中小企業の会計に関する指針」に拠った信頼性ある計算書類等の作成および活用を推奨することを求めているのである。これらは，税理士による会計業務，保証業務，経営助言業務を制度的に裏付けるものとなっている。

| 3 | 税理士法の要請 |

1 ■ 独立した公正な立場

　税理士法の第1条「税理士の使命」は，税理士に独立性と公正性の堅持を求めている。

　この「独立した公正な立場」という文言は，1980（昭和55）年の税理士法改正時に，それまでの「中正な立場」（改正前税理士法第1条）に代わって挿入された。これは当時，飯塚毅博士（TKC全国会会長）が，1979（昭和54）年TKC議員連盟懇談会（於：自民党本部）における大蔵省主税局の福田幸弘審議官（当時）との質疑応答で，その変更を主張して受け入れられたものである[43]。

［独立性］

　職業会計人の独立性（Unabhängigkeit, independence）は，いっさいの自由職業の中で，比類のいない崇高さと威厳を持つものである[44]。独立性は，「外観的独立性」（independence in appearance,「形式的独立性」ともいう）と「実質的独立性」（independence in fact,「精神的独立性」ともいう）から構成される[45]。

　外観的独立性とは，第三者からみて，専門家としての公正性および客観性などが損なわれていないことについて，疑惑を招かない状況を維持していることである[46]。税理士は，できる限り関与先との間の外見的独立性に関する阻害要因を避けることが望ましい[47]。

　実質的独立性とは，国税当局の下請けでもなく，納税者の意向にも阿ることなく，税理士としての専門家判断に従って行動することである[48]。マウツ／シャラフは，「潜在意識下において（subconsciously）すら自己の判断をゆがめるような，一切の私利私欲（self-interest）から独立的でなければならないということである[49]」とするとともに，「彼は，彼自身を委嘱した人の意思に反対しかつ否定して，その委嘱者が委嘱を解くことが分かっていても，その義務を果たさな

ければならない。この点の要件は，他の如何なる領域においても並ぶものがない要件である[50]」とする。そして，飯塚毅博士は「この峻厳な独立性こそは，職業会計人の，涙に裏付けられた生き甲斐なのである。生き甲斐とは，苛烈な自己規制を乗り越えたところで与えられる人生の冥利だ，としるべきであろう[51]」，「全能力をかけて関与先の安全と発展のために努力はするが，常に一歩下がってクールな眼で関与先を看ており，如何なる場合でも他人の意思に屈従せず，関与先から解約される危険があっても，会計人としての良心を貫き，断じて関与先とは癒着しない，ということでしょう[52]」と解説される。

　なお，金融商品取引法監査等に従事する公認会計士は両方の独立性が求められるが（公認会計士法第1条[53]），税理士業務においては，外観的独立性よりも，実質的独立性が遙かに重要である[54]。

　[公正性]
　公正とは「公平で邪曲のないこと。明白で正しいこと」をいい，邪曲とは「よこしま。不正。非道」をいう（『広辞苑』）。

　税理士法が求める税理士の公正性（Gerechtigkeit, fairness）は，独立性と異なる概念を意味するものではなく[55]，「実質的独立性」の中身を充填していると理解される[56]。福田幸弘大蔵省審議官（当時）は，「税務当局に対して独立しておる。下請け機関的ではなく，独立して，専門家として税務当局と対等に主張する。それは納税者のためでもあるわけでありますが，また納税者ベッタリではない。納税者の委嘱は受けておりますが，納税義務に関する業務をやっておる独占業務でありますので，委嘱者からもまた独立しておる。それからまた専門家として良心の独立があるという，多くの内容が意味されておると思います。そういう立場が『公正な立場』ということにつながるわけで，そういう立場で公正に判断をするということです[57]」と解説されている。

　このように，「独立した公正な立場」とは，会計人の潜在意識の領域まで立ち入ってその浄化を求める，厳格な規律である。潜在意識の浄化とは，固定観念や先入観，内心の偏向，執着から離れること，つまり，畏れのない心と直感力をもった，心に筋金の通った状態に至ることをいう。

　また，「独立した公正な立場」は，「税務に関する専門家」としての立場のみ

ならず，会計業務，保証業務および経営助言業務においても同様にその堅持が求められる[(58)]。このように，税理士としての矜持は，独立性と公正性の堅持である。

2 ■ 税理士の使命をめぐる論争

(1) 歴史的な経緯

1951（昭和26）年に制定された税理士法第1条は，税理士を「中正な立場」としていた。歴史的には，「税理士は税の弁護士であるか否か」という税理士の使命をめぐる激しい論争があった。1972（昭和47）年5月付けの日本税理士会連合会の「税理士法改正に関する基本要綱」では，税理士法第1条を次のように改正するように提案している。

> ●税理士法改正に関する基本要綱
> 　税理士は，納税者の権利を擁護し，法律に定められた納税義務の適正な実現をはかることを使命とする。
> 　税理士は，前項の使命にもとづき，誠実にその職務を行ない，納税者の信頼にこたえるとともに，租税制度の改善に努力しなければならない。

これは，弁護士法第1条の規定を意識して，税理士を税務当局と納税者の間に立つ「中正な立場」ではなく，税理士を納税者の側に立つ「税の弁護士」の立場に代えようとするものであった。

> ●弁護士法第1条　弁護士は，基本的人権を擁護し，社会正義を実現することを使命とする。
> 2　弁護士は，前項の使命に基き，誠実にその職務を行い，社会秩序の維持及び法律制度の改善に努力しなければならない。

1980（昭和55）年の税理士法改正によって，それまでの「中正な立場」に代わって「独立した公正な立場」という文言が盛り込まれたが，その税理士法改正後にあっても税理士の立場をめぐる論争が存在していた。

北野弘久教授「納税者の『弁護士』であるべき税理士」（昭和59年5月9日付朝

日新聞「論壇」）は，「税理士は………基本的には弁護士と同様に依頼者（納税者）の人権保護を目的としている」と主張するのに対して，飯塚毅「税理士は"弁護士"ではない」（昭和59年6月29日付朝日新聞「論壇」）は，これに反論して，「税理士の使命は税理士法第1条にあるとおり，適正納税の実現，つまり租税正義の実現にあります。租税正義とは，国民に洩れなく，公平に，能力に応じて，かつ租税法規に従って正しい税金を納めさせることであります」と述べて，税理士が納税者の弁護士とする考え方は誤りであると説かれている[59]。

「税理士は納税者の『弁護士』であるべきである」とする立場からすれば，現行税理士法第1条の「税理士は独立した公正な立場で」という文言は削除すべきであることになる。

(2) 弁護士と税理士との相違

弁護士と税理士との違いは次のように説かれている[60]。

たとえば，弁護士が当該被告人の殺人刑事事件を受託しているとして，被告人は法廷で無実を主張しているとき，たまたま法廷外で弁護士が，その被告人が実は有罪である，人を殺したのではないかということを知ったとした場合どうするのか。その場合でも，弁護士はそれを口外できない。けだし，弁護士には守秘義務があるからである。また有罪にする立証責任を負っている者は検察官であって，被告人に黙秘権があり，弁護士は検察官をして有罪とすることに決して協力する者ではないからである。それが弁護士倫理である。これに対して，税理士は，その依頼者・委嘱者の不正があるとわかれば是正助言の義務があり（税理士法第41条の3），脱税相談の禁止（同第36条）という法規定があることからも，そこに司法と行政の面の本質的差異のあることがわかろう。

このように，税理士は弁護士的な立場で，その業務をするものではないのである。

(3) 「税理士の使命」と職域をめぐる法改正

1980（昭和55）年の税理士法改正によって，税理士の立場が「独立した公正な立場」になったことは，その後の税理士の職域，とりわけ保証業務の拡大に大きな影響を与えた。

具体的には，地方自治法による包括外部監査人登用[61]（1997年），税理士法改

正による書面添付制度の拡充［事前通知前の意見聴取の創設］（2001年），会社法上の会計参与登用（2005年），政治資金規正法による登録政治資金監査人登用（2007年）に関する法改正運動において，立法当局に税理士の法的な立場を説明する際にとりわけ有効であった（第4章■2を参照）[62]。税理士が，独立した公正な立場ではなく，納税者の「弁護士」的な立場であったとしたら，これらの職域の拡大は不可能であったであろう。

　なお，監査・保証業務を行う会計人に独立性をはじめとする廉潔性の保持が求められることについては，第4章コラム8「保証業務と廉潔性」を参照されたい。

3 ■ 納税義務の適正な実現

　「租税正義（Steuergerechtigkeit）の実現」の実務上の担い手である税理士は，独立した公正な立場において，「真正の事実」に基づいて税理士業務を遂行する義務を負っている。そして，故意に真正の事実に反して税務代理もしくは税務書類の作成をしたときは「2年以内の税理士業務の停止又は税理士業務の禁止の処分」が（税理士法第45条第1項），相当の注意を怠って，真正の事実に反して税務代理もしくは税務書類の作成をしたときは「戒告又は2年以内の税理士業務の停止の処分」を受けることがある（同第45条第2項）。また「不正に国税若しくは地方税の賦課若しくは徴収を免れ，又は不正に国税若しくは地方税の還付を受けることにつき指示をし，相談に応じ，その他これらに類似する行為をしたとき」（同第36条）は，故意の場合には「2年以内の税理士業務の停止又は税理士業務の禁止の処分」が（同第45条第1項），相当の注意を怠った場合には「戒告又は2年以内の税理士業務の停止の処分」を受けることがある（同第45条第2項）。ここで税理士が「真正の事実」に反するとわかっていた場合には「故意」が，知らなかった場合には「相当注意義務違反」が問われる。その他に「不正等是正助言義務」（同第41条の3）も課せられている。

● **第41条の3「助言義務」**
　税理士は，税理士業務を行うに当たつて，委嘱者が不正に国税若しくは地方税の賦課若しくは徴収を免れている事実，不正に国税若しくは地方税の還付を受け

ている事実又は国税若しくは地方税の課税標準等の計算の基礎となるべき事実の全部若しくは一部を隠ぺいし,若しくは仮装している事実があることを知つたときは,直ちに,その是正をするよう助言しなければならない。

これらを一覧に示せば**図表1-4**となる。

税理士法によるこれらの要請は,税理士の「独立した公正な立場」の中身を具体的に充填するものであり,これらの要請をすべてクリアーしたところに税理士法が求める「独立性と公正性」が存在する。

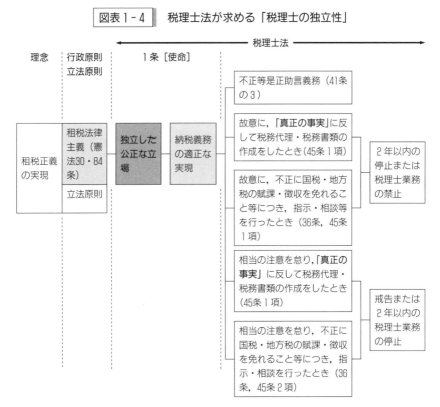

出典:坂本(2011)479頁の図表15-2を一部修正して引用

4　4大業務の展開とその基盤

1 ■ 4大業務の展開

　「税理士業務」という用語には広狭2つの意味がある。狭義の税理士業務は，税務業務，すなわち税理士法第2条第1項業務（税務代理・税務書類の作成・税務相談）を，広義の税理士業務は，4大業務である税務業務・会計業務・保証業務・経営助言業務を包括する意味である（**図表1-5**）。
　税理士の4大業務はそれぞれ専門性の高いものとなっている。

①　税務業務

　税理士は，税務に関する唯一の国家資格者である。税理士法の第1条は，税理士が税務に関する専門家であることを宣言し，税理士法第2条第1項は，税理士業務（狭義の税理士業務＝税務代理・税務書類の作成・税務相談）を税理士の無償独占業務としている。税理士法が，その納税義務につき「租税に関する法令に規定された」ことを適正に実現するものである以上は，税理士は税法に関する法律家であることを第一義としているというべきである[63]。それゆえに税理士にはリーガルセンスが求められる。税務業務については第2章で解説する。

図表1-5　税理士業務

広義の税理士業務 （4大業務）	税務業務（狭義の税理士業務＝税理士法第2条第1項業務）
	会計業務
	保証業務
	経営助言業務

出典：筆者作成

② 会計業務

　税理士が行う会計業務は，財務書類の作成および会計帳簿の記帳の代行（税理士法第2条第2項）が例示的に示されており，それ以外の会計関連業務は「その他財務に関する事務」として包括的に規定されている。ここで，会計専門家として税理士が行う会計業務の領域を確認するためには，わが国の会計制度の概要を知る必要がある。会計制度は「商業帳簿（帳簿）の法の適用局面」と「会計技術の組立の局面」の2つの領域から成立している。これらが税理士が取扱う会計業務である。しかし，ほとんどの財務会計論の文献は，証券市場と金融商品取引法適用企業を対象として（射程にして）理論構築されている。しかしそれは会計制度の一領域に過ぎないのである。税理士が行う会計業務は第3章で詳しく解説する。

③ 保証業務

　税理士は公認会計士と並んで保証業務の専門家である。もとより「財務書類の監査・証明業務」は公認会計士（監査法人）の独占業務であるが，税理士による保証業務には以下のものがある。

- 税理士法第33条の2による書面添付（いわゆる税務監査証明業務）
- 会社法による，現物出資等における財産の価額の証明等に関する業務
- 会社法上の会計参与
- 地方自治法による包括外部監査人
- 政治資金規正法による登録政治資金監査人
- 社会福祉法人に対する「財務会計に関する事務処理体制の支援業務実施報告書」（別添2）の作成

　「税務の専門家」（税理士法第1条）である税理士は，税務書類に関する保証業務（税務監査証明業務）の専門家，すなわち税務監査人である。税理士は，税務申告書に関して，税理士法第33条の2による書面の添付をする権利を有している。とりわけ，第1項の添付書面は，「申告書の作成に関する証明書」であり，ドイツ税理士が発行する「年度決算書の作成に関する証明書（Bescheinigung，ベシャイニグング）」に匹敵する。法人税申告書に対して書面添付が行われれば，税務申告書のみならず，確定決算主義の原理から，間接的ではあるが計算書類

（決算書）にも一定の信頼性が付与される。税理士が行う保証業務は第4章で解説する。

④ 経営助言業務

税理士が経営コンサルタントとして，経営助言を行う領域は，経営学と同じ外延（広がり）をもつ。すなわち，マーケティング管理・人事労務管理・財務管理・生産管理・品質管理・税務管理などである。ただし，税理士が「税務・会計・保証・経営助言領域における財務的および経済的なデータの専門家」であることから，税理士が専門家的に行う経営助言は，財務管理・管理会計・税務管理という領域が中心となる。税理士が行う経営助言業務については第5章で解説する。

なお，前記図表1-3からも明らかなように，税理士の4大業務の組み合わせを考慮すると，税理士業務は理論的には15の領域から構成されている。これらの業務の区分と本書における解説箇所を掲げれば**図表1-6**となる。

図表1-6　税理士業務の区分と本書における解説箇所

	税理士の4大業務：組み合わせ	本書における記述箇所
①	税務業務単独	第2章 **2** 2(1)⑥
②	会計業務単独	第3章 **3** 1②
③	保証業務単独	第4章 **1** 2
④	経営助言業務単独	第5章 **1** 1②
⑤	税務業務・会計業務	第2章 **3** と **4**，第3章 **3** 2⑤
⑥	税務業務・保証業務	第4章 **2** 1
⑦	税務業務・経営助言業務	第5章 **2**
⑧	会計業務・保証業務	第4章 **3**
⑨	会計業務・経営助言業務	第5章 **3**
⑩	保証業務・経営助言業務	第5章 **1** 1(1)
⑪	税務業務・会計業務・保証業務	第4章 **2** 2，第5章 **1** 1(1)
⑫	税務業務・会計業務・経営助言業務	第5章 **1** 1(1)，第5章 **4** 1③
⑬	税務業務・保証業務・経営助言業務	第5章 **1** 1(1)
⑭	会計業務・保証業務・経営助言業務	第5章 **1** 1(1)
⑮	税務業務・会計業務・保証業務・経営助言業務	第5章 **1** 1(1)

出典：筆者作成

2 ■ AI と税理士の 4 大業務

近年の AI の進展によって，一部に「難関とされるサムライ業の多くが AI に代替されるであろう」という見解がある。例えば，野村総合研究所（NRI）とオックスフォード大学のマイケル・A・オズボーン准教授他の共同研究によれば，AI による代替可能性は，弁護士1.4％，司法書士78.0％，公認会計士85.9％，税理士92.5％，中小企業診断士0.2％などとされている[64]。

① 税法に関する法律家

税理士は単なる「税務申告書の作成代行者」ではなく，「（納税義務者の）納税義務の適正な実現を図ることを使命とする」税法に関する法律家である。税理士は，「独立した公正な立場」において「納税義務の適正な実現を図る」ということによって，委嘱者と税務官庁のいずれにも偏せずに自ら正しい法解釈を行うことが要請されている。法律家である弁護士の業務の AI 代替可能性は1.4％であり，その率は極めて低い[65]。税理士は，「税法に関する法律家」として税務業務に取り組む必要性がある。

② 会計の専門家

税理士が行う会計業務は，対象となる事業者が，個人事業者から株式公開大企業まで，さらに，公益法人や社会福祉法人など多様であり，かつ，対象となる会計制度が「商業帳簿（帳簿）の法の適用局面」（法的アプローチ）と「会計技術の組立の局面」（会計的アプローチ）という 2 つの領域から構成されている。税理士が行う会計業務は，AI が将来取って代わるであろう起票代行などの作業が中心ではなく，会計の専門家として多様な事業者を対象とし，広範な会計制度全般を取り扱う専門家的な指導業務である点にその特徴がある。

「メーカーはよく『クラウド会計は会計帳簿と決算書を自動作成する』と自画自賛するのだが，これも本当は嘘である。確かにデタラメな会計帳簿と決算書（らしきもの）でよければ自動作成できるだろう。だが，会計法令に完全準拠した正しい会計帳簿と決算書となると，それらをすべて自動作成することが不可能である[66]」という正鵠を射た見解がある。税理士が行うべき会計業務は，デタラメな会計帳簿と決算書（らしきもの）の作成代行ではないのである。

③ 保証の専門家

規制緩和がいかに進展しようと，自由化できない部分があるという発想が基本になる。それが「保証業務」である。事業活動面の自由化とデータのアウトプット段階での自由化とを橋渡しする機能，すなわち両者の照応関係を保証する業務（計算の信頼性の保証業務）こそが，21世紀における資格業務の特権として残されている領域である。

④ 経営助言の専門家

税理士は，経営者の「親身の相談相手」である。税理士が経営助言業務を行う領域は，経営学と同じ広がりをもつ。そのうえで，税理士が「財務的および経済的なデータの専門家」であることから，税理士は，主に財務管理の領域において経営助言を行うプロフェッショナルということができる。先の資料に拠れば，経営コンサルタントの AI 代替可能性は0.3%，中小企業診断士は0.2%となっている[67]。経営者の親身の相談相手として税理士が行う経営助言業務はAI に代替されることはない。

⑤ 巡回監査

税理士は，税理士法からの要請等により巡回監査の実施が必要とされる。圧倒的多数の中小企業においては，内部統制システムが存在していないか，仮にあったとしても完全には機能していない。それゆえに税理士は，その職業上の使命である租税正義を綿密かつ厳粛に実践するために，少なくとも月次で関与先を訪問して，経営者の心に正しくベルトが掛かっているかどうか，会計処理に網羅性，真実性，実在性があるかどうかを確かめることが不可欠となる。加えて巡回監査は4大業務を展開するためにも必要であり，巡回監査には「経営方針の健全性を吟味すること」も含まれる（巡回監査は第6章 **2** を参照）。このような巡回監査を AI が代替することは不可能である。

以上の考察から，AI と税理士業務について，次の3点が導かれる。

第1に，近い将来，仕訳作業を含む会計帳簿作成や単純な税務申告書の作成代行の作業は FinTech[68]や AI に置き換わっていき，次第に高度の技術職であるエキスパートの仕事の一部も AI に代替されていくであろう。しかしながら，

税理士が，税法に関する法律家，会計の専門家，保証業務の専門家，経営助言の専門家という，異分野複合型のプロフェッショナルであるかぎり，これらの業務がAIに代替されることはない[69]。

　第2は，税理士はAIを積極的に活用すべきである。税理士は，AIなど先端技術がもたらす可能性を駆使して，単純な事務作業や定型的な判断業務の相当部分をAIに代替させれば，巡回監査や4大業務（税務・会計・保証・経営助言）をシステム横断的にシームレスに提供することがますます可能になる。ここで重要なことは，システムが税理士の職務を尊重したシステムでなければならないことである。こうしたシステムであれば，税理士はAIやFinTechを味方にすることができる[70]。しかしながら，税理士の巡回監査業務等を無視する（バイパスする）システムであれば，税理士はAIやFinTechと敵対し，税理士の職能を十分に発揮することが困難になる。

　第3は，税理士のあるべき職業像が国民一般に正確に理解されていないことである。換言すれば，国民一般と税理士業界との間には「情報の非対称性」が存在している（「情報の非対称性」は第7章 **3** 1を参照）。オックスフォード大学がある英国や米国などアングロ・サクソン諸国には税理士制度は存在しない。米国や英国では，税務申告書の作成代行業務は原則として誰がやってもよい。公認会計士，弁護士，勅許会計士，登録代理人（エンロールド・エージェント）などの資格がなくてもよいのである。例えば米国では大手の税務申告書作成業者（Tax Preparers）が給与所得者の確定申告書の作成代行を大規模に行っているが，Tax Preparersは職業会計人ではない[71]。わが国には，税務申告書作成業者がわが国やドイツの税理士と同様の職業である，という誤解がある。税理士業界は，「税理士は，税務・会計・保証・経営領域における財務的および経済的なデータの専門家である」という職業の「本質的な性格と目的」を明らかにしたうえで，税理士の本来業務（巡回監査や4大業務）に関する社会の理解と納得を得るためのさまざまな努力をする必要がある。

コラム 2　ドイツにおける税理士の歴史

ドイツには『図解入り税理士業の歴史』という大著がある。この文献に拠れば，西暦紀元前80年頃に，フローレンツに「ローマの弁士」（Römischer Redner）という職業があり，法律一般や税務援助を業としていた者がいて，これが後に，種々名称を替えて，現行ドイツ税理士法第32，33条に規定する「税務の援助と相談」（Hilfeleistung und Beratung in Steuersachen）を行うようになった原形であるとされる[72]。そして，ドイツの税理士業の歴史は，法律助言と経営助言（Rechtsberatung und Wirtschaftsberatung）という2つの相互依存関係にあったという[73]。

①　税理士法の制定まで

税務相談は法律相談の一部である。法律相談がすでに長い伝統を有しているのに対し，業務としての税務相談は比較的新しい職業といえる。先駆者としては，第1次世界大戦以前に帳簿検査人（Bücherrevisoren）の存在が認められる。ただし，それは，相談および受託としての行為にもかかわらず，営業者（Gewerbetreibender）とみなされ，税務相談は，長期間にわたり営業行為とみなされていた[74]。

税務相談業の実際のはじまりは1919年のライヒ国税通則法（Reichsabgabenordnung）の制定以後である。ライヒ国税通則法は，上級財務局長官が租税義務者の代理を行う者の認可をなすことができることを規定していた[75]。法律上の保護がなかったにもかかわらず，この仕組みが一般化して，これら代理人が今日の税理士へと発展したのである。

1933年7月6日に，「税理士の認可に関するライヒ法律」（Reichsgesetz über die Zulassung von Steuerberatern）によって税理士に関する特別な認可の要件が定められた[76]。この法律においては，税理士（Steuerberater）という名称が使用されている。税理士以外に，税務援助者（Helfer in Steuersachen）なるものが活動していた。この税務援助者について，その法的根拠は，1935年12月13日の「法律相談の分野における乱用防止法」（Gesetzes zur Verhütung von Mißbräuchen auf dem Gebiete des Rechtsberatung）であり，それはライヒ国税通則法の107a条に挿入された[77]。税務援助者は，その活動領域が制限されており，特に限定された地域においてのみ活動可能で，場合によっては財務官庁から拒否される可能性があった[78]。1941年2月18日の通達（Erlaß）によって，税理士の認可に関する新たな要件が確定されるに至ったが，税理士の人数は第二次世界大戦の終了に至るまでは，

比較的少数にとどまっていた[79]。

　ところで，わが国ではあまり論究されていないが，第二次大戦後のドイツにおいては，戦災からの復興およびその後の経済発展促進のために，経済政策的な見地から多くの租税優遇措置が採用され，特に1949年から1975年1月1日前に終了する営業年度までは「正規の簿記」の提示が一連の租税優遇措置要求の実質的な前提条件となっていたことが注目される[80]。ドイツ所得税法は，GoB（正規の簿記の諸原則）概念を，租税の特典に関する構成要件としても使用したのである。この仕組みは，1949年の第一次シャウプ勧告で示されたわが国の青色申告制度の仕組みに酷似している。

②　税理士法の制定

　「税理士および税務代理士の法律関係に関する法律（税理士法）」（Gesetz über die Rechtsverhältnisse der Steuerberater und Steuerbevollmächtigten（Steuerberatungs-gesetz））は，1961年11月1日をもって発効し，これによって税務相談に関する法律が統一された。この法律により，新たに税務援助者に代わる税務代理士が設置され，その者の権利も拡張され，特に地域的な活動領域に関する制限や財務官庁から拒否される可能性が排除された[81]。

　職業会議所の設置によりこの職業に関する自治機関が設置され，独立した職業裁判権が設けられたことにより，税務当局に対する従属性は排除された。また，この法律の規定により税理士および税務代理士が自由業に属し，営利活動を営んではならないことが明確に規定された[82]。

　1972年8月11日の「第2次税理士法の改正に関する法律」をもって，職業政策上の対立に決定が下されて職業としては税理士のみが存続することとなり，税理士会と税務代理士連邦会議所は1975年1月1日をもって統合されることになった[83]。続いて，1975年6月24日の「第3次税理士法改正に関する法律」において税理士と税務代理士が1つの法律の下に統合されることになり，従来の「税理士および税務代理士の法律関係に関する法律」と称されたいわゆる税理士法は，「税理士法」（Steuerberatungsgesetz）となった。

　なお，ドイツ税理士法第57条「職業上の一般的義務」の第2項第2文は，（税理士は）「その職業活動以外でも，信頼とこの職業に要求される尊敬に値することを示さなければならない」と定めている[84]。ドイツ税理士の社会的な権威はこの条項の存在が大きいといわれる。

　ここで，日本とドイツの税理士の沿革を一覧にすれば**図表1－7**になる（なお，

第7章 **1** も参照のこと）。

図表1-7　日本とドイツの税理士の沿革史

	日本の税理士制度	ドイツの税理士制度
		帳簿検査人（Bücherrevisoren）
1912年	大阪税務代弁者取締規則	
1914年	第1次世界大戦勃発	
1918年	第1次世界大戦終結	
1919年		＊ライヒ国税通則法第208条に「帳簿の証拠力」が規定される。
		ライヒ国税通則法に「上級財務局長官は租税義務者を代理する者の認可をなすことができる」と規定される。
1933年		「税理士の許可に関する法律」により，税理士（Steuerberater）という名称が使用される。
1936年	京都税務代弁者取締規則	
1935年		「法律相談の分野における乱用防止法」により，税理士以外に税務援助者（Helfer in Steuersachen）という職業が認められる。
1939年	第2次世界大戦勃発	
1941年	太平洋戦争が始まる（12月8日）。	2月18日の通達によって，税理士の認可に関する新たな要件が確定される。
1942年	税務代理士法が制定される。	
1945年	第2次世界大戦・太平洋戦争終結	
1949年	＊第1次委シャウプ勧告によって，青色申告制度導入が勧告されるとともに，税理士の果たすべき役割が提示される。	＊「正規の簿記」の提示が租税優遇措置要求の実質的な前提条件となる。
1950年	＊第2次シャウプ勧告　青色申告制度が導入され，「法定の帳簿組織による正当な記載」が租税優遇措置適用および更正処分の前提条件となる。	
1951年	税理士法が制定される。	

第1章　税理士の職務　■　35

1956年	税理士法改正。書面添付制度が創設される。	
1961年		「税理士及び税務代理士の法律関係に関する法律」により税務援助者という名称は税務代理士（Steuervollmächtiger）に改められる。
1963年	飯塚事件が勃発する（6月24日）。	
1964年		＊連邦金融制度監督局（BAkred）の通達が，信用制度法18条について「可能であれば，税理士等の証明書（Testat）が徴求されるべきである」とする。
1966年	10月22日に，税理士・公認会計士向けの計算センターであるTKCが設立される。	2月14日に，税理士・経済監査士向けの計算センターであるDATEV（ダーテフ）が設立される。
1970年	飯塚事件が終結する（11月11日）。	
1972年		「第2次税理士法の改正に関する法律」により，職業としては税理士のみが存続することになる。
1974年		＊「正規の簿記」と租税優遇措置適用のリンク体制が廃止されたが，この間，多くの「正規の簿記」に関する判決が集積された。
1975年		「第3次税理士法改正に関する法律」により，従来の「税理士および税務代理士の法律関係に関する法律（税理士法）」が「税理士法」（Steuerberatungsgesetz）となる。
1980年	税理士法改正。税理士法第1条に「独立した公正な立場」という文言が盛り込まれる。	
1992年		連邦税理士会が「税理士および税務代理士の決算付記および監査付記に関する連邦税理士会の注意事項」を公表する。
1997年	地方自治法改正。税理士が包括外部監査人に登用される。	
1998年		6月8/9日に連邦税理士会が「税理士業務における品質保証に関する連邦税理士会の指針」を決議する。
		＊7月7日付けの通達で，連邦金融制度監督局が，一部の税理士が作成する年度決算書の信頼性に疑念を呈する。

2001年	税理士法改正。書面添付に事前通知前の意見聴取が創設される。	連邦税理士会が「税理士による年度決算書の作成に関する諸原則についての連邦税理士会の書簡」を公表する。
2002年		*金融機関から「帳簿記帳に基づく数字がそれ自体として蓋然性があることの説明を，作成された年度決算書に付すこと」という要望書が出される。
2004年		連邦税理士会が『税理士業務における品質保証と品質管理』を作成・発刊する。
2005年	*商法・会社法に記帳の適時性・正確性が成文化される。	
	会社法創設。税理士が会計参与に登用される。	
2007年	政治資金規正法改正。税理士が登録政治資金監査人に登用される。	
2010年		連邦税理士会が「年度決算書の作成に関する諸原則についての連邦税理士会の声明」を公表する。
2012年	*中小会計要領が策定・公表される。	
	認定経営革新等支援機関制度が創設され，多くの税理士・税理士法人が支援機関の認定を受ける。	
2014年	*「経営者保証に関するガイドライン」の運用が開始される。	

＊は，税理士制度に間接的に影響を与えた制度改革などである。
出典：筆者作成

　以上の日独両国の税理士の沿革から多くのことを読み取ることができるが，特に次の点が重要である。

[正規の簿記と租税優遇措置・帳簿の証拠力＝青色申告]
　わが国における，シャウプ使節団による「租税優遇措置を伴う青色申告制度」の導入勧告と，ドイツにおいて，「正規の簿記」の提示が租税優遇措置要求の実質的な前提条件となったのが同じ1949年である。加えて，わが国の青色申告における更正制限規定は，1919年ドイツ国税通則法第208条（後の1977年国税通則法第158条）の「帳簿（簿記）の証拠力」の内容に酷似している（第2章 **3** 2 を参照）。

第1章 税理士の職務 ■ 37

　両国のこれらの制度改革が偶然に同時に行われたのか，それとも戦勝国である米国による統一的意思をもった施策であったかは不明であるが，これら一連の税制改革を契機として，両国の中小企業の経理水準は飛躍的に向上した[85]（ドイツにおける状況は坂本（2011）の第7章を参照）。

[職域の拡大]

　ドイツの税理士制度は，税理士法によって，税理士の職域が法的に確定されている。

　他方，わが国の税理士制度は，近時，主に税理士法以外の法律によって，保証業務と経営助言業務領域の職域が拡大されている。保証業務の拡大については，1980年の税理士法の改正によって税理士法の第1条に「独立した公正な立場」という文言が盛り込まれたことが大きく影響している。

[中小企業金融における決算書の信頼性]

　ドイツでは，近年，中小企業金融における「年度決算書の信頼性」の確保が一段と重要性を増しており，連邦税理士会がこの問題に積極的に対応している。

●注

(1)　日本税理士会連合会は，税理士の英語表記を Certified Public Tax Accountant としている。なお，ドイツ語の Steuerberater を直訳すれば税務援助者，税務助言者ないし税務コンサルタントになる。ドイツの Steuerberater の英語版の名刺には Tax Consultant と表記されていることが多い。本書では，ドイツの Steuerberater はわが国の税理士と同様の資格であるため税理士と邦訳する。

(2)　財務省，平成29事務年度「国税庁実績評価書」（財務省，平成30年10月）によれば，2017（平成29）年度の法人税申告書における税理士の関与割合は88.9%である。

(3)　税理士に関する重要な文献としては以下のものがある。
　　松沢（1995）。飯塚毅（1989a），飯塚毅（1995），飯塚毅（1997b）。山下（2009）。

(4)　韓国にはわが国の税理士に類似する「税務士」と呼ばれる税務専門家が存在する。また米国には税務申告代行業者である「エンロールド・エージェント」（Enrolled Agent，登録代理人）が，中国には「注冊税務師」が存在する。

(5)　ケアリー＝加藤監訳（1970）；116頁。Carey（1965）；p.115.

(6)　ケアリー＝加藤監訳（1970）；118-120頁。Carey（1965）；pp.117-119.
　　ケアリー＝加藤監訳（1970）では，financial を「財政的」とするが，ここでは「財務的」

(7) ケアリー＝加藤監訳（1970）；120頁。Carey (1965)；p.119.

(8) ジョン・ウィリアム・ガードナー（John William Gardner, 1912年10月8日-2002年2月16日）は，米国コネチカット女子大学などで心理学の教授を務めた後，リンドン・ジョンソン政権で保健教育福祉長官を務めた（Wikipedia 参照）。なお，この言葉は "renewal in Societies and Men" in annual report of Corporation. 1962. からの引用である。

(9) ケアリー＝加藤監訳（1970）；120頁。Carey (1965)；p.119.

(10) ある程度まで，これらの公認会計士たちは，異なった態度をもち，また往々にして異なった教育的背景をもち，またこの職業がどのように展開されるべきであるかについても異なった意見をもっているのがふつうである（ケアリー＝加藤監訳（1970）；123頁，Carey (1965)；p.122.）。

(11) 会計士制度は，世界各国に存在するグローバルな資格制度である。発生史論的には，会計士というプロフェッションは19世紀中頃イギリスのスコットランドにおいて発生し，当初は，裁判所のためにする仕事，破産管財人の仕事，および保険数理士の仕事が強調されていたということである（友岡（2016）；198頁参照）。

　　その後イギリスの会計士は米国に進出しているが，監査論で有名なモントゴメリーは，1937年に行った引退声明の中で，米国の会計士について「会計業務は急速に発展を遂げつつあるが，大多数の会計人は，狭い見識しか持っていない」，「50年前の米国では，職業会計人はほとんど知られず，ほとんど認められず，ほとんど需要されもしなかった」と回顧し，「職業会計人に依頼することは，企業の財務について詐欺か不正か欠損か疑惑がある証拠だろうと認められ恐れられたものだ」と述べ，「30-40年前までは，職業会計人による調査（investigations）の多くは，秘密裏に，しばしば夜間や日曜日に行われたものだった」としている（Carey (1970)；p.4，飯塚毅（1977）；1-2頁参照）。

(12) ケアリー氏は「公認会計士たちは彼らの業務を四つの明確な要素，すなわち会計，監査，税務，および経営助言業務から成り立っているものと考えるにいたった」と（Carey (1965)；p.122，加藤監訳（1970）；123頁参照），武田隆二博士は「会計基準の問題と並んで，情報の信頼性を保証する監査の問題およびコンサルティング問題の三つが，今後の税理士の課題として大きく浮上してくると思います」（武田（2003a）；490頁）とされている。

　　つまり，職業会計人の業務範囲は，税務業務・会計業務・保証業務・経営助言業務であるという見解である。

(13) 会計参与は，Accounting Counselor と訳される場合がある。

(14) 「異分野融合型のプロフェッショナル」とは，筆者と対談中における福原紀彦中央大学学長の「異分野を融合するようなプロフェッショナル」という発言に基づいている（本章注(69)参照）。

　　なお，租税法の権威である中里実東京大学教授（政府税制調査会会長）と会計学・コーポレートガバナンス論の権威である伊藤邦雄博士（一橋大学特任教授）は，ともに「税理

士はその業務領域を限定すべきではない」旨を述べられている（傍点は坂本）。

「ですから坂本会長がいま言われたように，自己限定せずにさらに大きな視点で企業が健全に経営できるようなさまざまな助言やガバナンスの強化に貢献していかれることが重要だと思います。そのような特質を存分に活かしていけば，税理士の皆さんの活躍の場はさらに広がるのではないでしょうか」（『中小企業のガバナンス強化の専門家として社会の期待に応えてほしい』筆者と対談中の中里実教授の談，『TKC会報』2019年1月号，8頁）。

「社会が流動的になっているわけですから仕事の領域を狭く限定せず，中小企業のパートナーとしてこの国をよくしてほしいと思います」（『中小企業のガバナンス強化に税理士が果たす役割は大きい』筆者と対談中の伊藤邦雄博士の談，『TKC会報』2019年2月号，9頁）。

(15) 飯塚毅（1989b）；9頁。

(16) 武田（2003b）；13頁参照。

(17) この点について，中里実教授と伊藤邦雄博士が次のように述べられている。

「私は税理士の皆さんは，企業・個人のガバナンスの強化に貢献する専門家ではないかと思います」（上記注(14)における中里教授の談；8頁）。

「中小企業のガバナンス強化の担い手は，まさに税理士の皆さんだからです。そのためにはガバナンスに関する勉強もしていただきたいと思います」（上記注(14)における伊藤博士の談；8頁）。

(18) ケアリー氏は「監査業務，税務業務および経営助言業務の間には，理論的な分離はない。目的は異なるが，これらはすべて同じデータに基づく多様な分類，分析および解説を包含する」と指摘している（Carey (1965)；p.123，ケアリー＝加藤監訳（1970）；125頁参照）。

なお，ケアリー氏が用いた「監査（audit）」という用語は，わが国でいう「正規の監査」ではなく，レビュー等を包含した「広義の監査」を意味していると理解される。auditと同様にドイツのPrüfungという用語も「広義の監査」を意味しており，例えばSteuerprüfung（税務監査，税務調査）などの用語がある。

(19) "Seamless web"はケアリー氏の表現である。Carey (1965)；pp.122-123参照。

(20) 資料は，平成28年度分「会社標本調査」（平成30年3月，国税庁企画課）による。

平成28年度分調査結果は，活動中の内国普通法人について，平成28年4月1日から平成29年3月31日までの間に終了した各事業年度を対象としている。利益計上法人数は97万698社，欠損法人数は168万9,427社，全法人に占める欠損法人の割合は63.5%である。

「利益計上法人」は所得金額（繰越欠損金控除等の税務上の調整を加えた後の金額）が正（利益）である法人。「欠損法人」は所得金額（繰越欠損金控除等の税務上の調整を加えた後の金額）が負（損失）または0である法人である。

(21) 飯塚毅（1989a）；47頁参照。

(22) ただし，税務業務については監査関与会社の監査委員会が事前に了承した場合には認め

るという内容であった（千代田（2014）；275頁参照）。

(23) 矢澤（2012）；69頁。

(24) TKC全国会中央研修所（2014）；267-268頁参照。

なお，大企業に該当しない中小会社等に対して非監査証明業務を同時提供すること，あるいは，上記に列挙された業務（財務書類の調製等の業務など＝坂本注）以外の非監査証明業務を大企業等に提供することは禁止されていない。この場合においても，監査の公正性と信頼性を確保するため，従前の規定（法第25条の２）に加えて，非監査業務と監査業務を同時提供する場合に，公認会計士又は監査法人が継続的な報酬を受けているときは，その旨を監査報告書に開示しなければならない（矢澤（2012）；69頁）。

こうした背景のもとで，TKCでは大企業向けの税務市場に参入し，その結果，日本の売上高トップ100社のうちの約8割超に「TKC連結納税システム（eConsoliTax）などのシステムを会員税理士事務所を通じて提供することになった。4大業務を同時提供できる税理士の立場を基盤にして株式公開大企業等に対する新しい市場が創造されている。

(25) 以下の引用は，ケアリー＝加藤監訳（1970）；117頁および Carey (1965); p.116.

(26) 日清戦争（明治27～28年）後の財政需要などを背景として，明治29（1896）年に営業税は課税対象の一部を地方に残すほか，その大部分は新たに創設された国税としての営業税の対象とされ，全国統一の基準で課税されました。つまり，課税対象となる業種は24（他の業種は地方税のまま存続）とし，売上金額，資本金額，従業員数などの外形からみてわかる基準により課税（外形標準）され，税率は業種によって異なっていました。他方，地方税に残された営業税，雑種税は，この後昭和15年（1940）まで存続します（国税庁HP）（https://www.nta.go.jp/about/organization/ntc/sozei/tokubetsu/h23shiryoukan/02.htm）。

(27) 日本税理士会連合会（1987）；10頁参照。

(28) 日本税理士会連合会（1987）；11頁参照。

(29) 日本税理士会連合会（1987）；12頁参照。

(30) 日本税理士会連合会（1987）；13頁参照。

(31) 日本税理士会連合会（1987）；12頁参照。

(32) 松沢（1991）；6頁。

(33) 日本税理士会連合会（1987）；18-19頁参照。

(34) 日本税理士会連合会（1987）；23-24頁参照。

(35) 日本税理士会連合会（1987）；24-25頁参照。

(36) 松沢（1991）；10-11頁。

(37) シャウプ使節団（1949）；D62-D63。

(38) 松沢（1991）；11頁。

(39) 飯塚事件はTKC全国会広報委員会編纂『租税正義の実現を目ざして 飯塚事件の本質と系譜』（TKC出版，1997年）に詳しい（事件の概要は飯塚博士アーカイブ（https://dr.takeshi

-iizuka.jp/）参照)。なお飯塚事件を題材にした小説として高杉良『不撓不屈』新潮社(2002)
があり，映画化されている。

(40) 衡平法とは，英米法の国々において，コモン・ロー（common law）で解決されない分
野に適用される法準則をいう。1963（昭和38）年10月28日に，実質的な相手役であった安
井誠関東信越国税局直税部長が「英米の衡平法からすれば，こういう異常に高い賞与は否
認処分が出来るのだ」と発言している（TKC全国会広報委員会（1997)；48頁参照)。

(41) TKC全国会広報委員会（1997)；323頁参照。

(42) 「公正処理基準」については，その内容を巡って多くの議論がある。

(43) 飯塚毅（1993）の8頁および伊藤（2018）の43-46頁を参照。

(44) 公認会計士制度の出現後も，独立性の概念は何か複雑で把えどころのない用語でしたが，
徐々に職業会計人の廉潔性，正直さ，客観的立場に立つこと，などを意味するようになり
ました。別言すれば，心の姿勢，性格の問題だとされてきたのです。ですから，業界の指
導者たちも同業会計人に向い，関与先の考えに屈従するな，屈従すれば貴方は単なる帳面
屋，計算の正確さだけをチェックする計算業者になり下がってしまうぞ，との警告を続け
るだけでした（飯塚毅（1982a)；181頁)。

(45) 米国公認会計士協会の会計士行動規程（AICPA Code of Professional Conduct）によ
れば「監査業務に従事している会員は，監査およびその他の証明業務を提供する際に，実
質的かつ外観的に（independent in fact and appearance）独立していなければならない」
（「0.300.050 客観性と独立性」01）としている。

(46) 米国公認会計士協会によれば，「外観的独立性」（independent in appearance）とは，「す
べての関連情報を知っている合理的で十分な第三者が，適用される保障措置（safegurds）
を含めて，保証業務契約の事務所または会員の廉潔性，客観性，または職業的懐疑心(pro-
fessional skepticism）が損なわれていると合理的に結論づける状況を回避することであ
る」とする（AICPA Plain Englich Guide to Independence, AICPA, 2017；p.8.)。

(47) 飯塚毅（1995)；14頁参照。

(48) 「実質的な独立性」（independent in fact）は「精神的な独立性」（independent of mind)
のことである。米国公認会計士協会によれば，「精神的な独立性」とは，「会員が専門的判
断を傷つけるような影響を受けずに，証明業務を行うことを可能にし，それによって会員
が廉潔性，行動の客観性および職業的懐疑心をもって行動できるような心の状態をいう」
とする（AICPA Plain Englich Guide to Independence, AICPA. 2017；p.8.)。

(49) Mautz/Sharaf (1961)；p.206，マウツ/シャラフ＝近澤訳（1987)；278頁。マウツ/シャ
ラフが引用した文献は，John L. Carey（Author）の "Professional Ethics of Certified
Public Accountants"（1956, pp.20-21）である。

(50) Mautz/Sharaf (1961)；p.204. このマウツ/シャラフの説明は，『CPAハンドブック』第
13章のウィルコックス（E.B. Wilcox）の見解を引用している。

(51) 飯塚毅（1978)；2頁。

(52) 飯塚毅（1982c）；4-5頁。

(53) 公認会計士法は，以下のとおりである。

> **第1条（公認会計士の使命）**
> 　公認会計士は，監査及び会計の専門家として，独立した立場において，財務書類その他の財務に関する情報の信頼性を確保することにより，会社等の公正な事業活動，投資者及び債権者の保護等を図り，もつて国民経済の健全な発展に寄与することを使命とする。
>
> **第1条の2（公認会計士の職責）**
> 　公認会計士は，常に品位を保持し，その知識及び技能の修得に努め，独立した立場において公正かつ誠実にその業務を行わなければならない。

(54) 税理士の場合には，外観上の独立性はさして問題ではなく，事実上としての独立性が遙かに重大だと考えられます（飯塚毅（1977）；2頁）。

(55) TKC全国会中央研修所（2007）；77頁。

(56) 普通，公正さ（impartiality）は独立性の主たる内容をなす概念だからです（飯塚毅（1995）；130頁）。

(57) 「改正税理士法のポイントを衝く」座談会中の福田幸弘審議官の談（「改正税理士法の徹底的研究」『税理』昭和55年7月号，83頁）。松沢（1991）；37-38頁参照。

(58) 福田幸弘政府委員は「さらに敷衍しますと，『税務に関する専門家として，』というのが『独立した公正な立場』の上に書いてございます。したがって，税務に関する専門家としての専門家判断というものが一つございますし，さらに，その前に『，』が打ってありますので，それを切り離しても，それ自体一般的なこの独立公正な立場ということもあるというふうに，両面からこれは解釈するべきであります」と答弁している（第91回国会参議院大蔵委員会議録第8号，昭和55年3月27日，10頁）。

(59) 松沢（1991）；67頁参照。

(60) 松沢（1991）；66-67頁。

(61) これ（独立した公正な立場のこと＝坂本注）が伏線となって，平成9年の地方自治法の改正で自治体の外部監査人の中に税理士が認められました。そのときの衆議院法制局窪田勝弘部長（のちの同局長）は『第1条があるからな』と言っておられました（佐野（2005）；365頁）。

(62) 第4章 **1** 2および関連する注も参照されたい。なお，筆者はこれらの法改正にTKC全国政経研究会の幹事長等として関わったため，それらの立法における経緯は誰よりも熟知している。

(63) 松沢（1991）；58頁。

(64) 日本経済新聞，2017年9月25日。同記事は，2015年12月に公表された野村総合研究所とオックスフォード大との共同研究による「10～20年後に，AIによって自動化できるであろ

第1章　税理士の職務　43

う技術的な可能性」によっている。詳細は，野村総合研究所/寺田知太他（2017）を参照。

⑹　野村総合研究所/寺田知太他（2017）；巻末付録8頁参照。

⑹　飯塚真玄（2016）；467頁。

⑹　野村総合研究所/寺田知太他（2017）；巻末付録8頁参照。

⑹　FinTech（フィンテック）とは，financial technology の略語であり，Finance（金融）と Technology（技術）を組み合わせた造語である。金融サービスと情報技術を結合したさまざまな革新的な動きを意味する。

⑹　高度なマニュアルを身に付けて，ルーティン業務を遂行しているようなエキスパートはそれが高度になればなるほど AI に叩き潰されてしまうと思います。これに対して，異分野を融合するようなプロフェッショナルとしての専門職業人は，時代の変化を見据えて常に業務に付加価値を付けようとしているわけですから，AI がそれを超えることはできないでしょう（「新しい価値を創造する異分野融合型プロフェッショナルを目指せ！」筆者と座談中の福原紀彦中央大学学長の談。『TKC 会報』2018年12月号，9頁）。

⑺　例えば，わが国の TKC（従業員2,225名，2018年9月30日現在）は，その定款に「わが国の会計事務所の職域防衛と運命打開」と「地方公共団体の行政効率向上による住民福祉の増進」という極めて明確な事業目的を掲げ，1966（昭和41）年10月22日に設立された情報サービス会社である。設立以来一貫して，会計事務所と地方公共団体の2つの分野に専門特化した情報サービスを展開し，また，わが国最大の TKC 法律情報データベースは税理士等に税法および各種法律，裁決・判決等を提供している。

　ドイツの DATEV 社（従業員7,387名，2018年6月30日現在）は，1966年2月14日に税理士・経済監査士・弁護士のために技術情報サービスプロバイダーとしてニュルンベルクにおいて設立された登録済協同組合である。主要な税の処理と解釈のためのプログラムが提供されるとともに，会員とその顧客は，給与計算と財務会計，日常の簿記，原価計算と経営指導のためにプログラムを使うことができ，また，税務データベース LexInform は，税理士等に税法および経営情報に関する包括的な情報を提供している。

⑺　「Tax Preparers」の業務に近いのが，税理士業務のうちの税務書類の作成と，付随業務のうちの財務書類の作成，会計帳簿の記帳代行などであろう。これらの業務は，定型性の高いものであり，コンピュータの「得意分野」である。NRI の研究結果で，税理士の代替可能性が高い数値になったのも，日本の税理士の実際に行っている業務の中に定型的な業務の占める割合が相対的に高かったからであろう。現に，日進月歩で性能向上を続けるクラウド会計ソフトは，税理士のこうした業務を奪っていると言われている」（大内(2018)；15頁）。

⑺　Mittelsteiner (1999)；S.21. 飯塚毅（1985）；5頁。

⑺　Mittelsteiner (1999)；S.20.

⑺　Gehre (1995)；.XIII.

⑺　ゲーレ＝飯塚毅訳（1991）；78頁。Gehre (1995)；.XIII.

(76) ヒトラー首相のもとで成立したこの法律は，ユダヤ人を税理士業務から排除する趣旨の内容であった。

(77) 税務援助者を規定するライヒ国税通則法第107a条によれば，税務の事務的な援助をただ副業で営む者に関しても，税務援助者（Helfer in Steuersachen）として認可することを可能とするものであった（Mittelsteiner (1999)；S.256.）。

(78) ゲーレ＝飯塚毅訳（1991）；79頁。Gehre (1995)；.XIV.

(79) ゲーレ＝飯塚毅訳（1991）；79頁。

(80) 坂本（2011）；228頁参照。

(81) ゲーレ＝飯塚毅訳（1991）；79-80頁。Gehre (1995)；.XIV.

(82) ゲーレ＝飯塚毅訳（1991）；80頁。Gehre (1995)；.XIV.

(83) ゲーレ＝飯塚毅訳（1991）；81頁参照。Vgl. Gehre (1995)；.XV.

(84) この条文はドイツ公認会計士法の第43条第2項第3文と同一の文言となっている。

(85) わが国の中小企業・小規模企業の「帳簿の品質」は，他の先進国の中小企業・小規模企業の「帳簿の品質」に比して相対的に高いと考えられる。これは世界に誇るべきわが国の帳簿文化である。例えば，付加価値税（わが国では消費税）の課税計算を帳簿方式で行っているのはわが国だけであり，他の先進国ではインボイス方式を採用している。他の先進国が，中小企業に過度な負担を強いるインボイス方式を採用せざるを得ない主な背景として，中小企業の「帳簿の品質」が付加価値税の正確な課税計算に耐えるレベルではないことがある。

税務業務

　税理士は,「租税正義の護持者」であり,「税法に関する法律家」である。
　税理士は,「独立した公正な立場」において「納税義務の適正な実現を図る」ことを要請されている(税理士法第1条)。税理士は,国税当局の下請けでもなく,納税者の意向にも阿ることなく,税理士としての専門家判断に従って行動しなければならない。
　税理士業務の中心となる,税務と会計の接点領域には,租税法上の帳簿(簿記)の証拠力と確定決算主義という重要な原理がある。わが国の青色申告制度は,「反証可能な法律上の推定」として位置づけられるドイツ国税通則法第158条「簿記の証拠力」と同様の趣旨の規定である。また,確定決算主義は,世界に誇るべきわが国の会計文化であり,とりわけ中小企業にとっては,できるだけコストをかけずに,正しい決算を行うことが基本であるから,その点で欠くべからざる仕組みである。

46

1 租　税

1 ■ 租税正義

　租税(Steuer, tax)は，国家が，国民に各種の公共サービスを提供する任務を果たすための資金の調達を目的として，直接の反対給付なしに強制的に私人の手から国家の手に移される富の総称である[1]。租税は法人の事業活動や国民の個人生活に密接に関わっているため国民や企業は，税制によって，大きな影響を受け，その行動を大きく方向づけられる。「税は国家なり」と言われるように，税制にはしっかりとした哲学・論理が必要である。

　租税正義 (Steuergerechtigkeit) とは，国民に洩れなく，公平に，能力に応じて，かつ租税法規に従って正しい税金を納めさせることをいう[2]。租税正義は，立法原則(国民に洩れなく，公平に，能力に応じて，正しい税金を納めさせること) と行政原則 (国民に租税法規に従って正しい税金を納めさせること＝租税法律主義) から構成されている。

　立法原則としての租税正義は，租税公平主義または租税平等主義ともいう。近代法の基本原理である平等原則の課税の分野における現れであり，直接的には憲法第14条第1項の命ずるところである[3]。

　行政原則としての租税正義は，主に租税法律主義のことである。行政は議会において成立した法律によって行われなければならないとする原則が法治主義であり，行政に対する法律の支配を要求することによって，恣意的，差別的行政を排して，国民の「財産」と「自由」を保障するものである。国民の「財産」と「自由」を保障する制度の嚆矢はイギリスのマグナ・カルタ (Magna Carta, 1215年) と言われている。「財産」を保障する原則を租税法律主義といい，「自由」を保障する原則を罪刑法定主義という。租税法律主義のもとでは，租税の賦課・徴収は必ず法律の根拠に基づかなければならず，国民は法律の根拠に基づいてのみ納税義務を負担する (nullum tributum sine lege, Keine Steuer ohne Gesetz, no taxation without representation)。

2 ■ 租税法律主義

わが国の憲法は租税法律主義を定めている。第30条は,「国民は,法律の定めるところにより,納税の義務を負ふ」として「納税の義務」を定め,第84条は,「あらたに租税を課し,又は現行の租税を変更するには,法律又は法律の定める条件によることを必要とする」と定めている。租税は,国民を代表する議会が定めた法律によってのみ課され,法律によらない課税を受けることはないという権利を保障したものである。したがって,国民は,法律で定められた税額を納める義務を負っていると同時に,法律で定められた税額を越えて課税されないという権利を持っている。

租税法律主義の内容としては,「課税要件法定主義」,「課税要件明確主義」,「合法性原則」および「手続的保障原則」の4つをあげることができる[4]。

① **課税要件法定主義**（Prinzip der Gesetz-oder Tatbestandsmäßigkeit der Besteuerung）

刑法における罪刑法定主義になぞらえて作られた原則で,課税の作用は国民の財産権への侵害であるから,課税要件のすべてと租税の賦課・徴収の手続は法律によって規定されなければならないことを意味する[5]。この原則は,「課税の法律適合性」（Gesetzmäßigkeit der Besteuerung）ともいわれ,次の2つがある[6]。

ⓐ 租税負担の義務づけは法律（Gesetz）に留保される。それは,ただ法律が命令をする場合,かつ,法律が命令をする限りで許される（いわゆる「法律の留保」）。租税の確定は,法律上の構成要件（Tatbestand）の充足,つまり,法律が法律効果（Rechtsfolge）として租税を構成要件に結びつけることが前提条件となる（「課税要件適合性」）。しかし,法律効果も法律に基づいて明らかにされなければならない。

ⓑ 法規命令（Rechtsverordnungen）や行政行為は法律を犯してはならない（いわゆる「法の優越」）。

租税法において，「疑わしきは国庫の利益に」(in dubio pro fisco) とか「疑わしきは納税者のために」(in dubio contra fiscum) という解釈原理はともに採用される余地はない。この考え方が事実認定の考え方であれば，それは訴訟にあっては立証責任の問題（不服申立てにあっては審理不尽となる）であり，法律解釈に関する考え方であれば，解釈の放棄になる[7]。

② 課税要件明確主義 (Prinzip der Tatbestandbestimmtheit)

法律またはその委任のもとに政令や省令において課税要件および租税の賦課・徴収の手続に関する定めをなす場合に，その定めはなるべく一義的で明確でなければならない。したがって，租税法においては，行政庁の自由裁量を認める規定を設けることは，原則として許されないと解すべきであり，また不確定概念（抽象的・多義的概念）を用いることにも十分に慎重でなければならない[8]。

③ 合法性の原則 (Legalitätsprinzip)

租税法は強行法であるから，課税要件が充足されている限り，租税行政庁は租税の減免の自由はなく，また租税を徴収しない自由もなく，法律で定められたとおりの税額を徴収しなければならない[9]。わが国には租税法規の解釈について設けられた法律の規定はないが[10]，ドイツ国税通則法第85条「課税の諸原則」の第1項第1文は「税務官庁は，租税を，法律に従って，平等に確定し，かつ徴収しなければならない」(Die Finanzbehörden haben die Steuern nach Maßgabe der Gesetze gleichmäßig festzusetzen und zu erheben.) と規定している。

この原則を忠佐市博士は次のように説明される[11]。納税者ごとの租税の内容が法律の規定のみによって定まり，それに対して裁量または互譲による任意の変更が許されないことが，私法上の債権の内容と異なる重要な特色であるとともに，その租税の内容を具体化する行動についても法律の規定が全面的に及んでいて，裁量または互譲による任意の変更が許されないのみならず，納税者に債務の不履行があるときは，原則的には私債権に先んじて徴収するものとされ，債権者として行動する行政機関にそれを強制執行する権限が与えられていることも重要な特色である。

④　手続的保障原則

　租税の賦課・徴収は公権力の行使であるから，それは適正な手続で行わなければならず，またそれに対する争訟は公正な手続で解決されなければならない[12]。

　なお，平等取扱原則ないし不平等取扱禁止原則は，法の執行の段階においても妥当するとされる。

3 ■税法の構成

　税法は，法体系の上では，行政法の中の租税法学として独立の法の分野を形成しており，その学際性をはじめとして，その実質および形式において，他の分野とは異なった特色を持っている。

①　学　際　性

　税法は，これに関連する民法，商法，会社法をはじめ，各種関連法律の規定を前提として構成されているので，まず，これら各種関連法律の理解が必要となる。その意味で，税法学は，これら各種関連法律の統合領域に位置する学際学であるといえる[13]（**図表 2 - 1**）。

　すなわち，税法の法律家である税理士は，各種行政法，財政法・会計法，刑法，民法，各種事業関連法，商法，刑事訴訟法・民事訴訟法，会社法，各種会計基準などにも精通しなければならない。

②　税法の形式的な特色

　税法の形式的な面においては次のような特色がある[14]。

［成文性］

　税法は，租税法律主義の下に，成文の法律の形式をとることが要請されている。もっとも，裁判所が税法の解釈をした判例ないし判例法は，重要な法源の 1 つである。

| 図表2-1 | 税法とその関連分野との関係 |

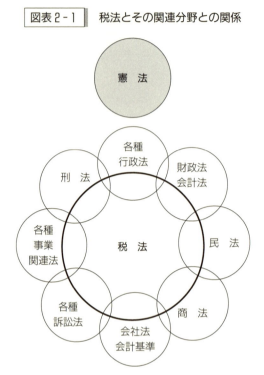

出典：伊藤（2014）14頁の図1

［技術性］

税法は極めて技術的性格の強い法律である。したがって，税法の解釈に当たっては，その技術性を正しく理解し，その目的との関連において，合目的的に解釈しなければならない。

［外観性と実質主義］

税法は，第一次的には，所得や財産が法律上形式的に帰属する者を対象として規定している。しかし，その所得や財産が法律上形式的に帰属する者とその経済的利益を享受する者とが異なることが判明すれば，公平の原則から，実質主義に基づき課税をすることになる。

第2章　税務業務■　51

2	税理士業務

1 ■税理士は租税正義の護持者

(1)　税理士法の要請

　税理士法の第1条「税理士の使命」は税理士が税務[15]に関する専門家であることを宣明している。そして第2条第1項は「税理士業務」を定義している。

　税理士は，「公法」(öffentliches Recht)である税法に関する唯一の国家資格である。公法は，私法に対置される概念であり，一般には，国家と国民の関係の規律および国家の規律を行う法を意味する。税理士は，「租税正義の護持者」であり[16]，かつ「税法に関する法律家」(Tax Lawyer)である[17]。

> ●税理士法第1条「税理士の使命」
> 　税理士は，税務に関する専門家として，独立した公正な立場において，申告納税制度の理念にそつて，納税義務者の信頼にこたえ，租税に関する法令に規定された納税義務の適正な実現を図ることを使命とする。

> ●税理士法第2条「税理士の業務」第1項
> 　税理士は，他人の求めに応じ，租税（印紙税，登録免許税，関税，法定外普通税，法定外目的税その他の政令で定めるものを除く。第49条の2第2項第10号を除き，以下同じ。）に関し，次に掲げる事務を行うことを業とする。
> 一　税務代理（税務官公署に対する租税に関する法令若しくは行政不服審査法の規定に基づく申告，申請，請求若しくは不服申立てにつき，又は当該申告等若しくは税務官公署の調査若しくは処分に関し税務官公署に対してする主張若しくは陳述につき，代理し，又は代行することをいう。）
> 二　税務書類の作成（税務官公署に対する申告等に係る申告書，申請書，請求書，不服申立書その他租税に関する法令の規定に基づき，作成し，かつ，税務官公

署に提出する書類で財務省令で定めるものを作成することをいう。)

三　税務相談（税務官公署に対する申告等，第一号に規定する主張若しくは陳述
又は申告書等の作成に関し，租税の課税標準等の計算に関する事項について相
談に応ずることをいう。)

＊括弧内は一部省略。

● 税理士法第2条の2「税理士の業務」第1項
　税理士は，租税に関する事項について，裁判所において，補佐人として，弁護
士である訴訟代理人とともに出頭し，陳述をすることができる。

　第1条におけるすべての修飾語を除去して，最小限の使命を抽出してみると，
少なくとも，税理士は，「(納税義務者の)納税義務の適正な実現を図ることを使
命とする」ということになる[18]。

　納税義務の実現の程度は「適正さ」が要求されている[19]。さらに，その納税
義務も「租税に関する法令に規定された」ものに限られ，決して国家行政組織
法第14条第2項の「通達」（上級官庁が，その所掌事務につき，下級官庁に指示する
指揮命令）にはまったく拘束されることはない。税理士は，委嘱者と税務官庁の
いずれにも偏せずに自ら正しい法解釈を行うことが要請されている。加えて，
税理士が「真正の事実」に反して税務代理等をした場合には懲戒処分を受ける
ことになる（税理士法第45条）。

(2)　業務の特質

　税理士業務（狭義の税理士業務＝税務代理・税務書類の作成，税務相談）は，いく
つかの特質がある。それは，その業務の遂行にあたって独立性と公正性の保持
が求められること，税法に関する法律業務であること，無償独占業務であるこ
とである。

［独立性と公正性］

　税理士は，その業務遂行にあたって，「独立した公正な立場」において「納税
義務の適正な実現を図る」ことを要請されている（税理士法第1条）。税理士は，
国税当局の下請けでもなく，納税者の意向にも阿ることなく，税理士としての
専門家判断に従って行動しなければならない。飯塚毅博士は，「税理士というの

は，本来，国家の財政需要を正しく充足しつつ，正当な納税者の権利も断固守っていくという，実に崇高な職業なのだ[20]」と言われる。いたずらに「納税者の権利擁護」だけを唱える立場とは一線を画している（なお，独立性と公正性の内容は第1章 3 1 を参照）。

［税法に関する法律業務］

　税理士業務（狭義の税理士業務）は，税法に関する法律業務である。飯塚毅博士は，「税理士の業務は本来，税務に関する法律業務である[21]」とされ，松沢智教授は「租税法が法律であり，憲法の規定が『租税法律主義』（憲法三〇条）を基本原則にしている以上は，租税法を取り扱う税理士業務は『法律業務』を本質としているべきである[22]」とされる。

　税理士の法律家としての使命は，第一義的には，法令に基づく適正な納税義務の実現を図ることである。そして，租税手続上における「法律家」としての税理士の地位は，①租税申告手続法における所得計算から申告の段階においては，債権債務関係上，保護者としての地位がもっぱらであり，②租税行政手続法における(イ)税務調査（質問検査権）の段階では，権力関係としての性質上，さらに，法の監視者としての地位が加わり，(ロ)更正処分を受けた後の不服訴訟の段階では，権利救済者としての地位をもつことになる[23]。

　しかし，これらは税理士が，いずれも法令に基づく適正な納税義務の実現のために行動している結果なのであって，納税者の財産権を守ることのみで闘っているのではない[24]。

［税法特有の法解釈］

　税理士が税理士業務を遂行するにあたっては，税法特有の厳格な法解釈を日常業務の中で果たしていかなければならない。ここで，改めて税法の実務を法的に整理すると，事実認定に始まり，該当する個別税法の条文から抽出された課税要件を，事実認定により認定された要件事実に当てはめることになる。それは①から⑥に至るプロセスである[25]。

```
① 課税要件事実の認定作業
② 私法上の法律構成（契約解釈）
③ 租税法の発見・選択
④ 当該租税法の課税要件規定の解釈
⑤ 適用（租税法の課税要件事実への当てはめ）
⑥ 申告・納税
```

①の課税要件事実の認定作業における事実認定の問題は税法独自の問題ではない。益金・損金範囲を法的に確定していくプロセスは，裁判官の法的な批判に耐えうる程度の規範性を持つ，社会通念の視点からも容認されなければならないことを命じたものであるといえよう[26]。

[**無償独占業務**]

税理士法第2条「税理士の業務」第1項は，税理士は，他人の求めに応じ，租税に関し，①税務代理，②税務書類の作成，③税務相談の事務を行うことを業とするとしている。そして，第52条「税理士業務の制限」では，「税理士又は税理士法人でない者は，この法律に別段の定めがある場合を除くほか，税理士業務を行つてはならない。」とし，これに違反した者は「二年以下の懲役又は百万円以下の罰金」に処される（同第59条）。税理士業務は無償独占業務とされている。

業務独占には，無償独占と有償独占とがある。業務独占資格は，それぞれの守るべき法益に応じて要求される規制の程度が異なるため，独占性は個々の資格で異なっている。無償独占業務資格としては，税理士，医師，司法書士，土地家屋調査士等があり，有償での業務に加えて無償での業務も独占となる。有償独占業務資格としては，弁護士（弁護士法第72条），公認会計士（公認会計士法第2条第2項），不動産鑑定士(不動産鑑定士法第2条第2項)，弁理士(弁理士法第75条)，社会保険労務士（社会保険労務士法第27条），行政書士（行政書士法第1条の2）があり，有償での業務のみが独占であり，無償であれば何人もこれらの業務を行うことができる。

公法である税法を専門的に扱うという，その業務の社会公共性から，税理士法は税理士に税務業務の無償独占権を与えている。

2 ■税務業務と他の業務との関係

(1) 6つの領域

税理士の4大業務である，税務業務，会計業務，保証業務および経営助言業務の間には理論的な分離はなく，これらの業務は，すべて同じ基礎的データ(会計数値ないし仕訳)に基づいており，かつ，財務的および経済的なデータという「継ぎ目のない織物」となっている。

これを税務の視点から見れば，①税務業務・会計業務，②税務業務・保証業務，③税務業務・経営助言業務，④税務業務・会計業務・保証業務，⑤税務業務・会計業務・経営助言業務，⑥税務業務・保証業務・経営助言業務，⑦税務業務・会計業務・保証業務・経営助言業務，⑧税務業務単独，の領域から成り立っていることが理解される（図表2-2）。

ここでこれらの要点を簡潔に挙げれば次のようになる。

① 税務業務・会計業務

税務と会計の接点領域であり，税理士業務の中心となる領域である。学問的には，税法学では租税実体法として，会計学では税務会計論（税務会計学）とし

図表2-2　税理士の4大業務における税務の位置づけ

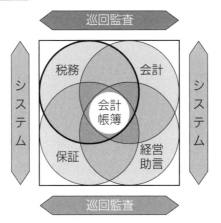

出典：筆者作成

て取り扱われる。

② 税務業務・保証業務
相続税申告書に対する税理士法第33条の2による書面添付業務などである。

③ 税務業務・経営助言業務
税務相談業務はそのまま経営助言業務であると言ってよい（第5章**2**を参照）。なお，この領域の業務の多くは会計業務にも関わっている。

④ 税務業務・会計業務・保証業務
法人税申告書および（事業所得を有する）所得税申告書に対する税理士法第33条の2による書面添付業務などである（第4章**2**を参照）。

⑤ 税務業務・会計業務・経営助言業務
通常，税理士が行う経営助言は，税務と会計に密接に関係している。その領域は，税務を含めた財務管理全般である。とりわけ，各種経営計画の策定，連結納税制度・企業再編税制・移転価格税制・特例事業承継税制・租税優遇措置などを巡る支援・相談業務が該当する。

⑥ 税務業務・保証業務・経営助言業務
⑦ 税務業務・会計業務・保証業務・経営助言業務
第5章**1**1(1)を参照。

⑧ 税務業務単独
単独の税務業務とは，相続税，贈与税，（事業所得以外の）所得税の業務など，会計業務とは直接的に関係のない税務の領域の業務をいう。例えば，税理士事務所の中には，資産税に特化したり，資産税に特化した部門を持つところもある。とりわけ，相続対策においては，将来の相続に備えて，税制・経済状況・家計状況・家族構成・当事者の心境の変化などを前提として，最善の対策を講じることが求められる。さらに相続対策は，税務以外の多方面からの検証も必要であり，そのためには，弁護士，司法書士，不動産鑑定士などとの協働も必

要となる場合もある。

　なお，税理士が，税務業務と会計業務の接点領域の業務（上記の①④⑤⑦）を遂行するにあたっては，税理士法の要請である「真正の事実」に基づいた業務を行うために，巡回監査（月次巡回監査と決算巡回監査）を実施しなければならない（第6章 **2** を参照）。

(2)　租税実体法と税務会計論

　税務と会計の接点領域を扱う研究領域には租税実体法と税務会計論がある。

　租税実体法は，租税法律関係のうち，租税債務関係の当事者，租税債務の内容，租税債務の成立・承継・消滅等を扱う部分である[27]。他方，税務会計は，税法の規定に従い課税所得の計算を扱う会計領域をいう。税務会計論は，単にレックス・ラタ（lex lata：現行の法律）の観点から課税所得の計算に関する研究を行うだけでなく，レックス・フェレンダ（lex ferenda：これから発布される法律，立法論）の観点からも体系的に考察する必要がある。ここに税務会計論としての領域が成立する[28]，とされる。

　租税実体法は「税務と会計の接点領域」を主に法律の側面から，税務会計論は「税務と会計の接点領域」を主に会計の側面から考察する（税務会計は後掲**図表2-5**および**図表2-6**も参照），ということもできる。

　この領域は，課税所得の算定・租税債務の確定を巡る業務の他に，帳簿の証拠力（青色申告制度），確定決算主義（形式的な確定決算主義，実質的な確定決算主義，損金経理要件），税法と親和性のある中小企業会計基準（「中小企業の会計に関する基本要領」など）が重要である。

コラム3　税務業務
　　　　　－ドイツの税理士と米国の公認会計士－

　ドイツの税理士と米国の公認会計士が税務業務を行う場合のスタンスは，次のとおりである。

ドイツ税理士法（Steuerberatungsgesetz）第57条「職業上の一般義務」第１項は，以下の内容である[29]。

　「税理士および税務代理士は，独立性を維持し（unabhängig），自己の責任において，誠実に（gewissenhaft），秘密を遵守し，その職業の品位に反する広告を行うことなく，その職業を遂行しなければならない」

　この第57条第１項によって，ドイツの税理士は，「独立性」（Unabhängigkeit）・「自己責任性」（Eigenverantwortlichkeit）・「誠実性」（Gewissenhaftkeit）の保持が義務付けられている。独立性は，「独立の業務遂行は，職業上の意思決定の自由を危うくするような拘束が存在しない場合に，はじめて可能である[30]」とされ，わが国の税理士法と同様に「精神的な独立性」が重視される。さらに，誠実性は，「職業従事者は，依頼契約を引き受け遂行する際に法律の規定および専門に関する諸規定を守らねばならず，また自己の良心に従って行動しなければならない。すなわちその行動は，自ら省みて批判しても，良心に恥じないものでなければならない[31]」，「誠実であること」は「民法第276条第１項の意味での『取引に必要な注意』と同一視できない[32]」とされている。

　また，ドイツ国税通則法（AO）第378条の「重過失租税逋脱」（Leichtfertige Steuerverkürzung)は，税理士もこの租税秩序違反の主体となりうるが，「一般には，税理士は，そのことが契約の内容である場合はもちろん，そうでない場合にも，基礎資料等に誤りや欠落があるのではないかと疑問を持った場合には，基礎資料等を再調査する義務を負い，基礎資料等の誤りなどに税理士が気づいたに違いないという場合に，漫然と租税義務者から与えられた資料のみで申告書等を作成した場合などには，重過失ありとされることがありうると考えられている。そして，原則的には，税理士は，正しい申告書等の作成のためにあらゆる手段を用いなければ，重過失ありとされる[33]」（傍点は筆者）と解釈されている。

　米国の公認会計士が監査証明業務を行う場合には，客観性と独立性（objectivity and independence）の保持が求められる。米国公認会計士協会（AICPA）の「行動規程（Code of Professional Conduct）」「0.300.050 客観性と独立性」によれば，「職業専門家としての責任を履行する際には，会員は，客観性を保持しなければならないとともに，利害の対立があってはならない。監査業務に従事している会員は，監査およびその他の証明業務を提供する際に，実質的かつ外観的に独立していなければならない」(01)，「客観性は，心（mind）

の状態をいい，会員の業務に対して価値を付与する質的特性をいう。この客観性は，職業専門家のもつ顕著な特徴のひとつである。客観性の原則は，公平かつ知性を伴う正直さおよび利害の対立があってはならないという義務を課している。独立性は，証明義務を提供する際に，会員の客観性を損なうと思われる関係を排除するものである」(02) とされている。

　他方，米国の公認会計士が税務業務を行う場合には，独立性は要求されていない。わが国には，米国企業改革法（Sarbanes-Oxley Act）に基づく公認会計士の「独立性の強化」だけが伝わっているため，多くの人は意外に感じるであろう。

　しかし，「独立性の強化」は，監査証明業務を行う公認会計士に対するものである。「行動規程」によれば，「監査業務に従事していない会員は，独立性についての外観を保持することはできないものの，職業専門家としての業務を提供する場合には，客観性を保持する必要がある」（「0.300.050 客観性および独立性」05）として，公認会計士が税務を行う場合には客観性（objectivity）があれば足りるとしている。

　そして，米国公認会計士協会の税務執行委員会による「税務業務の基準書」(Statement on Standards for Tax Services, SSTS) (2010年 1 月 1 日発効，2018年 4 月30日に更新されて AICPA の行動規程に包含）は，「申告書の作成や署名に際して，会員は納税者または第三者によって提供された情報を，検証（verification）をせずに，善意に（in good faith）信頼してもよい。ただし，提供された情報の意味を無視してはならず，提供された情報が正当でないか，または不完全であるか，または会員に知られているその他の事実に基づいて不一致であると思われる場合は，合理的な質問（reasonable inquiries）をするべきである。さらに，会員は，実行可能であれば，納税者の過去 1 年以上の申告書を参照する必要がある」(TS Section 300 : Certain Procedural Aspects of Preparing Returns, 02) としている。

　つまり，税務業務を行う公認会計士は，基本的には巡回監査などの検証行為をする必要がないのである。

　なお，ドイツ税理士に求められる廉潔性（Integrität）と，米国公認会計士に求められる integrity については，第 4 章コラム 8 「保証業務と廉潔性」を参照されたい。

<table>
<tr><td>**3**</td><td>税務業務と会計業務－帳簿（簿記）の証拠力－</td></tr>
</table>

1 ■ 租税法上の「帳簿（簿記）の証拠力」

　税務と会計の接点領域における重要な視点として，租税法上の「帳簿（簿記）の証拠力」がある。これは主として法律の側面から税務と会計の接点領域をみたものである（法的アプローチ）。わが国では，税法学者や会計学者はもとより，税務実務に関わる専門家（税理士，税務官吏）にとっても「帳簿（簿記）の証拠力」という用語は聞き慣れない表現であるかもしれない。しかし，ドイツの税法学や税務実務では至極当然の用語である。「帳簿（簿記）の証拠力」は，租税法上の立証責任，納税者の正当な権利，税務申告書の信頼性に関係している。そして，今日的には，「決算書の信頼性」に関係していることが重要である。

　ドイツの商法ないし租税法の文献でよく見かける「秩序正しく記帳された帳簿だけに証拠力がある（Nur ordentlich geführte Bücher beweiskräftig sind.）」および「正規の簿記だけが証拠力を享受する」（Nur der ordnungsmäßigkeit Buchführung kommt Beweiskraft zu.）との命題（テーゼ）は，歴史に裏付けられたものである。

　もともと帳簿の証拠力は，商人の特権の一部であり[34]，帳簿の証拠力は「文書は，その作成者のための証拠にはならない[35]」という法則の明確な例外であった[36]。その例外の源泉に関してはいろいろな推測がある。そのいくつかは，タルムードを推測しているようであるが，イタリアで生み出され，そして，それがドイツへ移った商慣習であるというのが最も正確である[37]。

　帳簿の証拠力は，イタリアやドイツでは当たり前のことであったが，英国にはかかる思考はまったく存在していない[38]。この点が，アングロ・サクソン法系（英米法系）の会計制度とフランコ・ジャーマン法系（大陸法系）の商法商業帳簿制度の決定的な違いでもある。商業帳簿規定の本質的な目的は，まず第1に，商業帳簿の証拠力の定立にあるが（第3章 **2** 2を参照），英国同様に米国にも

商法典がなく，それゆえに，商業帳簿規定そのものが存在していない。さらに，米国の租税法においても会計帳簿に証拠力を認めていない[39]。つまり，アングロ・サクソン法系では，帳簿ないし会計帳簿に証拠力を付与するという発想がないのである。「帳簿（簿記）の証拠力」は，フランコ・ジャーマン法系に見られる独特の帳簿観である。

飯塚毅博士は，ドイツの「正規の簿記の諸原則」（GoB）について三重構造説を展開され，そして，そのなかでドイツ租税法上の「帳簿（簿記）の証拠力」の存在をわが国で初めて次のように指摘された。

> 正規の簿記の諸原則に従って記帳された会計帳簿には，最終的な証拠価値がある。計算誤謬とか，異なる外部証拠の出現とか「その実質的な正当性」（ihre sachliche Richtigkeit, AO §158）を疑わせる状況がない限り，政府はその帳簿による所得計算を是認しなければならず，更正決定をすることはできない，という趣旨の条文である（飯塚（1988），5頁）。

「簿記の証拠力」（Beweiskraft der Buchführung）という表題がついたドイツ国税通則法（AO）第158条は次の規定である。

> ● AO 第158条
> 第140条から第148条までの規定に合致する租税義務者の簿記および記録は，個々の場合の事情により，その実質的な真実性に異議を唱える原因がない限り，課税の基礎とされる。

＊なお，「帳簿（簿記）の証拠力」については，従来 Buch（帳簿）という用語が使われていたが，電子帳簿が正式に認められて以後は，Buchführung（簿記）という表記に変わっている。

「簿記の証拠力」は「法律上の推定」（gesetzliche Vermutung）として位置づけられている[40]。「法律上の推定」は，立証者に証明主題の選択を許すとともに，推定の覆滅にあたっては反対事実の証明責任を相手方に転換するものであって，証明困難な事実についての証明責任を緩和する法技術である[41]。ここで「反証可能な法律上の推定」（「反証を許す法律上の推定」）の法律構造を簡潔に説明する。

①　立証責任と推定基盤
「法律上の推定」とは，法が，法律効果 A の発生の立証を容易にする目的で「甲

事実（前提事実）があるときは乙事実（推定事実）があるものとする」との規定である[42]。必要とされる立証は，もはや推定される事実（乙事実）自体には存在せず，一般的に簡易に証明されうる推定基盤（甲事実）に存在する[43]。推定基盤とは前提事実のことである。

② 推定効の除去

推定効の除去は，「推定の前提事実の証明に対する反証（Gegenbeweis）」ないし「推定事実に対する反対事実の証明（Beweis des Gegenteils）」によってなされる[44]。

反証は裁判官の確信を動揺させるレベルの証明度で足り，反対事実の証明は必要としない。反対事実の証明は本証である。ドイツ連邦財政裁判所（Bundesfinanzhof, BFH）判決によれば，「反対事実の証明」には「確実性を境に接する蓋然性」（Sicherheit grenzender Wahrscheinlichkeit）をもつ証明が必要である。ここで「確実性を境に接する蓋然性」とは，わずかな不真実の可能性は決して排除されえないとしても，理性ある人間ならもはや疑わないであろう程度に，その蓋然性が非常に高い証明をいう[45]。

③ 行政および裁判所

「法律上の推定」は，行政および裁判所のいずれも拘束する。それは立法者が取り除かない限り存在する。

④ 効　　果

「法律上の推定」においては，事実を推定するのは裁判官ではなく，法律である。推定事実は，証明されたものとしてではなく，証明なしに裁判の基礎とされる[46]。

ここで，「法律上の推定」がいかに強い証明力を「形式的に正規な簿記」に付与しているかについて，経験則としての推論である「表見証明」と対比する形で示してみたい（図表2-3）。

図表 2 - 3　表見証明と「法律上の推定」との対比

	表見証明	法律上の推定
行政および裁判所を拘束するか	経験則であるため，拘束しない。裁判所は，経験則を否認することがあり得る。	法律で規定されているため，拘束する。立法者が取り除かない限り，拘束する。
証明の程度	蓋然性の証明に過ぎない。	推定事実の完全な証明である。
推定効の除去	反証によって覆すことができ，「反対事実の証明」までは必要がない。	推定の前提事実に対する反証，推定事実に対する「反対事実の証明」は許される。
効　果	事実を推定するのは裁判官である。	事実を推定するのは裁判官ではなく，法律である。推定事実は，証明なしに裁判の基礎とされる。

出典：坂本（2018b）179頁の図表 3 - 2

　以上の考察を前提にして AO 第158条の法的構造を図で示せば，**図表 2 - 4** となる。

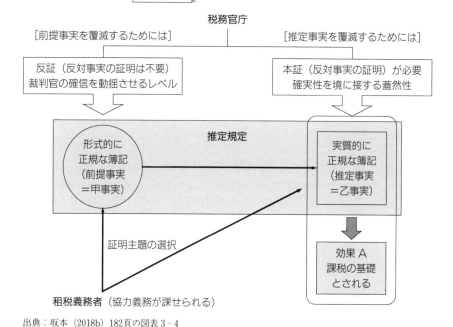

図表 2 - 4　AO 第158条の法的構造

出典：坂本（2018b）182頁の図表 3 - 4

「形式的に正規な簿記」とは，第158条所定の「第140条から第148条までに規定された簿記の形式的な諸原則」に合致した簿記をいう。ここで「簿記の形式的な諸原則」に関する主な規定を挙げれば次のとおりである。

AO 第145条第1項

簿記は，専門的知識を有する第三者に対して，相当な期間内に，取引および企業の状況に関する全容を伝達しうるような性質のものでなければならない。取引は，その発生から終了までを追跡しうるものでなければならない。

AO 第146条第1項

記帳およびその他の必要な記録は，完全網羅的に，正確に，適時にかつ整然と行う。現金収入および現金支出は，毎日記録するものとする。

AO 第146条第3項

記帳およびその他の必要な記録は，日常の用語を用いる。ドイツ語以外の言語が用いられているときは，財務官庁は翻訳を要求することができる。略語，数字，アルファベットまたは図形の記号が使用される場合には，その都度，それぞれの意味が明確に確定していなければならない。

AO 第146条第4項

記帳および記録は，その当初の内容が確認できないような方法でこれを変更されてはならない。その変更が最初になされたか，またはその後においてはじめてなされたかが不明確であるような性質のも行われてはならない。

このように，国税通則法には，記帳の一目瞭然性・再検査可能性（同第145条），適時性・正確性・完全網羅性・整然性（同第146条），不可変性（同第146条）などの「簿記の形式的な諸原則」が成文化されている。そして第158条は，このような諸原則に準拠した「形式的に正規な簿記」を「前提事実（推定基盤）」と位置づけて，その「形式的に正規な簿記」に極めて高い証明力を付与している。

つまり，推定基盤は容易に証明可能であるべきであり，それゆえに，帳簿（簿記）の証拠力にかかる「簿記の形式的な諸原則」は可能な限り具体的に成文化される必要がある[(47)]。換言すれば，「簿記の形式的な諸原則」の成文化と「形式的

第2章　税務業務 ■ 65

に正規な簿記」の証明力との間には「正の相関関係」が存在しているのである。

2 ■ わが国の青色申告制度

　飯塚毅博士は，ドイツの「帳簿の証拠力」に関する規定（1977年国税通則法第158条）はわが国の青色申告制度と同様の趣旨の規定である，と指摘されている。

> 　日本では，法人税法第130条，所得税法第155条が，旧 RAO の第208条，新 AO の第158条と同一趣旨の条文となっており，青色申告書を適法に出している法人・個人の申告所得額について，更正処分をする場合には「帳簿書類を調査し……金額の計算に誤りがあると認められる場合に限り，これをすることができる」との明文規定がある。これを日本の行政，学会，及び実務家の多くの方々は，更正処分の制限に関する技術的な条項又は特典だとしてしか理解しておられないのである。だがそれは誤りであると思われる。条文は厳として眼前に実在しているのであるが，これを会計帳簿の「証拠性」または「証拠能力」を意味するものだ，とまでは理解しておられない（飯塚（1988），5 - 6 頁）。

　わが国の法人税法第130条第 1 項および所得税法第155条第 1 項は，以下の規定である。

> **法人税法第130条（青色申告書等に係る更正）第1項**
> 　税務署長は，内国法人の提出した青色申告書又は連結確定申告書等（括弧内省略）に係る法人税の課税標準又は欠損金額若しくは連結欠損金額の更正をする場合には，その内国法人の帳簿書類（括弧内省略）を調査し，その調査により当該青色申告書又は連結確定申告書等に係る法人税の課税標準又は欠損金額若しくは連結欠損金額の計算に誤りがあると認められる場合に限り，これをすることができる。（以下省略）

> **所得税法第155条（青色申告書に係る更正）第1項**
> 　税務署長は，居住者の提出した青色申告書に係る年分の総所得金額，退職所得金額若しくは山林所得金額又は純損失の金額の更正をする場合には，その居住者の帳簿書類を調査し，その調査によりこれらの金額の計算に誤りがあると認めら

れる場合に限り，これをすることができる。(以下省略)

　わが国では，青色申告の更正制限規定（法人税法第130条第1項および所得税法第155条第1項）も，青色申告に係る租税優遇措置の1つとされている[48]。しかし，わが国の青色申告制度は，租税優遇措置というレベルのものではなく，ドイツのドイツ国税通則法第158条と同様に「正規の簿記だけが証拠力を享受する」という歴史を貫く命題に支えられたものである，との観点から理解し得るのである。

　飯塚博士以外では，忠佐市博士が次のように解説されている。

> 　記録が事実の表現であるという経験則からは，適法に青色申告を提出している法人の事業年度においては，法人税法はその帳簿書類の記載について事実の真正の表現であるという一応の推定を予定し，その推定を覆すためには，不真正の事実の表現を指摘すべき義務を税務行政機関に課しているものと解することができる[49]。

　忠博士の見解は，「帳簿の証拠力」を規定したドイツの1919年ライヒ国税通則法（RAO）第208条がその当初 Prima-facie-Beweis（表見証明，一応の推定）として解釈されていたことに基づくものと考えられる[50]。しかし，忠博士は，RAO第208条が，少なくとも1956年以降，「法律上の推定」として位置づけられ，その後同規定を引き継いだ1977年国税通則法第158条が「法律上の推定」として解釈されていることまでは考慮されていないようである[51]。

　さらに，青色申告による帳簿の記載の証拠力について明確な判断を下した代表的な判決として昭和38年5月31日の最高裁判所判決（昭和36年(オ)第84号，同38年5月31日第2小法廷判決，破棄自判)[52]が存在する。

［最高裁判所昭和38年5月31日判決］

　本判決で最高裁は，帳簿の証拠力に関して「どの程度の記載をなすべきかは処分の性質と理由附記を命じた各法律の規定の趣旨・目的に照らしてこれを決定すべきであるが，所得税法（昭和三七年法律六七号による改正前のもの，以下同じ）四五条一項の規定は，申告にかかる所得の計算が法定の帳簿組織による正当

な記載に基づくものである以上，その帳簿の記載を無視して更正されることがない旨を納税者に保証したものであるから，同条二項が附記すべきものとしている理由には，特に帳簿書類の記載以上に信憑力ある資料を摘示して処分の具体的根拠を明らかにすることを必要とすると解するのが相当である」と判示している。

本件判決に関する評釈で[53]，「本件判決が帳簿の証拠力に言及している」と述べるものは皆無である。しかしわれわれは，本件判決を，最高裁が「正規に記帳された帳簿だけに証拠力がある」との歴史的なテーゼを認知したものである，と理解すべきである。

本件判決で判示された内容をドイツ国税通則法第158条の文言に対比して組み替えればつぎのようになる。

> 「法定の帳簿組織による正当な記載」に基づく「申告にかかる所得の計算」は，「特に帳簿書類の記載以上に信憑力ある資料を摘示して処分の具体的根拠を明らかに」しない限り，課税の基礎とされ，「その帳簿の記載を無視して更正されることがない旨を納税者に保証したもの」である。

松沢智教授も次のように解説されている[54]。帳簿の証拠力に関する言及はないものの，前出の最高裁判決と同様の趣旨である。

> 青色申告に対する確定には実体法上の確定力が働き，税務署長は，容易には更正処分ができないという制約を受けることになる。したがって，通則法第一六条の確定は，青色申告にとっては内容の確定という実質的確定力を生ずるのである。（中略＝坂本）。しかしながら，青色申告者としての効力が与えられるためには，その前提として，法令に準拠した会計帳簿を作成しなければならず，正確な決算書であるという保証がなければならない。そのためには，税の専門家によって，会計帳簿・決算書や申告書が適法性，真実性，完全性を具備していることにつき良き指導者によって作成されたものであるとの担保が必要である。これが税の専門家である「税理士」の仕事なのである。

現行の制度でいえば，「適時に，正確な」記帳（商法第19条第2項，会社法第432条），「適時に，整然かつ明瞭に，正確かつ網羅的」な記帳（中小会計要領）が行われ，かつ，青色申告制度にもとづく「法定の帳簿組織による正当な記載」が

なされれば，その申告内容に実質的確定力が生じるということである。これは，帳簿に強い証拠力が付与されることとほぼ同様の論理構造であると理解される。

なお，税理士は，税務業務と会計業務の接点領域の業務を遂行するにあたっては，税理士法の要請である「真正の事実」に基づいた業務を行うために，巡回監査（月次巡回監査と決算巡回監査）を実施しなければならない。そしてそれに加えて，租税法上の「帳簿の証拠力」を補強するためにも税理士は巡回監査を実施しなければならない。

コラム4　フランス租税法上の「帳簿（簿記）の証拠力」

国家的規模における商法商業帳簿規定は，1673年のフランス・ルイ14世商事王令が嚆矢とされ，同法典以後の大陸法系諸国，例えば，フランス，ドイツやわが国などにおける商法典にも商業帳簿規定が設けられている。そして，それら商業帳簿規定の主目的は，①自己報告による健全経営の遂行と，②商業帳簿の証拠力の定立の2つであるとされている[55]。

そのフランスにおける租税法上の「帳簿（簿記）の証拠力」・「簿記の証拠価値」（valeur probante de la comptabilité）は，大下（2018）によれば次のとおりである[56]。

正規性および真実性の概念は商法・会社法の配当規制に係る伝統的な概念であるが，税務との一体性を基礎に商法・会社法会計と税務で共有されてきた。正規・真実な帳簿・決算書は「状況証拠（indice）」の価値以上のものではないが，証明すべき事実の存在を推定させるものとして，税務当局との関係では大きな力を持つ。税務裁判においては，帳簿は裁判官の下で正規性の推定（présomption de régularité）を受ける。税務当局はこれに反対できるが，通常，その立証責任は税務当局が負う。

不正規な（したがって真実でない）帳簿・決算書は，課税当局により「証拠能力のないもの」と判断される。帳簿が不完全であるとき，または正しく記帳されていないとき，帳簿は不正規である。証拠価値がなくなるのは，明らかに「重大な不正規性」の場合である。例えば，帳簿・書類の不正，財産目録の不在，不正確な勘定残高，繰越高に誤謬が繰り返されていること，取引を日付順に記録していないこと，収支を裏付ける証憑書類の不在，虚偽の送り状，実現した取引の多

くが記録されていないこと，などである。

　不正規かつ真実性を欠き，証拠能力ないものとしての帳簿の拒否は，十分慎重に行わなければならない。

　以上のように，フランス租税法上の「帳簿（簿記）の証拠力」は，ドイツ租税法上の「帳簿（簿記）の証拠力」とほぼ同様の位置づけにあり，「正規の帳簿（簿記）」は，証明すべき事実の存在を推定させるものとして，税務当局や裁判所との関係では大きな証明力を持っている。

4 税務と会計業務－確定決算主義－

1 ■確定決算主義の構造

　税務と会計の接点領域における重要な視点として，確定決算主義がある。税理士が法人企業および個人事業者に対して税理士業務（税務代理・税務書類の作成・税務相談）を行うに当たって，その前提である，簿記・会計についての専門的な知識，より具体的には，「一般に公正妥当と認められる会計処理の基準」（法人税法第22条第4項）」と「正規の簿記の原則」（所得税法施行規則第57条）の知識がなければ適正・適法な課税所得計算を行うことができない。

　企業会計（会社法と金融商品取引法に従う会計）と税務会計（法人税法に従う会計）との一般的な関係を図式化したものが**図表2－5**である。

　図表2－5では，図の左に「企業会計」を，右に「税務会計」を配置することで，両者の関係を表している。企業会計サイドでは，会社法が基礎となって，その上に金融商品取引法が適用される形で示している。そして，企業利益から課税所得を算出する過程で「申告調整」を行って，最終的に「課税所得」が算定される。ここで「申告調整」とは，会社の確定した決算による「当期純利益」の金額が法人税法による「課税所得の金額」と食い違う部分を修正する目的で，法人税申告書の「別表4」（課税所得計算における会計上の精算表に匹敵する表）で

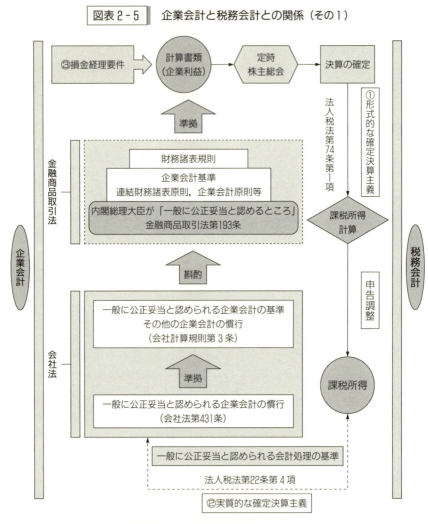

図表2-5　企業会計と税務会計との関係（その1）

出典：Sakamoto（2014）13頁の図表1-4aを一部加筆して引用

「加算」ないし「減算」を行って，課税所得を計算する手続を指す。

次に，金融商品取引法の適用がない株式会社など，企業会計基準の適用が想定されていない会社（中小企業）における企業会計と税務会計との関係を示せば**図表2-6**となる。

ここでは，企業会計サイドにおいて，会社法が基礎となって「一般に公正妥

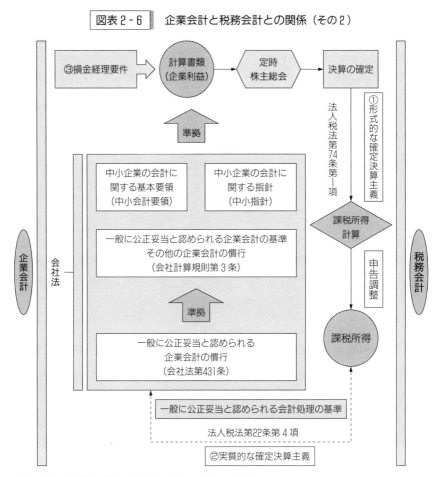

出典:坂本(2018a)199頁の図表14-2を一部加筆して引用

当と認められる企業会計の慣行」を具体化した会計基準としてとして中小会計要領と中小指針が配置されている。

図表2-5と図表2-6からも明らかなように，日本の会計制度において確定決算主義は重要な位置を占めている。確定決算主義は「税法の課税所得計算の・会社法決算に対する・原則的依存関係」を表現したものであり，ドイツの「税務貸借対照表に対する商事貸借対照表の基準性」(Maßgeblichkeit der Handelsbilanz für Steuerbilanz，基準性の原則 Maßgeblichkeitsprinzip ともいう)に相当

する。

　法人税法は，確定決算主義を直接的に定義していないが，一般的には以下の
①・②・③の意味で用いられる（本章では特に断りがない限り，確定決算主義をこ
れらを包含した意味で用いる）。

①　形式的な確定決算主義

　形式的な確定決算主義とは，法人税法第74条第１項をその論拠として，法人
がその計算書類について株主総会の承認等を経た後，その利益に基づいて税務
申告書において申告調整を行うことを意味する。形式的な確定決算主義は，そ
の手続的な面を強調して，確定決算基準という語が用いられることもある。

●法人税法第74条第１項（確定申告）
　内国法人は，各事業年度終了の日の翌日から２月以内に，税務署長に対し，確
定した決算に基づき次に掲げる事項を記載した申告書を提出しなければならない。
（以下省略）

---

②　実質的な確定決算主義

　実質的な確定決算主義とは，法人税法第22条第４項をその論拠とし，法人税
の所得計算が，「一般に公正妥当と認められる企業会計の慣行」（会社法第431条）
に対し，補完・規制的関係にあることを成文で確認した規定であること（企業会
計準拠主義）を意味する。

●法人税法第22条第４項（各事業年度の所得の金額）
　第２項に規定する当該事業年度の収益の額及び前項各号に掲げる額は，一般に
公正妥当と認められる会計処理の基準に従って計算されるものとする。

---

③　損金経理要件

　損金経理要件とは，例えば，減価償却費など，確定した決算において損金経
理した金額については，申告調整によってその額を増加ないし減少させること
ができないことをいう。ここで「損金経理」とは，法人がその確定した決算に
おいて費用又は損失として経理することを意味する（法人税法第２条第25号）。

損金経理要件については，外部取引については検証力ある客観的証拠の存在を通じてその損金性の当否を明確にすることができるが，内部取引は企業の判断に左右される。そこで，税法は，減価償却，引当金・準備金への繰入額等について，確定した決算において損金経理を行うことを要件としてそれらに損金性を認めている。このような内部取引の損金性を主張するための要件を商法・会社法上の確定決算に求めることは，もともと税法の課税所得の計算が企業会計を前提とするものであることを確認的に宣言したものである。

つまり，損金経理要件の趣旨は，企業自らが自主的に決定した会計処理方法を税法上「確認して追認する」ことにある。

なお，確定決算主義については，日本税理士会連合会と日本公認会計士協会では，その見解が異なっている[57]。

日本税理士会連合会は，「今後の法人税制の改正に当たっては，この確定決算主義を尊重しつつ，税率の引下げと課税ベースのトレードオフによる財源確保の視点ではなく，適正な課税ベースの構築を基本に据え，公平・中立が維持できる制度とする必要がある」，「10. 確定決算主義を尊重し，役員給与の損金算入規定等を見直すこと」として，確定決算主義の堅持を求めている[58]。

他方，日本公認会計士協会は，「このような制度環境の変化を踏まえて，今後はIFRS等の上場企業に適用される会計基準や法制度をめぐる論議を注視した上で，税務と会計が結果として異なることがあっても，例えば，別表上申告調整したものも会社の確定した意思表示として広く認めるなど，損金経理要件の見直しを弾力的に検討されたい」として，損金経理要件の見直しを求めている[59]。

TKC全国政経研究会は，「確定決算主義の採用をすべての企業について継続し，堅持する。会社法と法人税法は等しく企業の利益（所得）の把握を目的とし，会社法は企業の利益計算に関する基本法であるところから，法人税法上の所得の計算については，会社法に基づく株主総会等の意思決定により確定した決算を基礎とすること（確定決算主義）としており，かつ，確定決算主義は既に企業実務においても定着している」として，確定決算主義の堅持を求めている。

2 ■ 確定決算主義の本質

　法人税法上，確定決算主義が採られているのは，もともと制度会計が「一般に公正妥当と認められる企業会計の慣行」（会社法第431条）に対し，補完・規制的関係にあることを成文で確認した規定と解すことができる。その意味では，会社法決算も「一般に公正妥当と認められる企業会計の慣行」に対し補完・規制的関係に立つという点で，税務会計と同じ性格を持っている。それにもかかわらず，税法が確定決算主義に従い会社法上の確定決算に基づき課税所得を計算する旨を積極的に打ち出しているのは，商人の計算領域においては，会社法が基本法的働きを持っているという前提で，会社法上の計算書類に基づいて税法上の課税所得計算を行うとする考え方に基づいている。

　つまり，わが国の法人税法は，課税所得の計算については，まず「一般に公正妥当と認められる企業会計の慣行」があり，それを補完・規制するものとして会社法の会計規定があり，さらにその上に法人税法の計算規定がある，という意味で「会計の三重構造」となっている。

　確定決算主義（特に，形式的な確定決算主義と損金経理要件）に対する日本における評価は，かつては，いわゆる「トライアングル体制」に絡めて「会計制度の発展を阻害する」との論調が多かった（トライアングル体制とは，商法（現会社法）による会社の計算規制，証券取引法（現金融商品取引法）による会計規制および法人税法上の所得計算規定が密接に関連していることをいう）。法人税法が確定決算主義を採用したがゆえに，本来，企業会計基準が先行して適用されるべきであるにもかかわらず，それに先んじて法人税法が実務上適用されることが，企業会計を歪めることになる（これを通常「逆基準性」（umgekehrte Maßgeblichkeit）という）という見解である。

　しかし，企業が「経理自由の原則」のもとで，計算書類の作成（確定決算）において一定の会計処理を自主的に選択したにもかかわらず，課税所得計算（申告調整）においてこれとは別の会計処理を選択することは，「禁反言の法理」（自分が選択した言動に矛盾する態度をとることは許されないという考え方）に反する行為に等しいのではないであろうか[60]（「経理自由の原則」は第4章 **2** 2 (1) を参照）。

　単体の決算書は主に利害調整機能を担っている（第4章コラム7「『法人税の所

得計算』と『企業会計の利益計算』の親和性」を参照)。とりわけ，中小企業にとっては，できるだけコストをかけずに，正しい決算を行うことが基本であるから，確定決算主義はその点で欠くべからざる仕組みであり，わが国が世界に誇るべき会計文化である。なお，2012年に公表された「中小企業の会計に関する基本要領」は，法人税法と企業会計との親和性を保った会計基準であり，「国際会計基準の影響を受けない」と明記して確定決算主義を前提として策定された会計基準である。

コラム5　一石二鳥
Two Birds, One Stone

　米国は，わが国のような確定決算主義を採用していない。したがって，企業会計と法人税の課税所得との親和性がなく，企業会計上，機械装置に関して定額法を採用し，他方，課税所得計算においては当該機械装置に関して定率法を採用することなどが可能となっている。権威ある文献によれば，「アングロ・サクソンの国では，これと異なり，一般的には公表された会計数値がその会社の納税額の計算の基礎とはならない。例えば，財務報告目的の利益の計算に用いられる減価償却の方法は，通常，税務当局が用いるものとは異なっている[61]」と説明されている。

　こうした制度下において米国では，エンロン事件を契機に会計利益と課税所得との分離を見直すべきという意見が再び提起された。破綻したエンロンなどが多額の企業利益を計上しながら，同時に，連邦法人税をほとんど支払っていないことが明らかになったからである。

　経済誌『フォーブス (Forbes)』(2002年3月号)は，「一石二鳥」(Two Birds, One Stone) との表題で，「エンロンの崩壊は今までにない新しい概念 (novel idea) を提起する。それは，株式公開企業 (public companies) が株主に対するのと同じ利益を内国歳入庁に報告することである」としている[62]。

　同誌によれば，法学者のジョージ・イン教授 (バージニア大学) は，現在のシステムが「会計利益を水増しし，かつ，課税所得 (taxable earnings) を少なくする動機づけ」を企業に与えているとし，連邦議会下院民主党歳入委員会の税務顧問 (当時) ジョン・バクリー氏は，「企業利益と課税所得の乖離をもっと厳しくしていたら，エンロン事件はたぶん起こらなかったであろう」と指摘している。さ

らに，会計学者のエドワード・メイデュー教授（ノースカロライナ大学）も，企業会計と税務会計のギャップを埋めることが透明性を高めると考えており，「その結果，利益を水増ししたり，不正な課税逃れを企む企業が少なくなるはずだ」と主張していた。

●注

(1) 金子（2016）；1頁参照。

(2) わが国では公正 Steuergerechtigkeit の原則のもとに，普遍 Allgemeinkeit の原則と平等 Gleichmässigkeit とがあるという説明が一般的であるが，その公正とは，まさに正義とも訳されている原語である（忠（1981）；26頁）。

(3) 金子（2016）；83-84頁。

(4) 金子（2016）；76頁。

(5) 金子（2016）；76頁。

(6) Lang（2010）；§4 Rz.150.

(7) 伊藤（2014）；78頁。

(8) 金子（2016）；79頁。

(9) 金子（2016）；82頁。税に関する主な事項はすべて法律によって規定されており，行政官庁の自由裁量は否定されている。逆に，納税者も，租税債権債務関係を任意に処分することはできない（伊藤（2014）；15頁）。

(10) 忠（1981）；68頁。

(11) 忠（1981）；29頁。租税債権確定の段階においては，税法で定められた課税要件の充足によって，抽象的な租税債権債務関係が成立し，その大部分は私人である納税者の行為によって確定されるが，その具体的に確定された租税債務が抽象的に成立した租税債務と乖離するときは，更正・決定という課税権者による処分の余地が残されているという特色がある（もち論，この課税権者の処分が適法なものであるか否かは，最終的には裁判所の判断するところである（伊藤（2014）；15-16頁））。

(12) 金子（2016）；83頁。

(13) 伊藤（2014）；15頁。

(14) 伊藤（2014）；16-17頁参照。

(15) 「税務に関する専門家」でいう「税務」というものは「行政事務の立場なのか，あるいは納税に伴うすべてを言うのか」という質問に対して，福田幸弘政府委員は「租税に関する事務を総称するものでありまして，納税者の適正な納税義務の実現を図るため納税者の援助を行うという，税理士の専門的な立場をあらわしたものでありますので，御指摘の後段の納税に伴うすべてのものと，広い意味に解すべきであろうと思います」「税法だけの専門

というよりも、『税務』ということはプラクティス、すなわち実務面、経験面のまた専門家
であるということを期待しているわけでありまして」（傍点は坂本）と答弁している（第91
回国会参議院大蔵委員会会議録第8号、昭和55年3月27日、11頁）。

⑯　誰が何といおうと、税法に関する専門家は税理士だけだ。徴税官僚は、山のような仕事
　　を抱え、人員不足で手が廻らない。とすれば結局、国民の租税正義の護持は、税理士が自
　　ら、その責任の衝に当たることを鮮明にしていかなければならない。だが、そのためには、
　　税理士は数々の障害を突破する見識と勇気を要する（飯塚毅（1982a）；129頁）。

⑰　松沢（1995）；57頁参照。
　　なお、松沢（1995）は税理士を「税法に関する法律家」として位置づけて、体系的に論
　　攷した研究書である。

⑱　松沢（1995）；56頁。

⑲　松沢（1995）；57頁。

⑳　飯塚毅（1978）；1頁。

㉑　飯塚毅（1997a）；5頁。

㉒　松沢（1998）；5頁。

㉓　松沢（1995）；84頁。

㉔　松沢（1995）；84頁。

㉕　増田（2008）；37-38頁。

㉖　増田（2008）；113頁。

㉗　金子（2016）；27頁。代表的な文献としては松沢（2003b）がある。

㉘　武田（2004）；28頁。この領域における学術研究団体として税務会計研究学会（会長：成
　　道秀雄成蹊大学教授）がある。また、税務会計論の代表的な文献としては、武田（1970）、
　　武田（2005f）、富岡（2003）、成道（2015）、酒井（2018）などがある。

㉙　ドイツ税理士法の邦訳は、ゲーレ＝飯塚毅訳（1991）および柳（2010）を参照した。

㉚　Gehre (1995)；§ 57 Rdnr.8.

㉛　ゲーレ＝飯塚毅訳（1991）；308頁。

㉜　ゲーレ＝飯塚毅訳（1991）；309頁。

㉝　佐藤（1992）；123頁。佐藤（2018）；107頁。

㉞　Kruse (1978)；S.200.
　　クルーゼは、「すべての商人簿記は商業帳簿の証拠力を指向している」ともいっている
　　（Kruse (1978)；S.199）。さらに Leyerer は、バビロンや古代エジプトの起源を参照させて
　　いる。同氏によれば、帳簿上の記入は、それ自体記帳者のために完全な証拠力をもたらさ
　　ないが、訴訟においては、裁判官に提示することができ、その真実性は宣誓あるいは証言
　　によって立証可能であったという（Leyerer (1922)；S.141）。

㉟　scriptura privata pro scribenta non probat.

㊱　Leffson (1987)；S.49. ハイゼは、「例外として、商人はその帳簿をその者のための証拠と

する権利がある」（Heise (1858)；S.92）という。

(37) Heise (1858)；S.93.

(38) Vgl. Heise (1858)；S.92.

(39) 飯塚毅（1988）；7‐8頁および坂本（2011）の第6章補節を参照されたい。

(40) 例えば，以下の文献を参照されたい。

Hartung (1956)；Sp.886, Friesecke (1957)；Sp.252, Westerhoff (1959)；S.19, Hartung (1959)；S.1902, Reinisch (1963)；S.1109, Ziemer/Birkholz (1970)；§96, Tzn.22.

以下の文献は，tatsächliche Vermutung という用語を用いるが，その意味内容が「法律上の推定」を指しているか否かは不明である。

Kühn (1956)；S.243, Kühn (1968)；S.273, Kühn/Kutter/Hofmann (1974)；S.274.

また，1952年のブレンナーの著作でも wiederlegbare Vermutung との用語を用いているが，「法律上の推定」と位置づけているか否かは定かではない（Brönner (1952)；S.93. 参照）。

わが国では木村弘之亮教授だけが RAO 第208条と AO 第158条について「表見証明」として採り上げている（木村（1987）；168-169頁参照）。しかし「法律上の推定」としての解釈には言及されていない。

(41) 青山（1995）；354頁。

(42) 例えば，「法律上の推定」規定は，わが国の民法第186条にみられる。同条は，占有や占有の態様を要件とする法律行為の成立を容易にするための規定であり，「1項　占有者は，所有の意思をもって，善意で，平穏に，かつ，公然と占有をするものと推定する」，「2項前後の両時点において占有をした証拠があるときは，占有は，その間継続したものと推定する」と規定する。1項は占有の状況に関する証明責任を，占有者から相手方に転換することをその内容とする条文であり，2項は2つの時点間の占有を立証すると，その時点間の占有継続の証明責任を相手方に転換することをその内容とする条文である。

(43) Weber (1981)；S.59.

(44) Vgl. Rosenberg (1923)；S.251.

(45) 木村（1987）；141頁。

(46) ローゼンベルク＝倉田訳（1987）；263頁。Rosenberg (1965)；S.219.

(47) 坂本（2011）；221頁。

(48) 例えば，以下の文献を参照。金子（2016）；832-833頁，新井（1984）；52頁。

新井教授は，「この特典というのは，青色申告者は，帳簿書類を調査し，その調査により申告されている所得金額などの計算に誤りがある場合に限り，更正をされることになる，とか，特別の税額控除や所得控除，特別の準備金の設定や減価償却などをすることが認められていて，税負担が軽減される，とか，などである」（新井（1984）；52頁）とされる。新井教授も，更正制限規定を青色申告制度に協力していることに対する恩恵として理解されているようである。

第 2 章　税務業務 ■　79

⑷　忠（1981）；251頁。

⑸　坂本（2011）の第 6 章第 2 節を参照されたい。

⑸　本章注⑽を参照されたい。

⑸　LEX/DB 文献番号21017720。

⑸　本件評釈には以下のものがある。

　　中川（1963），渡部（1963a），渡部（1963b），北野（1963a），北野（1963b），浦谷（1964），
　高柳（1983），北野（1984），下川（2006）。

⑸　松沢（2003）；345-346頁。

⑸　フランスについては坂本（2011）の第 2 章の補説・第 9 章第 2 節 1 を，ドイツについて
　は本書第 3 章 **2** 2 と坂本（2011）の第 3 章「商業帳簿規定の主目的は何か－クルーゼとレ
　フソンの論争－」を，わが国については坂本（2011）の第13章を参照されたい。

⑸　大下（2018）；161-163頁を参照。なお，De Bissy（2016）の21頁も参照した。

⑸　飯塚真玄氏は，「税理士は大陸法，会計士は英米法を味方とする」とし，「確定決算主義
　の考え方に立って，大陸法系の『税法』の側から英米法系へと傾斜が進む『会計』の側を
　眺めると，税理士にとって最も正しい問題解決法は会計士の願望とは正反対になることに
　気づかされます」とされる（飯塚真玄（2015）；275頁）。まさに的確な指摘である。

⑸　日本税理士会連合会（2018）。

⑸　日本公認会計士協会（2018）。

⑹　実務的観点から見た IFRS と確定決算主義の関係については，坂本（2013）を参照された
　い。

⑹　ブリーリー/マイヤーズ/アレン＝藤井/國枝監訳（2014）；352-353頁。

⑹　Forbes：Vol. 169. No. 5, March 4, 2002.

第3章

会計業務

　税理士は会計専門家であり，「一般に公正妥当と認められる会計の慣行」の護持者である。

　「一般に公正妥当と認められる会計の慣行」概念は，「商業帳簿（帳簿）の法の適用局面」と「会計技術の組立の局面」から構成されている。

　「商業帳簿（帳簿）の法の適用局面」には，商業帳簿の自己報告による健全経営の遂行，商業帳簿の証拠力，商業帳簿の破産防止による債権者保護，租税法上の帳簿の証拠力等に係るものがある。他方，「会計技術の組立の局面」は大別して2つの局面から構成され，企業の「規模および法律的属性」に応じて，中小会計要領・企業会計基準などの会計基準が，企業の「業種および業態」に応じて，公益法人会計基準，社会福祉法人会計基準などの業種別会計基準が存在している。

　税理士に取引の原始的形成権力はない。会計専門家である税理士は，事業者に対して，自らの責任において起票を行うように動機づけ，教え導く指導者でなければならない。

1　税理士が行う会計業務

1 ■ 税理士法の規定

　税理士は公認会計士とともに会計専門家（Accounting Profession）である。

　税理士法は「税理士業務に付随して，税理士の名称を用いて財務書類の作成，会計帳簿の記帳の代行その他財務に関する事務を業として行うことができる」（税理士法第2条第2項）として，税理士を会計の専門家として位置づけている[1]。

　わが国における会計に関わる公認会計士と税理士という2つの職業集団を規制する業法の骨格ともいうべき「2条業務」を比較するとき，まったく同じ作

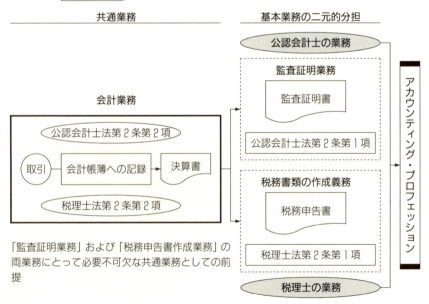

図表3-1　会計専門家における「共通業務」と「基本業務」

「監査証明業務」および「税務申告書作成業務」の両業務にとって必要不可欠な共通業務としての前提

出典：武田（2005a）7頁の図表を一部修正して引用

第3章　会計業務 ■ 83

りになっている。そのことを示したのが，**図表3-1**である。

　この図から明らかなように，わが国における2つの会計専門家の「業務の内容」をみると，両者とも「会計業務」を「共通業務」として成り立ち，一方（公認会計士）は，「監査証明業務」を基本業務とし，他方（税理士）は，「税務書類の作成業務等」を基本業務とするプロフェッショナルであることが理解される[(2)]。

2 ■ 4大業務における会計業務の位置づけ

　税理士法第2条第2項に加えて，税理士は，①税法規定，②会社法，③税理士法第33条の2による書面添付，④認定経営革新等支援機関という立場から，会計専門家としての職責を果たさなければならない。

①　税法規定
　法人税法および所得税法は，以下のように企業会計と税務申告との関係を定めている。

［法人税法］
　益金の額及び損金の額は，「別段の定めのある場合」を除き，「一般に公正妥当と認められる会計処理の基準」に従って計算されるものとされ（法人税法第22条第4項）（実質的な確定決算主義），法人は，「確定した決算」に基づき一定の事項を記載した申告書を提出しなければならない」（法人税法第74条第1項）（形式的な確定決算主義）とされている。わが国の企業会計制度は，確定決算主義のもとで企業会計と税務会計（法人税の課税所得計算）との親和性が図られている（確定決算主義については第2章 **4** を参照）。

　なお，「中小企業の会計に関する基本要領」（中小会計要領）と「中小企業の会計に関する指針」（中小指針）は，「一般に公正妥当と認められる会計処理の基準」（法人税法第22条第4項）および「一般に公正妥当と認められる企業会計の慣行」（会社法第431条）を中小企業向けに具体化した会計基準である。

［所得税法］

青色申告者は，青色申告書を提出することができる年分の不動産所得の金額，事業所得の金額及び山林所得の金額が正確に計算できるように「一切の取引」を「正規の簿記の原則」に従い，整然と，かつ，明りように記録し，その記録に基づき，貸借対照表及び損益計算書を作成しなければならない（所得税法施行規則第57条第1項）とされている。法律上，所得税法上の青色申告決算書は，税務書類であり，その作成代行は税理士の独占業務となっている。そして，実体的には，所得税の青色申告決算書がそのまま商法上の決算書となっている（第4章 **2** 2も参照）。

税理士が「適正な納税義務の実現を図る」という使命を果たすためには，「一般に公正妥当と認められる会計処理の基準」・「一般に公正妥当と認められる企業会計の慣行」，および「正規の簿記の原則」を熟知し，これらに基づいた指導をしなければならない。ドイツの会計制度は「正規の簿記の諸原則」（Grundsätze ordnungsmäßiger Buchführung, GoB）の体系であるとされ[3]，ドイツ税理士は「正規の簿記の諸原則」の護持者として位置づけられている。これと同様に，わが国の税理士も「一般に公正妥当と認められる会計の慣行」（商法第19条第1項）の護持者でなければならない[4]。

② 会社法上の会計参与

2005（平成17）年に創設された会社法において，会社法上の機関として「会計参与」が制度化された。久しく，会計業務は，税理士にとって基本的に重要な業務であることが理解されていたものの，制度的には，単に「税理士業務」に対する「付随業務」としてしか位置づけられてこなかった。会計業務が本来業務として商事基本法である会社法で認知されたことによって，税理士は公認会計士と並んで会計業務を本来業務とする専門職業士であることが明確となった[5]（会計参与は第4章 **3** を参照）。

③ 税理士法第33条の2による書面添付

法人税申告書や（事業所得を有する）所得税申告書に書面添付が行われる場合，添付書面に記載される「申告書の作成に関し，計算し，整理し，又は相談

に応じた事項」とは，申告書に記載された課税標準等について，例えば，①伝票の整理，②各種帳簿の記入，整理及び計算，③損益計算書及び貸借対照表の計算及び作成，④税務に関する調製，⑤所得金額及び税額の計算，⑥これらに関する相談等のどの段階から，具体的に関与してきたかの詳細をいうとされる（第4章 **2** 1(4)を参照）。これらの相当部分（主に①②③）はまさに会計の専門家としての所見の表明である（書面添付は第4章 **2** を参照）。

④　認定経営革新等支援機関の職務

中小企業経営力強化支援法（2012年6月制定）の施行に伴い，2012年8月30日に告示された「中小企業の新たな事業活動の促進に関する基本方針」（総務省，厚生労働省，農林水産省，経済産業省，国土交通省）は次のように定めている（現在，同基本方針は「中小企業等の経営強化に関する基本方針」と名称が変更されている）。

> 　認定経営革新等支援機関は，中小企業に会計の定着を図り，会計の活用を通じた経営力の向上を図ることに加え，中小企業が作成する計算書類等の信頼性を確保して，資金調達力の向上を促進させることが，中小企業の財務経営力の強化に資すると判断する場合には，中小企業者に対し，「中小企業の会計に関する基本要領」又は「中小企業の会計に関する指針」に拠った信頼性ある計算書類等の作成及び活用を推奨すること。

認定経営革新等支援機関はもともと税理士・税理士法人を想定して設けられたものであることから[6]，支援機関として認定を受けた者は税理士・税理士法人が圧倒的多数を占めている。そして，同支援機関が中小会計要領・中小指針の活用等を推奨することを求める上記「告示」は，「税理士は会計専門家である」という一般的な認識に基づいたものである（なお，中小企業経営力強化支援法および認定経営革新等支援機関については，第5章 **1** 2②を参照）。

ここで，税理士の4大業務における会計業務の位置づけを示せば**図表3-2**となる。

図表3-2における会計業務を見れば，①会計業務・税務業務，②会計業務・保証業務，③会計業務・経営助言業務，④会計業務・税務業務・保証業務，⑤

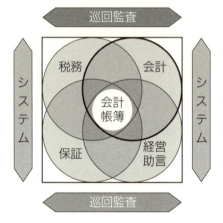

図表3-2　税理士の4大業務における会計業務の位置づけ

出典：筆者作成

会計業務・税務業務・経営助言業務，⑥税務業務・保証業務・経営助言業務，⑦会計業務・税務業務・保証業務・経営助言業務，⑧会計業務単独から成り立っていることが理解される（①は第2章の❸と❹および第3章❸2⑤，②は第4章❸，③は第5章❸，④は第4章❷2，⑤⑥⑦は第5章❶1(1)を参照）。

3 ■会計制度と税理士業務

(1) 会計帳簿の領域を含む会計制度

　税理士が行う会計業務の領域は，きわめて広範囲である[7]。それは「会計帳簿の領域を含む会計制度」全般であり，「商業帳簿（帳簿）の法の適用局面」と「会計技術の組立の局面」という2つの局面から構成されている。

　関係する専門領域としては，「会計帳簿の領域を含む会計制度」の領域は，商法・会社法，金融商品取引法，租税法を基本とし，会計学・簿記学に，租税法に関連して行政法に，帳簿の証拠性に関して証拠法・訴訟法に，罰則規定に関連して刑法・破産法に，委任契約の顛末報告義務に関して民法典に，会計情報は重要な経営情報であるため経営学に，帳簿書類作成・保存に関連してコンピュータ関連法規に，そして中小企業向けの「中小会計要領」や「中小指針」，

さらには公益法人会計基準をはじめとする個別業法における会計基準に関わっている。さらに職業法規（税理士法，公認会計士法）にも関連している。

また，「会計帳簿の領域を含む会計制度」は，会計帳簿（帳簿）を共通の業務基盤とすることから，「帳簿制度」と命名することも可能である。そして，その内容を明らかにするためには，学際的な視野が必要であり，それらの歴史的な生成過程考察を加える必要もある。さらに経済のグローバル化に伴い，グローバル的かつ比較法学的な考察も必要となる。

これらを図にすれば**図表3-3**となる（なお，拙著『会計制度の解明』（中央経済社，2011年）は，こうした視点から会計制度を体系化したものである）。

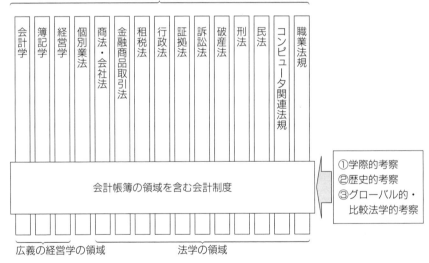

図表3-3　会計制度の学際性

出典：坂本（2011）3頁の図表P-1

以上のように，会計業務を行う税理士が保持しなければならない会計領域の知識体系は，法会計の領域を含めてきわめて広範囲であるところにその特徴がある。

(2) 「商業帳簿（帳簿）の法の適用局面」と「会計技術の組立の局面」

　わが国最初の商法である明治23年商法は，主に当時の1861年一般ドイツ商法（Allgemeines Deutsches Handelsgesetzbuch，ADHGB）を母法としている。ADHGB を引き継いだ現行のドイツ商法（HGB）第238条は「簿記義務」を定めており，その第１項は次のような規定である。

● HGB 第238条第１項

　すべての商人は，帳簿を記帳し，かつ，その帳簿に，自己の商取引および自己の財産の状況を正規の簿記の諸原則（Grundsätze ordnungsmäßiger Buchführung）に従って明瞭に記帳する義務を負う。簿記は，それが専門的知識を有する第三者に対して，相当なる期間内に，取引および企業の状況に関する全容を伝達しうるような性質のものでなければならない。取引は，その発生から終了までを追跡しうるものでなければならない。

　「商人」とは「商業を営む者」をいう（ドイツ商法第１条）。「正規の簿記の諸原則」（GoB）に従った簿記義務は，個人商人をはじめとして，株式会社，有限会社などの法人企業にも適用される。GoB という用語は，商法のほか，国税通則法，所得税法，行政規則に一貫して用いられている。ドイツの会計制度は GoB の体系である。そしてこの GoB 概念は不確定法概念（unbestimmter Rechtsbegriff）とされている。ティプケ等は，GoB 概念を「開かれた体系」として次のように解説する[8]。

　商法典は簿記および貸借対照表作成（広義の簿記）の法（Recht der Buchführung und Bilanzierung (Buchführung i.w.S.)）を完結的に成文化していない。同法典は，補完されるべき不確定法概念を用い，かつ多くの箇所で（商法第238条第１項，第239条第４項，第241条，第243条 AI１項，第256条，第257条第３項），正規の簿記の諸原則（これ自身もまた１つの不確定法概念である）を参照させている。

　記帳および貸借対照表作成の法はしたがって，開かれた体系（offens System）であり，法適用者は，諸原則を援用して不確定法概念を具体化することができ（その意味で，不確定法概念の具体化は法律そのものにおいて行われていない），かつ，法を経済生活の多様性および変動に適合させることができる。

わが国の商法第19条（商業帳簿）も，個人商人をはじめとして株式会社，特例有限会社などの法人企業にも適用される。すなわち，わが国の会計制度は「一般に公正妥当と認められる会計の慣行」の体系である。

● **第19条　商業帳簿**

1．商人の会計は，一般に公正妥当と認められる会計の慣行に従うものとする。

2．商人は，その営業のために使用する財産について，法務省令で定めるところにより，適時に，正確な商業帳簿（会計帳簿及び貸借対照表をいう。以下この条において同じ。）を作成しなければならない。

3．商人は，帳簿閉鎖の時から十年間，その商業帳簿及びその営業に関する重要な資料を保存しなければならない。

4．裁判所は，申立てにより又は職権で，訴訟の当事者に対し，商業帳簿の全部又は一部の提出を命ずることができる。

「一般に公正妥当と認められる会計の慣行」概念も，GoB概念と同様に不確定法概念であり，「開かれた体系」である。法適用者は，諸原則を援用して不確定法概念を具体化することができ，かつ，法を経済生活の多様性および変動に適合させることができる。

これをより具体的に説明すれば，「開かれた体系」である「一般に公正妥当と認められる会計の慣行」概念は，「空箱」と「実箱」から成り立っている。そして，「歴史的・普遍的・理念的な概念」である「空箱」は，さまざまな「場の条件」（場の特定・参加者の条件・役割期待）を受けて，法の目的に応じた，法規範の組立が行われて，「適用局面で具体的に機能する，法規範や一般的社会価値で充塡された概念」である「実箱」として機能する[9]。

ここで「法規範の組立」・「法規範や一般的社会価値で充塡された概念」とは，ティプケの言う「不確定法概念の具体化」を意味している。そして「場の条件」は，ドイツのGoB概念と同様に，大別して「商業帳簿（帳簿）の法の適用局面」と「会計技術の組立の局面」の2つの領域から構成される。

このようなわが国の会計制度の全容は，**図表3-4**のように描くことができる。

| 図表3-4 | わが国の会計制度の全容 |

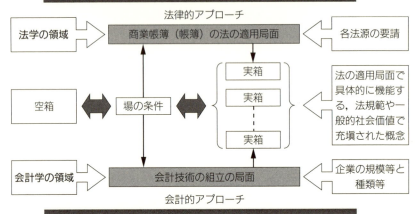

出典：坂本（2011）425頁の図表13-10

　以上のことから，税理士が行う会計業務には次のような特徴があることが理解される。

① 対象となる会計の領域が広いこと
　対象となる会計制度は，「商業帳簿（帳簿）の法の適用局面」と「会計技術の組立の局面」という2つの領域から構成される。
② 「商業帳簿（帳簿）の法の適用局面」では法律的アプローチを用いること
　「商業帳簿（帳簿）の法の適用局面」は，商業帳簿（帳簿）の証拠性など，その法律的側面に焦点が当てられる。
③ 「会計技術の組立の局面」では会計的アプローチを用いること
　「会計技術の組立の局面」では「企業の属性」（企業の「規模および法律的属性」と「種類および業態」）に応じた会計基準が設定される。その内容は，個人事業者から株式公開大企業まで（規模および法律的属性），かつ，公益法人・社会福祉法人など（種類および業態）にわたる。
④ 関連する法源が多様であり，学際性があること
　税理士が行う会計業務の法源は商法・会社法・金融商品取引法・破産法・租税

法・各種業法などにわたって多様である。

⑤　税法や経営助言と密接に関連していること

　税理士が行う会計業務は多くの場合，税務業務や経営助言業務と密接に関連している（図表3‑2を参照）。

　このように税理士が行う会計業務はきわめて広範囲である。他方，公認会計士が行う監査業務は主に「会計技術の適用局面」（会計的アプローチ）における株式公開大企業向けの会計基準（企業会計基準，IFRS など）に焦点が向けられる。

財務諸表・計算書類・決算書・財務書類の定義

　「財務諸表」（financial statements）は，株式公開企業等に適用される金融商品等取引法上の用語である。金融商品取引法第193条および財務諸表等規則によれば，財務諸表は，貸借対照表，損益計算書，株主資本等変動計算書，キャッシュ・フロー計算書および附属明細表をいう。

　「計算書類」（accounting documents）は，会社法上の用語である。会社法上の計算書類は，貸借対照表，損益計算書，株主資本等変動計算書および個別注記表を意味している。

　「決算書」は，法律用語ではなく通称であり，一般的には財務諸表ないし計算書類を意味している。つまり，金融商品取引法が適用される会社等の決算書は財務諸表であり，それ以外の会社の決算書は計算書類である。ただし，「財務諸表」を決算書と同じ意味で用いることもある。

　「財務書類」は，財産目録，貸借対照表，損益計算書その他財務に関する書類をいう。

2　商業帳簿（帳簿）の法の適用局面

1 ■ 法律的アプローチ

　「商業帳簿（帳簿）の法の適用局面」における「一般に公正妥当と認められる会計の慣行」概念には，「場の条件」（場の特定，参加者の条件，役割期待）として，少なくとも，①商業帳簿の自己報告による健全経営の遂行，②商業帳簿の証拠力，③商業帳簿の破産防止による債権者保護，④租税法上の帳簿の証拠力，⑤商業帳簿（帳簿）の電磁的な保存，⑥青色申告制度における租税優遇措置，⑦消費税法上の帳簿記載要件等に係るものなどがある。そしてその関連する法域は，商法，破産法，法人税法，所得税法，消費税法，電子帳簿保存法など広範囲である。このことは，税理士が行う会計業務の幅広さを示している。

　ちなみに，「商業帳簿（帳簿）の法の適用局面」という概念は，筆者が定義づけした概念である。「商業帳簿（帳簿）の法の適用局面」の領域は，会計実務において厳然と存在しているにもかかわらず，従来からその体系化が行われていなかった[(10)]。というのも，この領域は，各法律に関係して，きわめて学際的な領域であるために，その存在に研究の光が当たらなかったのである。

　以上の「商業帳簿（帳簿）の法の適用局面」における「一般に公正妥当と認められる会計の慣行」概念を図示すれば**図表3-5**となる（なお，図表3-4も参照）。

　税理士は会計専門家として，個々の「場の条件」に応じた，実箱である「一般に公正妥当と認められる会計の慣行」の内容（例えば，「租税法上の帳簿の証拠力」のために必要な「青色申告制度上の帳簿記載条件」）を熟知するとともに，関与先企業に対して，実箱である「一般に公正妥当と認められる会計の慣行」のすべてを遵守せしめるように努めなければならない。

第 3 章 会計業務 93

図表 3-5 「商業帳簿（帳簿）の法の適用局面」と公正概念

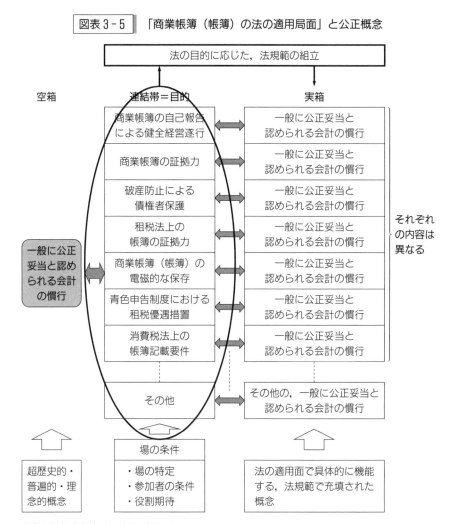

出典：坂本（2011）424頁の図表13-9

2 ■ 商業帳簿の本質的な機能

「商業帳簿（帳簿）の法の適用局面」は，会計制度に対して法律的なアプローチをするものであり，数多くの法源から構成されている。そこで，ここでは商業帳簿の本質的な機能である，商業帳簿の自己報告機能と，商業帳簿の証拠力について解説する。なお，租税法上の帳簿の証拠力は第2章 **3** を，商業帳簿（帳簿）の電磁的な保存は第6章 **3** 3を参照されたい。

国家的規模での商法典の嚆矢は，1673年フランス・ルイ14世商事王令（商事勅令ともいわれる）である。商業帳簿規定はその第3章に存在していた。商事王令の解説書である『完全な商人』においてサヴァリーは，国民生活における法による秩序の維持と，企業経営の2つの側面から，商業帳簿を論じている。前者にあっては，債権・債務関係の立証たる帳簿の証拠能力に，後者にあっては経営管理に，これをかかわらしめている[11]。

商事王令は，破産時に帳簿を提出できない場合には詐欺破産者とみなされ(第11章第11条)，訴追されて死刑に処される(同第12条)，と規定している。「破産時の死刑」を担保にして，帳簿の記帳を間接的に義務づけていたのである。これは，商業帳簿規定の本質的な目的が，帳簿の証拠力の確立とともに，商人への自己報告を通じて健全な事業経営を遂行せしめるという2点にあるということである[12]。

① 商業帳簿による自己報告機能

商業帳簿の本質的な提出先は経営者自身である。それによって経営者は健全な経営遂行が可能となり，結果として破産防止に役立つ。これを商業帳簿の自己報告 (selbst Information) 機能という。そして，これが「会計で会社を強くする」(Making companies stronger through accounting) という考え方である（第5章 **3** 1を参照）。

② 商業帳簿の証拠力の定立

「自己証明は証明にあらず」という原則の例外として，商業帳簿には証拠能力・証拠力があるとされている。そして，自由心証主義のもとでは，かつてのような法定の証拠力は付与されないが，商業帳簿には特別の証拠力が認められ

る。

　まず，空箱としての「一般に公正妥当と認められる会計の慣行」は超歴史的・普遍的・理念的な概念である。次に，「場の条件」は，場の特定＝商事裁判，参加者の条件＝裁判官・商業帳簿作成者・係争当事者，役割期待＝商業帳簿の証拠能力・特別の証拠力である。そして，実箱としての「一般に公正妥当と認められる会計の慣行」は，適時かつ正確な商業帳簿の作成（商法第19条第2項）・中小会計要領が求める各種の記帳条件・10年間の商業帳簿保存（同条第3項）などで充足される。

　今日的には，「商業帳簿の証拠力」は「商業帳簿（会計帳簿と計算書類）の信頼性」と言い換えても良い。中小企業金融では「決算書の信頼性」が一層求められるようになっており，その意味でも「商業帳簿の証拠力」の確保は重要性を増している。

　商業帳簿の自己報告機能と証拠力という2つの機能は，ドイツ最初の統一的な商法典である1861年一般ドイツ商法典を編纂する制定する過程で提案された次に示す各商法草案理由書からも明らかである。

［1839年ドイツ・ヴュルテンベルク王国の商法草案：理由書[(13)]］
　商業帳簿は文書の側面があり，他の人々に対する証拠資料として用いられ得る。他の側面は，商人にその業務の状況に関する全容を提供する補助資料であることである。その帳簿はフランス商法典の理由書が述べるように，その正規な記帳が適時性（Pünktlichkeit）と正確性（Rechtlichkeit）を証言し，かつ，運命の神の変動に対する防御に役立つ。だらしない記帳は破産者の特徴である（Unregelmäßige Führung ist das Kennzeichen des Bankerottierers）。それが商業帳簿の重要性とその正規な備え付けの必然性の理由である。

［1849年ドイツ・帝国司法省：商法草案理由書[(14)]］
　商人は，正規にその業務を進め，忘却あるいは思い違いによって，自らが損害を被らず他人に損害を与えず，その個々の事業の成り行きと結果を見通し，かつ，合法性と賢明性という規範に従って，従来のやり方を継続すべきか否か，あるいは会社計算に変更を加える必要があるか否か，収支を均衡させる必要が

あるか否か，さらには業務を注視する必要があるか否かを判断することができるように，規則的に繰り返しやってくる特定の時点で少なくとも一度はその業務のすべての状況を観察するようになる。

2つ目の必要性を提示すれば，取引の係争時に，正規に記帳された商業帳簿の記入が事情によっては非常に重要な証拠要素とみなされるという，事物の本性（条理＝筆者）にある。

中小企業等経営強化法に伴う告示が，経営革新等支援機関に中小会計要領（または中小指針）の利用を推奨することを求めていることは，国が商業帳簿を社会的なインフラとして位置づけたことの証である（第5章 **1** 2②を参照）。

3 会計技術の組立の局面

1 ■ 会計的アプローチ

「会計技術の組立の局面」は，会計的アプローチに立脚している。

企業とその利害関係者との間の「情報の非対称性」(information asymmetry)を縮減・解消するために，会計情報とりわけ，その内容を規制する会計基準は格別に重要である（「情報の非対称性」は第7章 **3** を参照）。

まず企業の「規模および法律的属性」に応じて，中小企業の会計に関する基本要領・中小企業の会計に関する指針・企業会計基準・IFRS（国際財務報告基準）などの会計基準が存在する。ここで「規模」とは，会社法上の大会社とそれ以外などであり，「法律的属性」とは，個人事業，会社法適用会社（株式会社，特例有限会社，合資会社，合名会社，合同会社），金融商品取引法適用会社（株式公開会社等）などの区分をいう。さらに，企業の「業種および業態」においては，公益法人会計基準，社会福祉法人会計基準，NPO法人会計基準，医療法人会計基準などの会計基準が存在している。

図表3-6　法律により規制を受ける企業の範囲についての差異

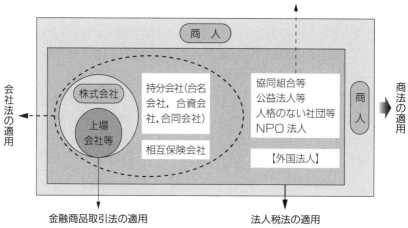

出典：武田（2008a）40頁の図3を一部追加して引用

　企業の「規模および法律的属性」と「種類および業態」による「一般に公正妥当と認められる会計の慣行」の区分に，法人税法を加えて，法律により規制を受ける企業の範囲に差異があることをアブストラクト的に図形化したものが，**図表3-6**である。

　この図表を見ると，制度会計を支えるそれぞれの法律が適用される企業の範囲に違いがあることが視覚的に理解できる。それは各法律がその適用企業に対して期待するところも異なるということでもある。

　図形の中の最も小さい領域を占める「上場会社等」に適用される会計基準が，「唯一の基準」として一国の会計基準を支配し，したがって，他の領域の会社等についてもそれが当然のごとく適用されるというものではない。まして，「国際資本市場というローカルな場で機能する国際会計基準」が国内の中小企業に適用されるべきではない。ドイツのGoB概念と同様に，わが国の「一般に公正妥当と認められる会計の慣行」概念も「営業の種類と規模」に応じて「簿記（会計）技術の組立」が行われることを予定している。

① 企業の属性＝規模および法律的属性

例えば，企業会計基準が求める会計技術は，投資家への情報提供という観点からすれば，最先端の会計技術である。しかし，「技術」（会計処理の原則・手続）を組み立てることで「制度」という概念が成り立つ。「事実関係システム」が異なれば，異なる技術の組立によって，それを適切に写像するための「会計基準」が求められ，「事実」に適合する複数の会計基準の存在を認めなければならない。これが方法論として当然の帰結である(15)。

「技術」は同じであっても，その技術を組み立て，それぞれの領域の「企業の属性」（会社特性＝営利企業か公益企業か，大会社か中小会社か，あるいは，公開会社か非公開の譲渡制限会社か等）に適合した「基準」をいかに構成するかということが，基準設定論の本質をなす。「会計技術」と「会計基準」は，同じではない(16)。

そのような理解があることによって，企業の属性の一側面である「規模および法律的属性」に応じ，それぞれの領域において成立する制度会計，換言すれば，実箱である「一般に公正妥当と認められる会計の慣行」は多様性があって当然であることになる。例えば，国際資本市場から資金調達を目指す株式公開企業は IFRS，その他の株式公開企業等は企業会計基準，上場を目指す中小企業は「中小企業の会計に関する指針」（中小指針），圧倒的多数の中小企業は「中小企業の会計に関する基本要領」（中小会計要領）が適していることになる。

なお，個人事業者が従うべき会計ルール（会計基準）については，研究がまったく進展していない。実務上，個人事業者の決算書は「所得税法上の青色申告決算書」を意味している。それゆえに，所得税関連規定（青色申告関連規定を含む）が個人事業者が従うべき「一般に公正妥当と認められる会計の慣行」（商法第19条第1項）であるといってもよい。すなわち，「所得税法上の青色申告決算書」は，ドイツでいう商事貸借対照表（Handelsbilanz）と税務貸借対照表（Steuerbilanz）の両方を充足する統一貸借対照表（Einheitsbilanz）である。

② 企業の属性＝業種および業態

「一般に公正妥当と認められる」という前綴りを用いた，「会計の慣行」/「企業会計の慣行」/「会計の基準」/「企業会計の基準」/「会計の原則」/「その他の企業会計の慣行」/「その他の会計の慣行」との用語は，商法，会社法，一般社団法人及

び一般財団法人に関する法律，農林中央金庫法，信用金庫法，医療法等，数多くの法律で規定されるに至っている[(17)]。例えば，「一般社団法人及び一般財団法人に関する法律施行規則」の第21条は「この節の用語の解釈及び規定の適用に関しては，一般に公正妥当と認められる会計の基準その他の会計の慣行をしん酌しなければならない」と規定している。

　これは，「企業の属性」の一側面である「業種および業態」に応じて，数多くの「実箱」である「一般に公正妥当と認められる会計の慣行」（受け皿）が用意されている（ないし，用意されるべきである）ことを示すものである。具体的には，これらの法律規定を受けて，医療法人会計基準，公益法人会計基準，社会福祉法人会計基準，学校法人会計基準，独立行政法人会計基準など，「企業の業種と業態」に応じたさまざまな業種別会計基準が策定されている。

　以上の「会計技術の組み立ての局面」における「一般に公正妥当と認められる会計の慣行」概念を図示すれば**図表3－7**となる。

　税理士は会計専門家として，「場の条件」である，関与先企業の規模・法律的属性・業種・業態等に応じた，適切な実箱である「一般に公正妥当と認められる会計の慣行」（例えば，中小会計要領，中小指針，企業会計基準，社会福祉法人会計基準などの会計基準）を熟知し，これを遵守せしめるように努めなければならない。税理士業界には，社会福祉法人会計基準や公益法人会計基準などの種別会計基準に精通する税理士が数多く存在している。通常，この領域の業務は税務に関係がない。こうした領域の会計業務に取り組む税理士は，まさに会計専門家（Accounting Profession）というにふさわしい存在である。

　また，企業の属性（規模および法律的属性）における会計包括概念とUS-GAAP等がその機能を発揮することが予定されている主な「場」を表にすれば，**図表3－8**となる。

　用語の形式的な側面からみれば，わが国の「一般に公正妥当と認められる会計の慣行」は，米国の「一般に認められた会計原則」（generally accepted accounting principles, GAAP）に類似している。しかし「一般に公正妥当と認められる会計の慣行」は，実質的には，ドイツの「正規の簿記の諸原則」（GoB）と同様の概念である。

　米国のGAAP概念は「会計技術の組立の局面」，それも主に株式公開会社と

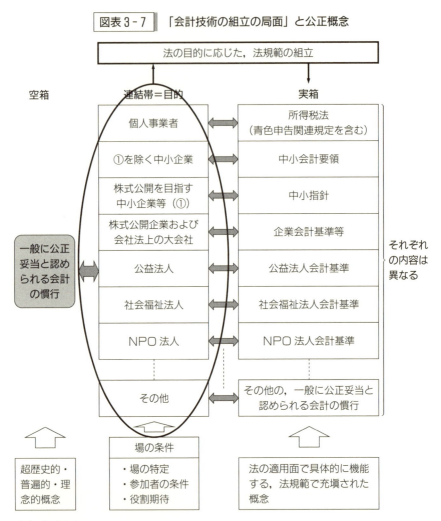

図表3-7 「会計技術の組立の局面」と公正概念

出典：筆者作成

いう「場」で機能し，中小企業や個人事業者を対象としていない。さらにGAAPは，「商業帳簿（帳簿）の法の適用局面」を想定していない。GAAPは，株式公開企業向けの会計基準であり，わが国の企業会計の基準（企業会計基準）と同様の概念である。わが国では，時として，「一般に公正妥当と認められる会計の慣行」ないし「一般に公正妥当と認められる企業会計の慣行」概念がGAAPと同

図表3-8 会計慣行・会計基準と「場の条件」

場の条件 会計慣行・会計基準	商業帳簿の 法の適用局面	会計技術の組立の局面		
		株式公開会社	その他の会社	個人商人
一般に公正妥当と認められる 会計の慣行（商法19条1項）	○	○	○	○
一般に公正妥当と認められる 企業会計の慣行（会社法431条）		○	○	
一般に公正妥当と認められる 企業会計の基準（会社計算規則3条）		○		
US-GAAP （一般に認められた会計原則）		○		
IFRS （国際財務報告基準）		○		
ドイツ：GoB （正規の簿記の諸原則）	○	○	○	○

各概念がその機能を発揮することが予定されている主な「場」に○印を付した
出典：坂本（2011）454頁の図表14-8

質であるかのような論調がみられる。米国文化追随型の思想が，かかる誤解を生じせしめたのかもしれない。

「一般に公正妥当と認められる会計の慣行」ないし「一般に公正妥当と認められる企業会計の慣行」概念は，ドイツのGoBと同様，「会計技術の組立の局面」のみならず，「商業帳簿（帳簿）の法の適用局面」で機能する点が極めて重要である。

2 ■ 中小企業向けの会計基準

従来，わが国はもちろんのこと，世界的にも中小企業向けの会計基準は存在していなかった。これは，企業の属性（規模および法律的属性）に応じた「会計技術の組立」という理解が醸成されていなかったことを意味している。わが国における中小企業向けの会計基準制定の歴史は次のような経過を辿ってきた。

① 「中小企業の会計に関する研究会報告書」

わが国で，中小企業の会計が重要な課題として認識されたのは，2002年3月に，中小企業庁に設けられた「中小企業の会計に関する研究会（2002年）」における議論からであった[18]。中小企業庁から2002年6月に公表された「中小企業の会計に関する研究会報告書」（以下「研究会報告書（2002）」という）では，会計行為の「インプット→プロセス→アウトプット」に則して，中小企業会計のスケルトン（理論的骨格）を次のように示している[19]。

- 第1は，会計行為のインプット面における「記帳」の要請である。この要請は，中小企業経営者に会計記録の重要性（自己管理責任）を認識させるとともに，不正発生を事前に防止するねらいがある。
- 第2は，会計行為のプロセス面における「確定決算主義」を前提とした会計処理の要請である。中小企業では，会計行為に多くのコストを負担することはできないことから，この要請は，コスト・効果的なアプローチによる中小企業の負担軽減をねらいとするものである。
- 第3は，会計行為のアウトプット面における「限定されたディスクロージャー」の要請である。中小企業の情報開示は，大企業（公開企業）と異なり，「債権者（特に，金融機関），取引先にとって有用な情報を提供すること」が課題とされる。

研究会報告書（2002）が提示した，中小企業会計基準は，このような中小企業の属性を前提とした「会計技術の組立」を示すものであった。

② 「研究会報告書（2002）」公表後の制度的混乱

「研究会報告書（2002）」の公表後，中小企業会計（中小企業会計基準）の制度化は，わが国の会計職業団体（日本公認会計士協会および日本税理士会連合会）の議論に委ねられることとなった。しかし，「研究会報告書（2002）」に対して，わが国の会計職業団体の立場には，明確な相違がみられた。「研究会報告書（2002）の公表を受けて，日本税理士会連合会は，2002年12月に，「中小会社会計基準の設定について」を公表する一方，日本公認会計士協会は，2003年6月に「『中小会社の会計のあり方に関する研究報告』について」（会計制度委員会研究報告第8号）を公表した[20]。

両業界の考え方の明確な相違は，日本公認会計士協会は「シングル・スタンダード論」（中小企業に固有の会計基準を容認しない立場）であるのに対して，日本税理士会連合会は「ダブル・スタンダード論」（中小企業に固有の会計基準を容認する立場）であった。そのため，中小企業会計の具体的な内容が定まらないまま，ある種の制度的混乱に陥ることになった[21]。なお，日本税理士会連合会の立場は，「研究会報告書（2002）」の内容をほとんどそのまま踏襲していた。

③ 中小指針の公表

このような制度的混乱を打開するため，2005年8月に，日本公認会計士協会，日本税理士会連合会，日本商工会議所および企業会計基準委員会（ASBJ）の4団体によって公表されたのが「中小企業の会計に関する指針」（以下「中小指針」という）であった。中小指針の内容は，企業会計原則，企業会計基準および会計制度委員会報告などがその基礎となっており，わが国の「大企業（公開企業）向け会計基準」を簡素化し要約したものであるといってよい[22]。

中小指針は，「シングル・スタンダード論」（中小企業に固有の会計基準を容認しない立場）に立脚して策定された会計基準という性格を帯びており，そのため，中小指針は，企業会計基準の改正に合わせる形でその内容が毎年改定されている。

こうした背景もあり，中小指針を採用する中小企業は限定されていた。それとともに，中小企業会計へのIFRSの影響に対する懸念から，2010年2月に，中小企業庁は「中小企業の会計に関する研究会（2010年）」を再開する一方，同年3月に，企業会計基準委員会（ASBJ）は非上場会社の会計基準に関する懇談会を設置した。両者の議論のなかで，特に問題となったのが，次の3つの項目であった。

- 有価証券（従来の分類基準と時価評価を適用すべきか否か）
- 棚卸資産（減損処理を行うべきか否か）
- 税効果会計（原則的な適用とすべきか否か）

議論の結果，これらの問題を解決するには，「中小企業のために新しい会計ルールを策定すべきである」というのが両報告書の結論であった[23]。

④ 中小企業憲章

中小企業憲章（2010年6月18日閣議決定）は，その「行動指針」において，「中小企業向けの金融を円滑化する」との表題のもとで，「中小企業の実態に即した会計制度を整え，経営状況の明確化，経営者自身による事業の説明能力の向上，資金調達の強化を促す」（傍点は坂本）としている[24]。これによって，中小指針に代わって，中小企業の多くが適用可能な新たな中小企業会計基準（後の「中小会計要領」のこと）制定の方向性が確かなものとなった。

⑤ 中小会計要領の公表

2012年2月1日に「中小企業の会計に関する検討会（2012年）」（中小企業庁・金融庁共同事務局）から公表された「中小企業の会計に関する基本要領」（中小会計要領）は，以下の考えに立って作成されたものである。

- 中小企業の経営者が活用しようと思えるよう，理解しやすく，自社の経営状況の把握に役立つ会計
- 中小企業の利害関係者（金融機関，取引先，株主等）への情報提供に資する会計
- 中小企業の実務における会計慣行を十分考慮し，会計と税制の調和を図った上で，会社計算規則に準拠した会計
- 計算書類等の作成負担は最小限に留め，中小企業に過重な負担を課さない会計

これらの考えは，研究会報告書（2002）で提示された中小企業会計の理論的骨格を受け継ぐものである。つまり，中小会計要領は中小企業の会計慣行をルール化したものであり，中小指針で問題とされた3つの項目は，取得原価主義を基礎とし，税法との親和性を尊重することで，その解決が図られた。

株式公開大企業向けの企業会計基準と，中小企業向けの会計ルールである中小会計要領との決定的な違いは，「記帳に関する条件」を明示的に定めるか否かにある。中小会計要領は，研究会報告書（2002）で示された考え方を踏襲して，「記帳の重要性」として以下のように定めている。

本要領の利用にあたっては，適切な記帳が前提とされている。経営者が自社の経営状況を適切に把握するために記帳が重要である。記帳は，すべての取引につき，正規の簿記の原則に従って行い，適時に，整然かつ明瞭に，正確かつ網羅的

> に会計帳簿を作成しなければならない。

「適切な記帳」をすることによって，自己報告機能による健全経営の遂行と，商業帳簿の証拠力の定立が実現される。これらは，「会計で会社を強くする」と「商業帳簿の信頼性」という考え方である。

わが国の中小企業会計の原点は，2002年に公表された「中小企業の会計に関する研究会報告書」である。したがって，中小会計要領の公表は，端的にいって，同報告書への原点回帰であるといってよい[25]。中小会計要領が指向しているのは，中小企業の実態に即した身の丈に合った会計ルールであり，中小企業の属性に即して，取得原価主義，企業会計原則，確定決算主義をはじめとする法人税法等を尊重した会計基準である[26]。

3 ■ 会計基準の適用企業と複線化

わが国の会計基準とその適用企業の実態を示せば**図表3-9**となる。

大企業会計制度では，連結財務諸表の作成が要求されるのは金融商品取引法適用企業であり，その作成にあたっては，日本基準（J-GAAP：企業会計基準）を，指定国際会計基準（いわゆる純粋IFRS（pure IFRS）），米国基準（US-GAAP）およびJ-MIS（Japan's Modified International Standards，IFRSの一部を日本仕様に変更した会計基準）のいずれか1つを採用できる。連結財務諸表は主に情報提供機能を重視したものである。

これに対し，会社法会計のもとでは，決算書（計算書類）の作成にあたって，大企業には日本基準が，中小企業には中小指針ないし中小会計要領が適用される。現在，中小会計要領が順調に中小企業の会計実務に浸透している。このようにわが国の企業会計においては，企業の属性（規模および法律的属性）に応じて，会計基準の複線化が適切に行われているといえる。そして，確定決算主義を中核とする中小企業の会計実務は，日本基準のIFRSへのコンバージェンスに関係なく安定しているといってよい。単体の決算書（計算書類）は主に利害調整機能を重視したものである。

税理士には，監査証明業務を行う公認会計士および監査法人に適用される「監査証明業務提供会社に対する非監査証明業務の同時提供禁止」が適用されない。

| 図表 3 - 9 | 会計基準の適用企業と複線化 |

| 区　分 | 会社数 | 財務諸表（または計算書類） | | 公認会計士（または監査法人）による監査 |
		連　結	単　体	
上場会社	約3,600社	日本基準（J-GAAP） 国際会計基準（IFRS）	日本基準（J-GAAP）	監査義務あり
金融商品取引法開示会社（①）（上場会社以外）	約600社	米国基準（US-GAAP） 修正国際基準（J-MIS）		
会社法大会社（②）（上場会社および①以外）（資本金 5 億円，または負債総額200億円以上）	約12,000社から上場会社，①に含まれるものの数を除く	作成義務なし		
上記以外の株式会社（上場会社，①および②以外）	約260万社から上場会社，①，②に含まれるものの数を除く		中小指針 中小会計要領	監査義務なし（会計監査人設置会社を除く）

出典：河﨑（2016）10頁の図表 1 - 4

　それゆえに，税務業務に併せて，顧問先企業に対して中小会計要領ないし中小
指針に準拠した決算書(計算書類)の作成支援業務はもとより，公益法人会計基
準・社会福祉法人会計基準などの業種別会計基準，株式公開会社に対する日本
基準・指定国際会計基準・米国基準・J-MIS に沿った連結財務諸表の作成支援
コンサルティングを同時に提供することができる。

4　記帳代行業務

1 ■関与先企業が行うべき記帳にどのように対応するか

　税理士が行う会計業務を考察する場合，本来関与先企業が行うべき記帳にどのように対応するかが問われる。それは同時に，「会計帳簿の信頼性」(第6章 ❶ を参照)，「税理士による巡回監査(月次巡回監査と決算巡回監査)」(第6章 ❷ を参照)に関わる課題でもある。
　商法第19条第2項は「商人は，その営業のために使用する財産について，法務省令で定めるところにより，適時に，正確な商業帳簿(会計帳簿及び貸借対照表をいう。以下この条において同じ)を作成しなければならない」として商人に記帳義務と決算書作成義務を課していることから，会計帳簿の記帳は，当事者である関与先企業が自ら行うべき義務を負っていることは異論がないであろう。例えば，ドイツにおいても「ドイツ商事法の規定(および補足となる定款の規定)に基づく簿記ならびに財産目録と年度決算書の作成は，会社の法律上の代表者の責任である」とされている(第7章の図表7－3参照)。飯塚毅博士が指摘されるように，税理士に取引の原始的形成権力はないのである[27]。
　しかし，税理士業界では，すべての関与先企業に対して，適切な会計ソフトによる自計化を推奨して，関与先企業が会計帳簿の作成を行うことができるように指導している事務所もあれば，他方，関与先企業の領収書・請求書・通帳等をそのまま受け取って，仕訳処理から総勘定元帳までの作成を代行すること(いわゆる「丸抱え」)を主要業務としている事務所も存在している。
　試しにインターネットで「税理士」・「記帳代行」・「丸抱え」などのワードで検索するとよい。中には記帳代行や経理の人材派遣を専門に行う別会社を設置しているところもあるが，それらの謳い文句は，「面倒な記帳業務をアウトソーシングすることで,事務所経営や顧客企業への本質的な業務に専念できる」,「事務員を雇うよりもコストを削減できる」,「1年分を丸投げしても大丈夫です」

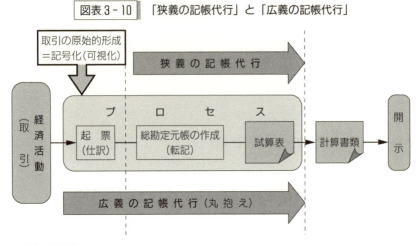

図表3-10 「狭義の記帳代行」と「広義の記帳代行」

出典：筆者作成

など，もっともらしい表現を用いている。しかし，これらはまさに税理士として自己否定の行為と言わざるを得ない。

確かに，税理士法第2条第2項は「会計帳簿の記帳代行」を規定している。問題は，この「会計帳簿の記帳代行」が具体的に何を意味しているのかである。まず，会計帳簿は，主要簿と補助簿に分類される。主要簿には仕訳帳や総勘定元帳が，補助簿には補助記入帳（金銭出納帳・普通預金出納帳・手形記入帳・売上帳・仕入帳など）と補助元帳（売掛金元帳，買掛金元帳，商品有高帳など）があるが，ここでは，主要簿である仕訳帳と総勘定元帳が問題となる。

記帳代行には広狭2つの意味がある。狭義の記帳代行は，関与先企業が行った起票（仕訳，会計伝票の作成）にもとづいて，総勘定元帳の作成（仕訳の転記集計作業）や試算表の作成を代行することをいう。他方，広義の記帳代行は，いわゆる「丸抱え」のことであり，起票（仕訳，会計伝票の作成）を含めて総勘定元帳の作成や試算表の作成を一貫して請け負うことをいう（図表3-10）。

税理士法第2条第2項所定の「会計帳簿の記帳の代行」は，狭義の記帳代行を指している。

2 ■起票代行についての考え方

　既述のとおり，税理士に取引の原始的形成権力はない。それに加えて，次の視点からも，税理士は起票代行を請け負うべきではない。

①　租税法上の証拠力の定立

　まず，帳簿の証拠力や記録の信頼性は，本来，帳簿の作成者によって実施されることにより，作成者の自己責任のもとにおいて「帳簿の証拠力」が固まるもので，起票代行により他者による記帳に頼ることは「帳簿の証拠力」を弱め，したがって，「記帳の信頼性」が保持できないことになる。なお，租税法上の帳簿の証拠力は第2章 **3** 2を参照されたい。

②　商業帳簿の本質的な目的

　商法商業帳簿規定の趣旨に拠れば，商業帳簿には，「自己報告による健全経営の遂行」と「証拠力の定立」という目的がある。そのため商法第19条第2項は「記帳の適時性と正確性」を求めている。

　「自己報告による健全経営の遂行」とは，経営者が，自社の経営状況の正確な把握をし，キャッシュ・フロー分析[(28)]，経営計画の立案，さらには経営方針の決定を行うためには，信頼性ある会計帳簿と適正な決算書が不可欠であることを意味している。「会計で会社を強くする」・「だらしない記帳は破産者の特徴である」という人類の歴史を貫くテーゼを軽視してはならない（なお，「会計で会社を強くする」という思考は第5章 **3** 1を参照されたい）。起票代行に頼る中小企業者の場合，自らの責任意識が欠如し，自社の会計数値への関心が希薄である場合が多い。したがって，企業革新についての意識に乏しく，そのため，時には企業が短命で持続性がない場合がある。中小企業の力強い発展のためには，少なくとも経営者自身が月次レベルの正確な業績を把握することが不可欠である。

　「証拠力の定立」は，商事裁判において商業帳簿には特別な証拠力が認められることをいう。商業帳簿は，商人が自らの正当性を主張する大切な手段である（本章 **2** 2を参照）。さらに，重要なことは，「商業帳簿の証拠力」は「商業帳簿（会計帳簿と計算書類）の信頼性」と同義であることである。中小企業金融では，中小企業の「決算書（計算書類）の信頼性」が一層求められるようになってお

り，その意味でも「商業帳簿の証拠力」は重要性を増している（第7章 **2** 2 ①を参照）。

③　中小会計要領の趣旨

中小会計要領は，入口（エントリー）を重視した会計基準となっており，「記帳の重要性」として「本要領の利用にあたっては，適切な記帳が前提とされている。経営者が自社の経営状況を適切に把握するために記帳が重要である。記帳は，すべての取引につき，正規の簿記の原則に従って行い，適時に，整然かつ明瞭に，正確かつ網羅的に会計帳簿を作成しなければならない」としている（第6章 **1** 2 および 3 を参照）。起票代行業務は，中小会計要領の本旨を真っ向から否定する行為であるとの認識が必要である。

なお，税理士が起票代行を請け負っている場合には，適時の記帳に反しており，その決算書（計算書類）において「中小会計要領に準拠している」という表記はできない。

④　税理士法上の書面添付の実施

税理士法上の書面添付は，いわゆる税務監査証明ともいわれるものであり，添付書面である9号様式（法人税）では，「自ら作成記入した帳簿書類」と「提示を受けた帳簿書類」を区分して記載表示し，そのうえで「計算し，整理し，相談に応じた事項」を記載することになっている（第4章図表4-4参照）。それは，「自己監査は監査にあらず」ということから，関与先が自ら記入した帳簿書類を明らかにする必要があるからである。つまり，起票代行をする場合には，関与先が自ら記入した帳簿書類（とりわけ主要簿）は存在しないことになる。このような場合に，税理士法上の書面添付は実施できないことは自明である。

⑤　税理士事務所（税理士法人）の防衛

税理士事務所（税理士法人）の防衛という視点から，安易に起票代行を請け負うことは危険である。飯塚毅博士は次のように述べられる[(29)]。

世界の会計事務所は，実に屢々，濡れ衣を被せられて，権力からつぶされてきた。それは会計事務所が，マルクスの用語を借用すれば利己心の傀儡（かいらい）

たる経済人というものからの功利的信頼を唯一の頼りとして，その存立が可能とされる性格を内包するからに他ならない。関与先は，一度び自己の逋脱が暴露されると，とたんに無知を装い，その法的責任を会計事務所の職員又は所長に塗りつけて恥じないという傾向をもつ。そして，権力は常に，関与先の側から先に，その証拠固めを試みんとする。従って，会計事務所は常に冤罪（えんざい）の脅威にさらされている。故に会計事務所は，申告是率が高まれば高まるほど，ますますその法律的防衛の必要を痛感することになる。

　税理士法は，「真正の事実」に基づく税理士業務の遂行義務をはじめとして，「納税義務の適正な実現」のために，種々の要請が規定されている。税務調査によって関与先企業の逋脱が発見され，その逋脱に税理士事務所の職員が起票した仕訳が絡んでいた場合には，事務所として申し開きの余地がなくなる可能性がある。

　この点に関して敷衍すれば，『TKC会計人の行動基準書[(30)]』は，会員に対して，起票代行を禁止するとともに，決算監査時に，関与先企業等から，代表者および経理責任者の署名捺印入りの「書類範囲証明書」・「棚卸資産証明書」・「負債証明書」・「完全性宣言書」を徴求すべきことを規定している[(31)]。これは，「会計監査に際し，真実のすべての会計資料を整えて提供することが，納税者の責任であること」を確認し，かつ，事務所を防衛するためのものである。

⑥　税理士の4大業務展開の基礎

　税理士が行う税務業務・会計業務・保証業務・経営助言業務は，それぞれ独立した業務ではなく，それぞれの業務の中心には会計帳簿（仕訳）が存在している。したがって税理士の4大業務を確実に遂行するためには，まず，核となる「会計帳簿」の信頼性，とりわけ仕訳の適時性や正確性などが確保されなければならない。しかし，税理士による起票代行の場合は，仕訳の適時性が阻害され，会計帳簿の信頼性を確保することが困難となる。

⑦　経営者の会計リテラシー保持の必要性

　商業帳簿の「自己報告による健全経営の遂行」機能を最大限に引き出して，健全な事業経営を遂行するためには，経営者は「会計リテラシー（literacy）」を身につけなければならない。果たして金融機関は「帳簿はすべて会計事務所に

任せているから（丸投げしているから），数字のことはまったく分からないよ。何か聞きたいことがあったら会計事務所に聞いてくれ」という経営者を信用するであろうか。

　このようなことから，税理士は，事業者に対して，自らの責任において起票を行うように動機づけ，教え導く指導者でなければならない。さらに，事業者が起票している現場に月々出向いて，起票が「整然かつ明瞭」に，「正確かつ網羅的」に，「適時」に行われていることを確認するとともに，会計事実の真実性と実在性を検証する巡回監査（月次巡回監査と決算巡回監査）を実施する必要がある。

　安価な労働力や FinTech, AI に頼って，起票を含む記帳代行業務を漫然と請け負うことは，非資格者を含む競業者との間の，際限のない低価格競争の世界に身を投じることを意味している。また，有能で将来性ある若者にとって，起票を含む記帳代行業務が常態化している会計事務所が魅力的な職場として映るはずもない。

　ちなみにドイツでは，租税法上「形式的に正規である簿記」に強い証拠力が付与される法律的構成になっており（第2章 **3** 1 参照），税理士が関与先企業の基本簿（仕訳帳）の記帳を代行することは，帳簿の証拠力を失わせる（簿記の形式的な正規性を毀損する）ことにつながることなどから，税理士が基本簿の記帳を代行することはほとんどあり得ない（第7章 **1** 3(2)参照）。

　このようなことから，TKC 全国会では，『TKC 会計人の行動基準書』で，「会計帳簿の記帳代行」を次のように規定して，会員の起票代行を禁止している（「第3章　実践規定の部」・「4. 会計業務」）。

＜代行契約＞
7．会員は，会計帳簿の記帳を代行する場合には，契約書を作成して，記帳代行すべき会計帳簿の範囲を明確にしなければならない。

＜起票代行の禁止＞
8．会員は，関与先企業等が行うべき起票に係る業務を代行してはならない。但し，極めて小規模にして仕訳能力が乏しい関与先企業等については，期限を区切ってこれを受託するとともに，当該関与先企業等が自ら起票できるよう指導・助言に努めなければならない。

≪会計伝票の検証≫
9．会員は，関与先企業等が作成した会計伝票から総勘定元帳等の会計帳簿の記帳を代行する場合には，当該会計伝票が取引の実態に基づいていること及び仕訳の妥当性について検証するように努めなければならない。

コラム 6　起票能力の貧困な顧問先を抱えて問題点2つあり

　飯塚毅博士は，会計事務所による関与先企業の記帳指導について次のように述べられている[32]。

　　会計事務所所長の10人中9人までがいう言葉がある。「私のところの顧問先は，恥ずかしいほどの起票能力のものが相当あるので，とても電算化どころじゃありませんわ」と。
　　これについて，重大な問題が二つある。第1は，先生はご自身の指導力を本気で発揮してみたんですか，という問題。先生の事務所にだけ，起票無能の関与先が殺到したことを証明できますか。先生方が，職員を受身の帳面屋とせず，積極的な経営指導者として位置づけ，記帳能力の向上改善と指導とを義務づけたとき，起票無能者の90％以上は改善実績を持てるものだという事実をご存知でしょうか。飯塚の事務所も例外ではなかったのである。結局はねばりある説得と教育で突破したのである。その具体的で詳細な方法論は，実施講習に譲る。
　　第2の問題点は，起票代行（記帳代行ではないから注意）避止の問題である。起票代行だけは，必死になって，つまり最重点を指向して，止めてしまうべきである。万が一にも刑事事件が発生した場合に，顧問先の起票代行をやっていた事実があり，これが逋脱に連なっていたときはもう百年目である。わが国の裁判は証拠主義で行われる（刑訴317条）。筆跡鑑定の結果，職員が起票代行をやっていたときは，申し開きの余地が無くなるのである。勿論，期末の修正・整理伝票は別である。私はこの点では，20年来職員に対し，起票代行を禁止し，期末整理の伝票は，その伝票の端末に赤インクを塗布させて，判然明瞭に他と区別させている。

参考・刑事訴訟法第317条（証拠裁判主義）
事実の認定は，証拠による。

●注

(1) 会計業務は自由業務であり，公認会計士法や税理士法に規定される独占業務に該当しないかぎりで，公認会計士や税理士の資格のない者でも行うことができる。

(2) 武田 (2005a)；7頁。

(3) 坂本 (2011) の第10章を参照されたい。

(4) 本来，税理士は「簿記の原則の守護神」あるいは「一般に公正妥当と認められる企業会計の慣行」（会社法第431条）の保護官」の役割を務めなければならないはずでした（飯塚真玄 (2015)；293頁)。

(5) 武田 (2005e)；5頁。

(6) 第5章の注(5)を参照。

(7) ちなみに，税理士試験の財務諸表論の範囲は，「会計原理，企業会計原則，企業会計の諸基準，会社法中計算等に関する規定，会社計算規則（ただし，特定の事業を行う会社についての特例を除く。)，財務諸表等の用語・様式及び作成方法に関する規則，連結財務諸表の用語・様式及び作成方法に関する規則」とされており，株式公開大企業向けの会計基準である企業会計基準などがその中心となっている。

　なお，税理士試験の財務諸表論の範囲に，中小企業向けの会計基準である中小会計要領と中小指針が入っていないことは，税理士の顧客が主に中小企業であることからも問題である。

(8) Tipke/Lang (1991)；S.281, Vgl. Hey (2010)；§17Rz.60. ティプケ＝木村・吉村・西山訳 (1988)；115頁。

(9) 「空箱」と「実箱」の意味内容は，坂本 (2011) の第10章第3節に詳しい。なお，空箱・実箱理論は武田隆二博士が武田 (2006b) において提示した理論である。

(10) 坂本 (2011) の430-445頁において，わが国における「商業帳簿（帳簿）の法の適用局面」の体系化が初めて行われている。

(11) 岸 (1988)；220頁。

(12) 坂本 (2011)；279頁。

(13) Entwurf (Württemberg II)；S.50.

(14) Entwurf (Reichsministerium der Justiz)；S.45.

(15) 武田 (2008b)；40頁。

(16) 武田 (2008a)；41頁。

(17) 坂本 (2011) 455-459頁の図表14-9を参照されたい。

(18) 同研究会で，「中小企業の属性」に基づいた中小企業会計基準策定の必要性を強く訴えたのは，武田隆二博士（神戸大学名誉教授)，古賀智敏博士（神戸大学教授，当時)，河﨑照行博士（甲南大学教授，当時）と坂本孝司である。他方，加古宜士博士（早稲田大学教授，当時）を筆頭にして，大多数の委員は「会計基準は1つであるべきである」との前提のもとで「これとは別の会計基準は不要である」ないし「大会社の会計基準を簡素化した会計

基準を策定する」という意見であった。また，日本税理士会連合会の代表は，「税理士は税務の専門家であるから，会計の領域に口を挟むべきではない」というスタンスであった。

　研究会の議事録原本から主な意見を抜粋すれば次のとおりである（以下，傍点は坂本）。

（加古宜士委員）

　「会計といえば，中小企業も大企業もありませんので，あるいは営利企業も非営利企業もないわけでありまして，会計は会計で，これに何種類かの会計というのはあり得ないのだということを最初に確認しておきたいと思います」（第1回議事録，18頁）。

（武田隆二委員）

　「中小企業には中小企業らしい基準がなければならないのにもかかわらず，実は大会社の基準一本しかないというのが我が国の状況であるわけです。（中略），したがって，大会社には大会社の基準があっていいだろうし，中小の会社にあってはそれに適合した洋服，これをしつらえることが必要になってまいります」（同，24-25頁）。

　また，宮口定雄委員（日本税理士会連合会専務理事）は「そのときに（書面添付のこと＝坂本注），税法の関係の意見は述べられるわけですが，財務諸表について，どのような基準によってプロフェッションを出していくのかというのが，勢い，一般に公正妥当な会計処理までいくのはいかがなものかということを日ごろから考えておったところでございます」（同，35頁）。

　合計で7回開催された研究会では議論が白熱して収拾がつかなかった。最終的に，中小企業庁北川慎介財務課長（同研究会事務局。後の中小企業庁長官）の決断もあり，少数派の意見が採用されて，「中小企業の属性」を前提とした中小企業会計基準を策定する方向で報告書が作成された。

⑼　河﨑（2016）；16-17頁。

⒇　河﨑（2016）；17頁。

㉑　河﨑（2016）；17頁。

㉒　河﨑（2016）；20頁。

㉓　河﨑（2016）；22頁。

㉔　中小企業憲章が閣議決定されたのは民主党政権下であった。「中小企業は国の宝である」と謳う中小企業憲章の制定は画期的なものであったが，その「草案」には中小企業の会計制度に関する記述は存在していなかった。これに気づいた TKC 全国政経研究会が関係各方面に「中小企業会計基準の重要性」を訴えて，結果として現行の内容の文言を中小企業憲章に盛り込むことに成功したという経緯がある。

㉕　なお，2002年3月に中小企業庁に設けられた「中小企業の会計に関する研究会」，2010年2月に再開された「中小企業の会計に関する研究会」，そして2012年2月1日に設けられた「中小企業の会計に関する検討会」まで一貫して委員を務めたのは，河﨑照行博士，品川芳宣教授と坂本孝司である。

㉖　河﨑（2016）；24頁参照。なお，河﨑（2016）はもっとも権威ある中小企業会計の文献で

ある。

⑵⁷ 飯塚毅会計事務所の職員の身分証明書裏面には，職員五禁として「職員に取引の原始的形成権力はない」と印刷されていた（TKC 全国会中央研修所編（2014）；93頁参照）。

⑵⁸ 中小企業におけるキャッシュ・フロー計算書の重要性は，岡部（2010）を参照されたい。

⑵⁹ 飯塚毅（1992a）；16-17頁。

⑶⁰ TKC 全国会は税理士業務を営む税理士および公認会計士1万1千人超から構成されるわが国最大級の会計人団体である。その TKC 全国会会則は，会員が「TKC 会計人の行動基準書」に故意に，かつ，著しく違反した場合には会員資格を失う，と定めている（TKC 全国会会則第9条）。

⑶¹ 「書類範囲証明書」・「棚卸資産証明書」（certificate of inventory）・「負債証明書」（certificate of liability）は米国の会計事務所業界において，「完全性宣言書」（Vollständigkeitserklärung）はドイツの会計事務所業界において用いられていたものを参考にして，飯塚毅博士が独自に開発されたものである。

⑶² 飯塚毅（1992a）；35頁。

第4章

保証業務

　税理士は保証業務の専門家である。

　税理士による保証業務には，税理士法の書面添付業務（税務監査証明業務），会社法上の会計参与，地方自治法による包括外部監査人，政治資金規正法による登録政治資金監査人などがある。

　税理士法の書面添付は，申告書の適法性・準拠性等を保証している。法人税申告書に書面添付が行われれば，その基になった決算書にも一定の信頼性が付与される。

　会計参与制度は，税理士にとって会計業務が本来業務であることの確認，その会計行為の拠り所である中小企業会計基準の確立，会計業務の基礎としての記帳要件が明確化，という制度的な基盤を形成している。

　決算書に対する保証の程度は，税理士による税務代理から，会計監査人による監査証明まで，保証の内容がグラデーションをなして「保証の連続帯」を構成している。このような「決算書の信頼性」は外部から識別可能である。

1 税理士による保証業務の重要性

1 ■ 保証業務

　21世紀社会において，事業活動とデータの照応関係を保証する業務が益々重要性を増している。「信用の創出」と「経営の透明性」が信用を基盤として成り立つ自由主義経済社会発展の重要な要素であり，「信用の創出」と「経営の透明性」は専門家による保証業務（assurance engagements）によって担保される。

　税理士が扱う情報は，「無形財」に属する。商製品のような「有形財」であれば，見ることで，手で触れることで，使用することで，あるいは食べることで，それぞれの財貨の「品質の善し悪し」を鑑定することができる。しかし，情報という無形財は，そのような検査には適さない財貨である。このような「無形財についての品質」は，その作成プロセスを確かめ，誤りがないということを確認できる専門家の証明によって保証されるのである。

　保証業務は，適合する規準を適用して行われた主題の測定又は評価の結果である主題情報について，公認会計士等の業務実施者が，十分かつ適切な証拠を入手し，想定利用者（主題に責任を負う者を除く）に信頼性を付与することを目的としている[1]。主題情報は，基礎にある主題に対して測定・評価の規準が適用されたことを適切に反映しない場合に，重要な点について誤って表示される可能性が生じ，そのような事態は，想定利用者の主題情報に対する信頼の程度を損なうことになるため，保証業務が必要となる[2]。

　税理士は税務書類に関する保証業務の専門家であり，公認会計士は財務書類[3]に関する監査証明業務の専門家である。公認会計士は「財務書類その他の財務に関する情報の信頼性を確保する」（公認会計士法第1条）ために「報酬を得て，財務書類の監査又は証明をすることを業とする」（同第2条）専門家である。ここで重要なことは，「財務書類」には会計帳簿や税務書類[4]は含まれないこと，すなわち「財務書類の監査証明」業務とは区分された保証業務領域が存

在することである。

　従来わが国では「監査」といえば，公認会計士による「正規の監査」を意味していた。武田隆二博士は，「わが国の監査法人の証券取引法監査は，米国における監査法人が行っているさまざまな業務のうちの1つだけが監査制度として定着した経緯がある。そのことが，監査にも積極的保証から消極的保証を経て，無保証の意見陳述に至るまで保証の内容がグラデーションをなして『保証の連続体』を構成しているという認識に直結しなかった。かかるさまざまな監査関連業務が『監査』という概念に含まれず，最も精度の高い財務諸表監査だけが監査であるという認識が，制度面においても，監査研究面においても浸透し，今日に至っている[5]」とされる。

　わが国では，監査証明業務の専門家である公認会計士業界が保証業務に対してそれほど積極的ではないようである。那須/松本/町田(2015)は次のように述べている[6]（傍点は筆者）。

　　現段階で，わが国会計士協会の対応は，Trustサービスの実務指針や環境報告書の保証業務指針などに留まっている。この最大の理由は，独占業務である財務諸表の監査証明業務で安定的な収益を獲得でき，かつ公認会計士の数も競争が激しくなるほど増加されないことが保証された環境への安住が許されてきたからである。わが国においても同じ会計プロフェッショナルとして税務に関する独占権を与えられている税理士は，アメリカの20世紀初頭に流行した信用監査という融資申請目的での貸借対照表の保証業務に類似したものとして，日本税理士会連合会やTKCを通して税理士によるクライアント・サポートローンとして導入している。こういった実例は，会計士協会として質の違いはあれ保証業務を積極的に展開してこなかったことの証左といえよう[7]。

　公認会計士の独占業務である本来の監査証明業務とは切り分けた保証業務は，公認会計士の独占業務ではない[8]。とりわけ中小企業領域の保証業務は，公認会計士と税理士業界がともに協力して取り組むべき職務領域である。この点に関してはドイツの先例を見習うべきであろう（第7章 **1** を参照）。

2 ■税理士による保証業務

　「税務の専門家」（税理士法第1条）である税理士は，税理士法第33条の2による書面添付，つまり，税務書類に関する保証業務の専門家である。税理士のその他の保証業務としては，以下のものがある。

> ● 地方自治法による包括外部監査人
> ● 会社法による現物出資等における財産の価額の証明等に関する業務
> ● 会社法上の会計参与
> ● 政治資金規正法による登録政治資金監査人
> ● 社会福祉法人に対する「財務会計に関する事務処理体制の支援業務実施報告書」
> 　（別添2）の作成

　税理士は，1997（平成9）年の地方自治法の一部改正によって，都道府県，政令指定都市等の「包括外部監査人」適格者とされ[9]（地方自治法第252条の28第2項），2001（平成13）年には税理士法改正によって従来の書面添付制度に事前通知前の意見聴取が創設され，2002（平成14）年の商法改正によって現物出資等における財産の価額の証明者とされ，2005（平成17）年には会社法で，会計に関する識見を有する者とされて「会計参与」に登用され，2007（平成19）年の政治資金規正法の改正によって「登録政治資金監査人」となることができるとされた[10]（政治資金規正法第19条の18）。また，2017（平成29）年には税理士等による「財務会計に関する事務処理体制の向上に対する支援」を受けた社会福祉法人は，所轄官庁の判断により，実地監査を4年に1回として差し支えないとされた。

　このような保証業務に関する一連の税理士登用の背景には，1980（昭和55）年の税理士法の改正によって，税理士が従来の「中正な立場」から「独立した公正な立場」になったことが大きく影響している（第1章**3** 1を参照）。保証行為を行うに当たって，当該専門家の「独立性」と「公正性」の保持は不可欠な要素であるからである。

　ここで税理士が行う保証業務の位置づけを図示すれば**図表4-1**となる。

　「税理士による保証業務」は，①「税務業務・保証業務」，②「会計業務・保証業務」，③「保証業務・経営助言業務」，④「税務業務・会計業務・保証業務」，⑤「税務業務・保証業務・経営助言業務」，⑥「会計業務・保証業務・経営助言業

図表4-1 税理士の4大業務における保証業務の位置づけ

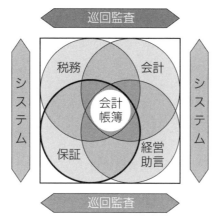

出典：筆者作成

務」，⑦「税務業務・会計業務・保証業務・経営助言業務」，⑧「保証業務単独」という領域から構成される（本書における記述箇所は第1章図表1-6を参照）。

相続税申告書に対する書面添付は「税務業務・保証業務」に，会社法の会計参与・地方自治法の包括外部監査人・政治資金規正法の登録政治資金監査人は「会計業務・保証業務」に，法人税法および（事業所得を有する）所得税申告書に対する書面添付は「税務業務・会計業務・保証業務」に該当する。経営助言を行うための主要な基礎的資料が財務データであることからすれば，保証業務を行う税理士が同時に当該企業の経営助言の任に当たることが最も適している（「保証業務・経営助言業務」）。とりわけ重要なことは，保証業務（税理士法による書面添付，会社法の会計参与）を行う税理士には，非監査証明業務の同時提供禁止というルールの適用がないため，当該企業に対して，同時に，税務業務・会計業務・経営助言業務を提供できることである。近時，重要性を増している中小企業のガバナンス強化の手段として，税理士による書面添付や会計参与の登用が有用である[11]（第1章 1 2(1)③および第5章 2 2を参照）。

なお，現物出資等における財産の価額の証明等に関する業務（会社法第207条第9項）は，保証業務単独のものと位置づけられる。税理士の独立性と公正性保持（税理士法第1条）を前提とした，このような保証業務は今後ますます拡大される可能性がある職域である。

2　書面添付業務

1 ■税務監査証明業務としての位置づけ

(1)　第1項書面添付と第2項書面添付

　書面添付制度は，税理士による申告書に関する保証業務，税務監査証明業務である。

●第33条の2　(計算書項，審査事項等を記載した書面の添付)
1　税理士又は税理士法人は，国税通則法第16条第1項第1号に掲げる申告納税方式又は地方税法第1条第1項第8号若しくは第11号に掲げる申告納付若しくは申告納入の方法による租税の課税標準等を記載した申告書を作成したときは，当該申告書の作成に関し，計算し，整理し，又は相談に応じた事項を財務省令で定めるところにより記載した書面を当該申告書に添付することができる。
2　税理士又は税理士法人は，前項に規定する租税の課税標準等を記載した申告書で他人の作成したものにつき相談を受けてこれを審査した場合において，当該申告書が当該租税に関する法令の規定に従つて作成されていると認めたときは，その審査した事項及び当該申告書が当該法令の規定に従つて作成されている旨を財務省令で定めるところにより記載した書面を当該申告書に添付することができる。
3　税理士又は税理士法人が前2項の書面を作成したときは，当該書面の作成に係る税理士は，当該書面にその他財務省令で定める事項を付記して署名押印しなければならない。

　第1項は，申告書を作成した税理士が，申告書の作成に関し，計算し，整理し，又は相談に応じた事項を記載した書面を申告書に添付する，「申告書の作成に関する証明業務」である(以下，「第1項書面添付」という)。換言すれば，税理士が，「独立した公正な立場」(税理士法第1条)で，自己の作成した申告書の作

成について，どの程度まで関わったのかを明らかにする制度である。一般的に，書面添付といえばこの第1項書面添付を意味している。

第2項は「他人の作成した申告書」について「租税に関する法令の規定に従つて作成されている」ことを審査するものである（以下，「第2項書面添付」という）。この第2項書面添付は，税理士が申告書の作成に関わっていないことから税務監査業務そのものである。

申告納税方式の国税または申告納付もしくは申告納入の方法による地方税で課税標準等を記載した申告書，すなわち，法人税申告書，所得税申告書，相続税申告書などに書面添付を行うことができる。

税務官公署の職員は，これらの書面が添付されている申告書を提出した者について，その申告書に係る租税に関しあらかじめその者に日時・場所を通知してその帳簿書類を調査する場合において，「税務代理の権限を明示した書面」を提出している税理士があるときは，その通知をする前に，税理士に対し，添付書面に記載された事項に関し意見を述べる機会を与えなければならない（同第35条第1項）。

以上の書面添付制度を巡る法規定を図示すれば，**図表4-2**になる。

そして，財務大臣は，税理士が，添付する書面に虚偽の記載をしたときは，懲戒処分（戒告，2年以内の税理士業務の停止，税理士業務の禁止）をすることができる（同第46条）。すなわち，税理士はその資格を賭して書面添付を行う。したがって，これら書面添付業務は，税理士による保証業務，税務監査証明業務であるといってよい。

証明業務（attestation servies）とは，職業専門家としての会計士が，他の当事者が責任を負う書面による言明について，会計士の結論を表明するために書面による意見を発行する契約，あるいは契約を締結しないでかかる意見を発行する業務のことである。この業務の本質は，書面による言明に対する書面における意見の発行である[12]。つまり，第1号書面添付は，職業専門家としての税理士が，納税義務者が責任を負う申告書について，税理士の結論を表明するために書面による意見（添付書面）を発行する業務ということになる。

このような書面添付業務を理論的に整理をすれば**図表4-3**になる。

書面添付制度は，税務監査証明という点で，世界でわが国だけに存在する画期的な制度である。ドイツのダーテフ登録済協同組合のディーター・ケンプ理

124

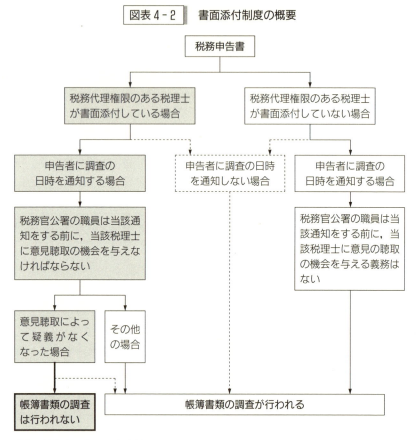

出典：坂本（2011）486頁の図表15-4

図表4-3　書面添付業務（税理士法第33条の2）

税理士による保証業務	第1項書面添付	申告書の作成に関する証明業務	税務監査証明業務
	第2項書面添付	税務監査業務	

出典：筆者作成

事長（当時）は「（ドイツの）各税理士会，連邦税理士会自身が，税理士の関与した会計処理そして作成した文書について『いかに質が高いのか』ということをきちんと担保するようなしくみを作り上げてきた方がよかったのではないかと思っています[13]」という見解を示されたが，この見解は，ドイツにはわが国の書面添付のような制度が存在しないという理解に基づくものである[14]。

(2) 制度創設の経緯

書面添付制度は，1956（昭和31）年の税理士法改正時に，日本税理士会連合会の税務計算書類の監査証明を税理士業務に加えたいとの要望をもとにできあがった制度である。国税庁総務課税理士係長，同総務課長補佐（税理士担当），税務大学校教授等を務められた山本高志氏によれば，「税理士法の一部改正は，第24回国会会期末の昭和31年6月3日，参議院を通過，法律第160号をもって交付されました。（中略＝坂本）。その第1は，税理士の計算した事項等を記録した書面の添付制度の創設です。これは税務計算書類の監査証明を税理士業務に加えてもらいたいとの，税理士会の要望が基になって取り入れられた制度で，税理士が所得税又は法人税等の申告書を作成した場合に，その申告書作成に関し，計算し，整理し，又は相談に応じた事項を記載した書面を添付することができるとするものでした[15]」とされている[16]。これが歴史的背景であり，書面添付制度はその当初から税務監査という思考のもとに構築された制度である。

現行の書面添付制度は，税理士法第33条の2に規定する書面と第35条に規定する意見聴取を総称したもので，2001（平成13）年の税理士法改正に当たって事前通知前の意見聴取が創設されたことによって，この制度がその枠組みを維持しながら存在意義が飛躍的に拡充された[17]。

(3) 書面添付の内容

書面添付制度は，税務の専門家としての税理士の立場を尊重して設けられたものであり，税理士の権利の1つであるとされている。

松沢智教授は，「税理士が職業会計人であることに異論はない。そこに税理士法第1条の租税法に関する法律家の地位が加わると，新しく税務監査人としての性格が明確となってこよう。（中略＝筆者）。租税法の規定に基づいて適法に処理され，かつ，それらは，いずれも真実であることが証明されなければならな

い。これを第三者の立場から，適法性・準拠性・真実性が証明されてこそ，税務監査の目的が達成されるのである。この業務が税務監査人の役割なのである。税務監査人である以上は，申告が適法性・真実性に合致していることを報告しなければならない。これが税理士法第33条の２の書面添付であり，これは，まさに税務申告書に添付された監査証明書なのである[18]」とされる。

そして，会計学者の武田隆二博士は，第１項書面添付に関して，「書面添付とは，税理士が作成した申告書について，①税理士がどの程度『内容に立ち入った検討』をしたのか，したがって，②税理士がどの程度の『責任をもって作成』したのか等を明らかにするために作成した書類である。それゆえ，一種の『証明行為』であるから，ある意味では『監査と同類の性格』のものであるともいえる[19]」と述べられる。

(4) 添付書面の記載内容

第１項書面添付所定の書面において「申告書の作成に関し，計算し，整理し，又は相談に応じた事項」とは，申告書に記載された課税標準等について，例えば，①伝票の整理，②各種帳簿の記入，整理及び計算，③損益計算書及び貸借対照表の計算及び作成，④税務に関する調整，⑤所得金額及び税額の計算，⑥これらに関する相談等のどの段階から，具体的にどのように関与してきたかの詳細をいい，また，納税義務者が自ら作成した損益計算書及び貸借対照表について，関係帳簿や関係原始記録との突合等により，これらの財務書類が正確に作成されているかどうかをチェックした場合には，何によって，どのような方法により，どの程度まで確認したのかの詳細をいう[20]。

そして，第１項書面添付は，税理士法施行規則第17条による９号様式を用いることとなっている。９号様式には，税理士が自ら作成した申告書に関して，計算し，整理し，又は相談に応じた事項を，「１　自ら作成記入した帳簿書類に記載されている事項」・「２　提示を受けた帳簿書類（備考欄の帳簿書類を除く）に記載されている事項」・「３　計算し，整理した主な事項」・「４　相談に応じた事項」・「５　その他」を記載する。９号様式の概要を示せば，**図表４−４**になる[21]。

(5) 広狭２つの意味

今や書面添付は，広狭２つの意味を持つに至っている。狭義には，税理士が，

第4章 保証業務 127

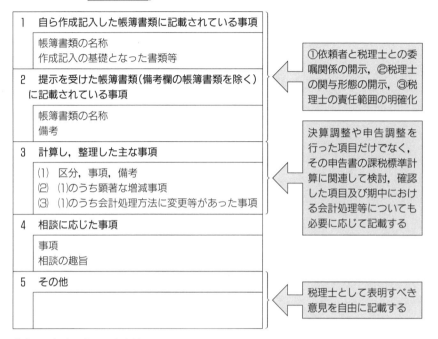

図表4-4 添付書面：9号様式（法人税）の概要

出典：坂本（2011）487頁の図表15-5

　第三者の立場から，申告書の適法性・準拠性・真実性を証明するという意味である。そして広義には，税理士が，申告書の適法性等の保証に加えて，その基になった決算書(計算書類のこと，以下同じ)の信頼性を保証するという意味である。

　近時，経営者の保証を求めない融資の仕組みである「経営者保証に関するガイドライン」の推進に関して，金融庁長官が「書面添付制度の活用等を通じてその実態を保証するといった形で，税理士が経営者と金融機関の橋渡しを行うことにより，ガイドラインの浸透・定着が推進することが期待される」（傍点は坂本）と述べられたり，多くの金融機関が書面添付とガイドラインと連携させた融資商品を次々と開発・提供している(第7章 4 3を参照)。これらのことは，決算書の信頼性を保証するという意味での「書面添付」が，わが国の中小企業金融において認知され，浸透していることを意味している。

なお，以下の記述において「書面添付」とは第1項書面添付をいう。

2 ■ 決算書の信頼性確保の仕組み

(1) 帳簿の証拠力・確定決算主義・巡回監査・書面添付

税理士は財務書類の監査証明権限を有しないが，書面添付制度は，税務領域において，税理士がクライアントの情報の信頼性についての一種の証明行為を行うことを制度上認めたものと理解される。わが国ではドイツ同様確定決算主義を採用していることから，会社法上の決算書に基づいて，税法上の課税所得計算を行って申告書および添付書面が作成されている（第2章 **4** を参照）。したがって書面添付は，税理士が税務書類を作成するにあたって，エントリー・データ，すなわち記帳の品質まで含めて，外部監査人としての検証行為を実施したことを示すものである。すなわち，法人税申告書に書面添付が行われれば，確定決算主義の原理から，その基になった決算書に一定の信頼性が付与されることになる。このように，法人税申告書および事業所得を有する所得税申告書に関する書面添付は，まさに税務業務・会計業務・保証業務の接点領域における業務である。飯塚毅博士は次のように言及されている[22]。

> 税理士の全関与先が当局から，調査省略・申告是認の取り扱いを受ける状況にあるということは，単に税務当局からばかりではなく，銀行等の金融機関からも，先生の事務所の決算書類等が，絶対の信頼を受けることを意味しますから，税理士先生の社会的地位が，一挙に高まることは，わかりきったことです。社会的地位や信用が高度にあがる，という状態を好まない，という税理士先生は，殆どいないもの，と私は考えます。

この点をさらに詳細に解説すれば次のようになる。

法人税法の所得計算は「一般に公正妥当と認められる企業会計の慣行」に対して，補完・規制的な関係にあり（実質的な確定決算主義，企業会計準拠主義），「経理自由の原則」の下で，商人の主観性の上に立った計算書類（企業利益）について客観性を追求する計算領域である。それゆえに，所得計算では，企業自らが作成した主観的な決算書を「第1次的に客観化する過程」として「株主総会で

の承認等」という法的手続を求めた。株主総会の承認は，計算が正当であること

を承認する総会の決議である[23]。株主総会においてかかる同意があることで，内部取引（減価償却費，引当金，準備金等）を含めて，会社の作成した決算書に「同意が与えられたという意味での客観性」が付与される（形式的な確定決算主義・損金経理要件＝第1次客観性）。

　かかる客観性ある決算書をベースに，租税法律主義のもとで，法人税法が求める特別規定（企業会計とは異なる会計処理法）に従ってその差異額を調整（申告調整）することを命ずることで，「法人税法に従う客観性」（第2次客観性）を求めた。かかる客観化過程において最も重要な役割を果たすものが「税理士法第33条の2第1項に規定される書面添付」である。既述のように，税理士による書面添付業務は当該税理士に対する懲戒処分によってその実効性が担保されている。書面添付制度は，税理士が税務の専門家という立場から自らが作成した申告書についてその正確性を裏付けるための文書であり，第2次客観化過程を強化する機能を果たす。すなわち，書面添付によって，情報の「実質的適正性」を税理士の立場から証明したことになるわけで，これらが相俟って「情報の信頼性」が保証されたということになる[24]（なお，確定決算主義は，第2章 **4** 1を参照）。

経理自由の原則

　制度会計でいう経理自由の原則とは，社会的に普遍性あるものとして承認された複数の会計処理の原則または手続群があらかじめ存在し，その手続群のなかから企業の自主的選択を許容するというものであって，まったく自由で恣意的な経理を認めようという趣旨ではない[25]。

　このように，実質的な確定決算主義の下で，第1次客観化過程（形式的な確定決算主義・損金経理要件）と第2次客観化過程（法人税法に基づく客観性，租税法律主義）に担保されて，納税者の経済性のみならず，税の執行の簡素化と円滑化，適正な納税義務の履行が図られる。さらに法人税申告書に対して書面添付が行われれば，確定決算主義の原理から，間接的ではあるが，その基になった決算書に高い信頼性が付与されることになる。日本税理士会連合会が作成した広報資料ではつぎのように説明されている（傍点は筆者）。

> **『書面添付制度をご存じですか？』（「書面添付のメリット」）**
>
> 　決算書・申告書作成過程において，関与先からの相談内容，税理士が行った会計処理判断及び税務判断を添付書面に記載することで，決算書及び申告書の質と信頼性が向上します。

　なお，近時，添付書面の9号様式の「記載内容」は，金融機関にとって，融資先企業に対する事業性評価に有益であるという理解も浸透してきている。事業性評価とは，金融機関が顧客企業の「事業内容」や「成長性」，「事業の持続可能性」を適切に理解し評価するものであるが，金融機関の渉外職員が担当する企業数は一人あたり70社を超えていると言われており，すべての企業の事業性を評価することは不可能である。とすれば，金融機関は，虚偽の記載をしたときは当該税理士が懲戒処分（戒告，2年以内の税理士業務の停止，税理士業務の禁止）」（税理士法第46条）を受けることもある添付書面の記載内容を活用することがもっとも賢明な方法だということである。

(2)　中小企業会計基準・電子帳簿保存法

　まず，税理士法の要請等にもとづいて記帳の品質（適時性・正確性等）を検証する巡回監査（月次巡回監査と決算巡回監査）が行われる。それは同時に「正規の簿記だけが証拠力を享受する」という命題のもとで，「帳簿（簿記）の証拠力」を強化するものとしても機能する。

　そして現在わが国には中小企業向けの会計基準として中小会計要領と中小指針があり，すでに中小会計要領の普及は中小企業の過半数を超えていると言われる。中小会計要領等への準拠と書面添付の実施という2つの要件が充足されれば，書面添付が行われる基となった決算書の信頼性はいっそう向上することになる。

　また，わが国には，電子帳簿保存法準拠の会計ソフトを例外として，記帳の訂正・修正・加除の履歴がまったく残らない，換言すればトレーサビリティ（traceability, 追跡可能性）を欠く会計ソフトが蔓延している。これは他の先進国には見られない珍現象である。電子帳簿保存法は，その帳簿に係る電磁的記録の記録事項について訂正又は削除を行った場合には，これらの事実および内容

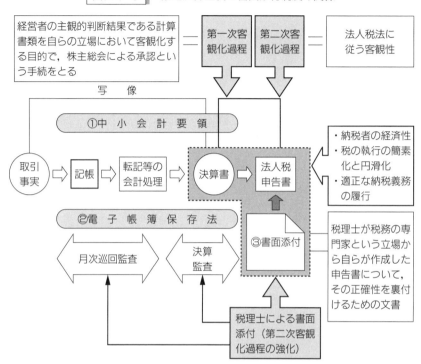

図表4-5 確定決算主義と書面添付制度の関係

出典：坂本（2011）461頁の図表14-10を一部加筆修正して引用

を確認することができること，そして，その帳簿に係る記録事項の入力をその業務の処理に係る通常の時間を経過した後に行った場合には，その事実を確認することができることを求めている（第6章 **3** 2(4)を参照）。つまり，自主的に電子帳簿保存法に準拠した会計ソフトを用いれば，記帳のトレーサビリティが確保されて，会計帳簿および決算書の信頼性がよりいっそう高まる。

　これらのことから，確定決算主義のもとで，税理士による巡回監査が実施され（第6章 **2** を参照），①中小企業会計基準（中小会計要領等）への準拠，②電子帳簿保存法に準拠した会計ソフトの採用，③税理士による書面添付（第1項書面添付）の実施，によって，中小企業の決算書の信頼性が飛躍的に高まることが理解される（**図表4-5を参照**）。柔道でいえば「合わせ技で一本」ということである。

また，個人事業者の所得税申告書に対して書面添付が行われれば，それは直接的に決算書に信頼性を与える。個人事業者の「一般に公正妥当と認められる会計の慣行」(商法第19条)に準拠した決算書は，実務上，所得税法上の青色申告決算書である。所得税申告書には申告調整(法人税申告書における別表4に匹敵するもの)がなく，所得税法上の事業所得がそのまま商法上の「利益」となる。例えば融資審査のために金融機関に提出される個人事業者の決算書は「所得税法上の青色申告決算書」である(第3章**1**2①を参照)。つまり，個人事業者の商法上の決算書と所得税法上の決算書は，実態上同一であり，所得税法の青色申告決算書はドイツでいう「統一貸借対照表」(Einheitsbilanz)に相当する。なお，法律上，法人税の税務申告書の基礎になる決算書は税務書類ではないが，「所得税法の青色申告決算書」は税務書類である。

3 ■書面添付業務の位置づけ

(1) 標準業務としての書面添付業務

書面添付は，税理士にとって標準業務であって，特別な業務ではない。書面添付は，申告書に「計算し，整理し，又は相談に応じた事項」を記載した書面を添付するものであり，それは決算書および申告書の作成過程で，それらと並行して作成される。税理士が，顧客企業の決算書と税務申告書の作成を支援するに当たって，「計算し，整理し，又は相談」に応じずに，これらの業務を行うことはできない。つまり，書面添付は，「申告書の作成に関する業務」であり，税理士にとって標準業務であって，特別な業務ではない[26]。

さらに，添付書面は，税理士が，申告書作成に関する責任の分岐点を明示してその責任を限定するものであるという意味からも，税理士にとっては標準業務であって，特別な業務ではないというべきである。

TKC全国会の「TKC会計人の行動基準書」は，次のように定めている。

会員は，「巡回監査」の誠実な実施により税理士の責任を果たしたことを書面添付制度によって明示し，税理士に対する社会の期待と信頼に応えなければならない。

第4章　保証業務 ■ 133

> 　会員は，税理士法第33条の2に定める書面添付制度が，税理士の職業専門家としての信頼に基礎を置くものであることを理解し，会員が計算し，整理し，または相談に応じた事項を記載した書面を申告書に添付することを積極的に実践しなければならない。

　ちなみに，ドイツの税理士は，顧客企業の年度決算書の作成に当たって，その作成プロセスの一環として，年度決算書の作成に関する証明業務を行っている。そこで発行される「年度決算書の作成に関する証明書（Bescheinigung，ベシャイニグング）」は，年度決算書の信頼性を保証するとともに，税理士の作成責任を限定している。

(2)　自己監査と税務監査

　第1項書面添付は，「税理士による申告書の作成に関する証明業務」である。ただし，「税理士による書面添付は自己証明である」とか，「自己監査は監査にあらず」という反論や批判も想定されるので，ここでこうした誤解を解いておきたい。

　例えばドイツでは，税理士がベシャイニグング（Bescheinigung）といわれる決算書作成証明書を発行している（ドイツ税理士による「年度決算書の作成に関する証明業務」は第7章 **1** で解説する）。これは，監査対象企業の年度決算書の調製を行う税理士が，職業法規の遵守の下で，関与先が作成した帳簿，資産証明書，財産目録などの「正規性」を証明することによって，間接的に年度決算書自体の正規性を保証する仕組みである。したがって，この「税理士による年度決算書の作成証明業務」は，監査論でいうオーディット（audit），レビュー（review），コンピレーション（compilation）およびプレパレーション（preparation）とは異なる構造になっている（第7章 **1** 4を参照）。

　このように，ドイツ税理士による「年度決算書の作成に関する証明業務」は，「自己監査は監査にあらず」というルールが厳格に適用されるオーディット（監査）」ないしレビューとは一線を画した，ドイツ独自の，国内の中小企業を対象としたローカルな保証業務である。

　これと同じように，第1項書面添付は，添付対象企業の申告書の作成を行う税理士が，職業法規の遵守の下で，関与先が作成した帳簿や提示された証憑な

どの書類などの「適正性」を証明することによって，申告書自体の信頼性を保証する仕組みである。

 コラム7　「法人税の所得計算」と「企業会計の利益計算」の親和性

　確定決算主義の中で，実質的な確定決算主義は，その程度の差こそあれ，多くの国で採用されている仕組みである（確定決算主義の構造は第2章 4 1 を参照）。
　ここで重要なことは，わが国では，米国などと異なり，「法人税の所得計算」と「企業会計の利益計算」（例えば，中小会計要領に準拠した利益計算）とは別々のものではなく，限りなく親和性が保たれていることである。例えば，両者の差の調整は，法人税申告書の「別表四（所得の金額の計算に関する明細書）」において行われるが，その調整項目は（一定の引当金などを除いて）それほど多くない。
　ところが，法人税法に精通していないことに起因するのであろうか，わが国のインテリ層の多くには，「法人税の所得計算」と「企業会計の利益計算」は「まったくの別物」である，という思い込みがあるようである。こうした先入観に立てば，調整項目が少ないことも「逆基準性の弊害」ということになるのであろう。
　それは大いなる誤解である。試しに，「法人税・法令解釈通達」を一読してみたら良い。「収益並びに費用及び損失の計算」に関する通達は膨大に存在するが，そのほとんどは企業会計の理論に立脚した収益と費用・損失に関する解説である。
　一例を挙げれば，顧客との契約から生じる収益に関する包括的な会計基準として「収益認識に関する会計基準」が導入されたことを踏まえて，2018（平成30）年度の税制改正において，法人税法において新たに資産の販売等に係る収益の計上時期及び計上額を明確化する規定が設けられるなどの改正が行われている。さらに，法人税基本通達においては，「収益認識に関する会計基準」における収益の計上単位，計上時期及び計上額について「履行義務」という新たな概念を盛り込んだ形で見直しを行っている（なお，中小企業の会計処理については，従来どおり企業会計原則等による会計処理が認められる）。
　このように「法人税の所得計算」と「企業会計の利益計算」の親和性が保たれていることは，わが国の会計制度の特質であると言ってよい。税理士による書面添付（第1項書面添付）の実施によって，確定決算主義の原理から，間接的ではあるが，その基になった決算書に一定の信頼性が与えられるという結論は，わが国のかかる会計制度の特質にも支えられているという理解が必要である。

第 4 章　保証業務 ■ 135

3	## 会計参与制度

1 ■ 会計参与制度の意義

　2005（平成17）年の会社法の創設によって，会計参与制度が設けられ，会計に関する識見を有する者として税理士が会計参与に登用された。会計参与制度は，世界に類例を見ないわが国固有の制度である。その創設の背景には，税理士がわが国のほとんどの中小企業に関与しているという状況を考慮し，公認会計士の独占業務である財務書類の監査証明業務を侵害することなく，中小企業の費用負担をできるだけ抑えながら，決算書の信頼性をより高める，という社会的要請が存在した。そして，この会計参与制度創設の参考となったものが，税理士法に規定されている税務監査（書面添付）制度であった。なお，この会社法の会計参与制度は，「会計業務・保証業務」に該当する。

　会社の内部機関である会計参与の職務は，次のとおりである。

> ● 計算関係書類の取締役との共同作成（会社法第374条第1項および第6項）
> ● 会計参与報告の作成（同第374条第1項）
> ● 取締役会設置会社の計算関係書類を承認する取締役会への出席と意見の陳述（同第376条第1項）
> ● 取締役の職務の執行に関し不正の行為または法令・定款違反の重大な事実があることを発見したときの株主や監査役等に対する報告義務（同第375条）
> ● 計算関係書類および会計参与報告の備置き（同法第378条第1項）ならびに株主および債権者への開示（同第378条2項）
> ● 株主総会における株主に対する特定事項の説明義務（同第314条）

　ここで計算関係書類とは，会社成立の日における貸借対照表，計算書類（貸借対照表，損益計算書，株主資本等変動計算書，個別注記表），附属明細書，臨時計算書類，連結計算書類をいう（会社計算規則第2条第3項三）。

このように会社法では，計算書類の信頼性を高める手段として，次の2つの方途が案出されている。①会計参与が，計算書類の調製・作成等の業務を，取締役・執行役と共同して行うこと（計算書類の共同作成），②会計参与は，作成した計算書類を取締役・執行役とは別に保存・開示する職務を担うこと（計算書類の別保管）である。つまり，会計参与制度においては，一方では「計算書類の共同作成」によって「虚偽表示の抑制」を実現し，他方で「計算書類の別保管」によって「計算書類の改ざんの可能性の排除」を実現するというスキームとして構築されている。この2つが相俟って計算書類の信頼性が保持されるというわけである[27]。

そして，会計参与がその任務を怠り，これによって会社に損害を与えた場合には，その損害を賠償する責任を負わなければならず（会社法第423条第1項），株主代表訴訟の対象にもなる（会社法第847条）。かかる責任は，過失責任であり，会計参与に過失がなければ会社に生じた損害について責任を負わない。

会計参与が制度化され，税理士が会計に係る専門家として法制上その位置を得たことは，大きな制度的意義をもつものである。会計参与の創設は，以下の3つの面から，制度的基盤に影響を与えている[28]。

- ●「会計に関する専門職業士としての位置づけ」が明確に規定されることで，会計業務が税理士にとって本来の業務であるという制度的基盤が整備されたこと－会計業務の本来業務性
- ●「計算の拠り所としての中小企業会計基準」の確立ということ，すなわち，中小指針ないし中小会計要領は，税理士が会計参与として中小企業に関与する際の会計行為の拠り所として制度的に確立されたこと－中小会社会計基準の制度的基盤の確立
- ●「帳簿に係る記帳要件の法制化」により，会計業務の基礎としての記帳要件が商法の規定として明らかな地位を獲得したこと－会計の基本的・原初的課題の明確化

つまり，会計参与の制度化に伴って会計インフラストラクチャーが整備されたということである。これを図示すれば**図表4-6**となる。

なお，日本公認会計士協会と日本税理士会連合会は，会計参与制度の有効的な運用方法を示し，制度の定着を図るために『会計参与の行動指針』を公表し

第 4 章 保証業務 ■ 137

図表 4-6 会計参与の制度化に伴う会計インフラストラクチャーの整備

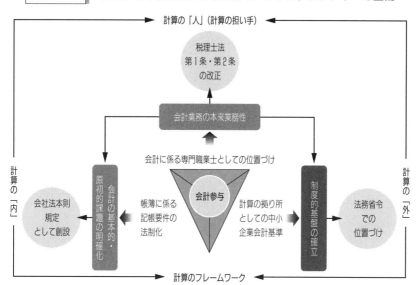

出典：武田（2005c）5 頁の図 1 を一部修正して引用

ている。

　ところで，会計参与がその業務を遂行するに当たって準拠すべき会計基準は中小指針であるという見解がある。しかし，中小会計要領も「一般に公正妥当と認められる企業会計の慣行」（会社法第431条）を具体化した会計基準である。そして，中小会計要領は「中小企業が会社法上の計算書類等を作成する際に，参照するための会計処理や注記等を示すもの」であり，中小会計要領の利用は，「金融商品取引法の規制の適用対象会社」および「会社法上の会計監査人設置会社」を除く株式会社が想定されている（「中小企業の会計に関する基本要領」・「総論」）。その意味からして，会計参与が中小会計要領に準拠して「計算書類の共同作成」を行うことは会社法上まったく問題がない。

　会計参与制度は，従来から当該会社に税理士業務を提供している税理士がそのまま同時に会計参与に就任する状態を想定している。税務に関する顧問契約は通常，委任契約であり，その契約によって会計参与の独立性が害されるわけではないので，当該会社の顧問税理士は，会社法第333条第 3 項の欠格事由に該当しない限り，顧問税理士のままで会計参与になることができる。他方，公認

会計士である者が会計参与に選任されている場合は，その者は公認会計士法の規定により，その会社の計算書類について会計監査をすることができないので，その者が当該会社の会計監査人になることができない（会社法第337条第3項第1号）。また，会計監査人である公認会計士を会計参与に選任した場合は，その者は会計監査人の欠格事由に該当してしまうので，その会計監査人はその資格を失う。

2 ■帳簿記載要件と会計参与業務＝「共同して作成する」という意味

　会社法上の会計参与に税理士などが就任することで計算書類の精度を上げることが期待されるが，それにはまず，「起票代行を含む記帳代行」の問題を検討しなければならない。

　会計参与は，取締役（委員会設置会社では執行役）と共同して，計算関係書類を作成する。ただし，「会計帳簿を共同して作成する」とは規定されていない。立法担当者によれば，計算書類等を「共同して作成する」とは，取締役・執行役と会計参与の共同の意思に基づいて計算書類を作成するということであり，両者の意見が一致しなければ，当該株式会社における計算書類を作成することができないということにある[29]。

　つまり，「共同して作成する」とは，当該会社の起票や帳簿作成を請け負ったり，代行するという意味ではない。そもそも商法における商業帳簿の本質的な目的は，「経営者への自己報告による健全経営の遂行」と「商事裁判における証拠資料」という2点にあり，会計参与などによる起票代行や記帳代行業務は，こうした商業帳簿の持つ本来的機能を弱める可能性がある。

　会計参与報告に記載すべき内容は，税務に関する部分を除いて，税理士による税務監査証明（書面添付）制度における添付書面の内容とほぼ同様である（添付書面の内容は，本章の図表4-4を参照）。会計参与制度が税理士による書面添付制度をモデルに策定されていることは，このことからも明らかであろう。会計参与報告の記載内容を会計行為との関連でスケルトンの形で描けば，**図表4-7**となる。

　会計参与報告は，ドイツの税理士が発行する「年度決算書の作成に関する証

図表4-7 「会計参与報告の記載内容」の構図

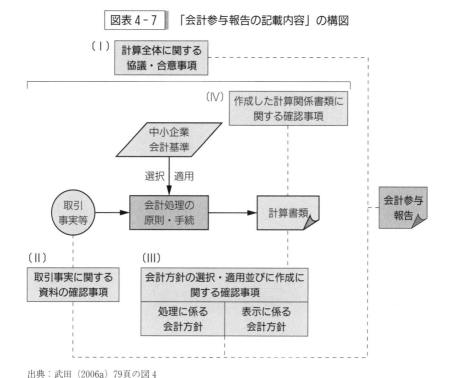

出典：武田（2006a）79頁の図4

明書(Bescheinigung，ベシャイニグング)」に相当する。つまり，会計参与報告は「税理士による計算書類の作成に関する証明書」である。

3 ■ 書面添付制度と会計参与業務

　会計参与制度は，従来から当該会社に税理士業務を提供している税理士がそのまま同時に会計参与に就任する仕組みを想定している。とすれば，当該税理士が，税理士法に規定されている書面添付業務と，商法上の会計参与業務を，同時に行う場合における業務の整合性が問題となる。

　この点に関しては，改正商法と会社法がともに「記帳の適時性と正確性」（商法第19条第2項，会社法第432条）を，中小会計要領が「記帳の適時性，整然明瞭性，正確性および網羅性」を求めることになったことで，会計参与としての拠

るべき方向が明らかにされている。つまり，①これらの記帳条件を充足した記帳を確保すること（入口段階での適正性）が会計行為の基本となり，続いて，②中小指針・中小会計要領に準拠した会計処理が求められることになる（プロセス段階での適正性）。さらに，③会計参与による巡回監査が実施され，記帳と会計処理の適正性が検証される。このように，会計システムからの産出物である情報の適正性（出口段階での適正性）が保持される仕組みが構築されている。

税理士による書面添付業務は，税務の専門家の立場で「記帳の品質」を検証する業務が，他方，会計参与業務は，会計の専門家の立場で「記帳の品質」を検証する業務が基本となる。つまり，税理士による書面添付業務と会計参与業務は，ともに「記帳の品質」に関する検証行為を共通の基盤として成立する業務である。

なお，日本税理士会連合会による「中小企業の会計に関する基本要領」の適用に関するチェックリスト，および「中小企業の会計に関する指針」の適用に関するチェックリストの活用は，決算書の信頼性向上に役立つ。

コラム 8　保証業務と廉潔性

廉潔性（Integrität, integrity）を保持することは，職業会計人が監査証明業務や保証業務を行う場合における最低限の条件である。

[ドイツ税理士の場合]

廉潔性（Integrität）に関しては，税理士とりわけその税理士の誠実な行使を義務づける税理士法第57条に規定されている[30]。つまり，廉潔性とは，独立性，誠実性，機密保持および自己責任の原則を包含する概念である。

[米国公認会計士の場合]

米国公認会計士協会(AICPA)の「会計士行動規程」(Code of Professional Conduct)は，「廉潔性」(Integrity)（0.300.040）に関して，「公共の信頼性を維持し，かつ増大するために，会員は最も高度な廉潔性の理念（highest sense of integrity）をもって，あらゆる職業専門家としての責任を遂行しなければならない」(01)と規定す

る。そして同規程は、「廉潔性とは、職業専門家としての社会的認知に対する人格的かつ基本的な一特性である。廉潔性は、公共の信託から派生する品質（quality）に関わるものであるとともに、会員が、あらゆる意思決定を最終的に評価しなければならない場合の指標となるものである」(02)、「廉潔性は、同時に、客観性（objectivity）、独立性（independence）および正当な注意（due care）の諸原則を遵守することを会員に要求している」(05)としている[31]。つまり、米国公認会計士協会の定義によれば、廉潔性は、客観性、独立性および正当な注意の諸原則を包含する概念である。

　このように、ドイツと米国における職業会計人の「廉潔性」は、同じ概念であることが理解される（なお、ドイツ税理士に求められる独立性・誠実性等、米国税理士に求められる客観性・独立性については、第2章コラム3「税務業務－ドイツの税理士と米国の公認会計士－」を参照）。

　わが国においては、1980（昭和55）年の税理士法改正によって、税理士法第1条に「独立した公正な立場」という文言が成文化されたことによって、税理士も廉潔性の保持義務が明確化されたと理解される。

　なお、わが国の監査論の通説では、integrity を「誠実性」ないし「誠実さ」と邦訳するが、飯塚毅博士はこれを「廉潔性」とすべきであるとされる[32]。廉潔性が、客観性、独立性および正当な注意を含意する概念であることからすれば、「廉潔性」の方がその概念をより的確に表現していると思量される。

4 　税理士が行う保証業務の社会的認知

1 ■ 決算書に対する保証業務の領域

　財務書類に対する証明業務は，会計監査人（公認会計士，監査法人）による監査証明業務が最高のレベルに位置している。

　すなわち，決算書に対する「保証の程度」・「決算書の信頼性」は，職業会計人（税理士および税理士業務を営む公認会計士）による，②税務代理，③②＋税務署に申告したものと同一の決算書，④③＋巡回監査，⑤④＋中小会計要領等に準拠，⑥⑤＋電子帳簿保存法に準拠，⑦⑥＋書面添付。そして，⑧⑦＋会計参与（税理士・税理士法人・公認会計士・監査法人），⑨会計監査人（公認会計士，監査法人）による監査証明という形態がある。

　このように，中小企業の決算書に対する保証業務も，積極的保証から，無保証に至るまで保証の内容がグラデーションをなして「保証の連続体」を構成している。そして，「職業会計人による保証の程度」と「決算書の信頼度」との間には相関関係が存在する。②の税理士が税務代理をする場合は，決算書に対する保証の程度は相対的に低く，⑧の会計参与の場合は，決算書に対する保証の程度は相対的に高くなる。

　それを一覧にして，決算書に対する「保証の程度」・「決算書の信頼性」を整理すれば，図表4-8のようになる。

　⑨会計監査人（公認会計士・監査法人）による会計監査が決算書に最も高い保証を提供する。なお，会社法上，「会計参与」と「会計監査人」の併存が可能である。

　なお，中小企業会計基準（中小会計要領等）への準拠，電子帳簿保存法に準拠した会計ソフトの採用，税理士による書面添付（第1項書面添付）の実施，という「合わせ技」によって，中小企業の決算書の信頼性が飛躍的に高まることは，既述のとおりである。

第4章　保証業務 143

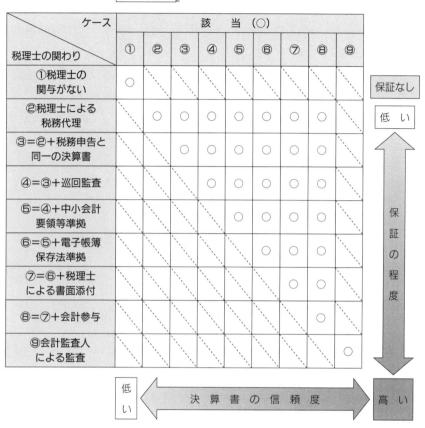

図表4-8　決算書の信頼性のレベル

出典：筆者作成

　ここで、「税理士が税務代理を行うだけで決算書に一定の信頼性が付与される」ことについて、付言しておきたい。これは、税理士資格のない、いわゆる記帳代行業者が帳簿作成代行と決算書作成代行を行っている場合に比して、税理士が税務代理をしている場合の方が、決算書の信頼性が高いという法的仕組みの確認でもある。

　租税法律主義のもとで、税理士法は税理士に厳格な義務を課している（第1条「税理士の使命」、第45条「脱税相談等をした場合の懲戒」および第46条「一般の懲戒」等）。これに加えて、納税義務の適正な実現を図るためには、商法および会社法

の計算規定，「一般に公正妥当と認められる会計の慣行」（商法第19条第1項）・「一般に公正妥当と認められる企業会計の慣行」（会社法第431条）・「一般に公正妥当と認められる会計処理の基準」（法人税法第22条第4項）・「複式簿記の原則」（法人税法施行規則第53条）に準拠した会計処理（中小企業の場合は中小会計要領ないし中小指針に準拠した会計処理）が求められる。かかる仕組みは，確定決算主義のもとで税務申告書と連動することによって法的に担保されている。こうした構図から，「税理士が税務代理を行うことで，そのもととなった決算書の適正性に，暗黙の信頼性が付与される」という結論が導き出される[33]。

　これに比して，記帳代行業者にはかかる職業法規が適用されないため，その作成代行した会計帳簿や決算書に「客観的な信頼性」が付与されることはない。これが「非資格者による記帳代行業務」と区別された「税理士による代理業務」の存在価値である。

2 ■ 中小企業金融と決算書の信頼性

(1) 「無担保・無保証融資の推進」と「決算書の信頼性確保」の関係

　「無担保・無保証融資の推進」と「決算書の信頼性確保」には「正の相関関係」がある（第7章 **4** 1を参照）。つまり，「無担保・無保証融資の推進」が求められれば，これに呼応して，「決算書の信頼性確保」がより強く求められる関係にある。

　例えば，「経営者保証に関するガイドライン」（以下，「ガイドライン」という。ガイドラインは第7章 **4** 2を参照）が公表されて以後，東京信用保証協会などでは，**図表4-9**の①から⑥を，「ガイドライン」が求める「適時適切な財務情報等の提供」を満たすものとして例示していた（2018年3月末をもってかかる例示を廃止）。

　ここで「適時適切な財務情報」とは「決算書の信頼性」とほとんど同義であり，公的機関である保証協会が，「中小企業の決算書の信頼性」に関して，具体的に，中小指針・中小会計要領への準拠や税理士による書面添付などを列挙したことが注目される（①から⑥の例示は2018年3月31日をもって廃止されているが，その趣旨は現在も実質的に生きていると考えられる）。これに加えて，近時，多くの

| | 図表 4 - 9 | 適時適切な財務情報等の提供 |

	項　目	必要とされる書類
①	財務諸表の作成に携わった公認会計士又は税理士から「中小企業の会計に関する指針」のすべての項目について適用状況の確認を受けている。	日本税理士会連合会制定の「中小企業の会計に関する指針」の適用に関するチェックリスト
②	財務諸表の作成に携わった公認会計士又は税理士から「中小企業の会計に関する基本要領」のすべての項目について適用状況の確認を受けている。	全国信用保証協会連合会又は日本税理士会連合会制定の「中小企業の会計に関する基本要領」適用のチェックリスト及び会計割引制度の利用に関する確認・同意書
③	会計参与設置会社	会計参与を設置している登記を行った事項を示す書類
④	金融商品取引法の適用を受ける会社並びにその子会社及び関連会社等	公認会計士又は監査法人の監査を受けたことを示す監査報告書（写）
⑤	税理士法第33条の2に規定する計算事項等を記載した書面を税理士が作成している。	税理士法第33条の2に規定する計算事項等を記載した書面（写）
⑥	申込金融機関の内部基準等に基づき「適時適切に財務情報等が提供されている」と判断できる。	「適時適切に財務情報等が提供されている」と判断したことを示す申込金融機関理由説明書

出典：東京信用保証協会のHP（2018年3月末をもって廃止）

金融機関において「ガイドライン」と「税理士による書面添付」を結びつけた融資商品が開発されて提供されている。これらは、「無担保・無保証融資の推進」と「決算書の信頼性確保」との間に「正の相関関係」があることの証左である。

＊ドイツの中小企業金融においては，信用を供与する金融機関は，無担保無保証融資を求める信用制度法第18条の要請および格付プロセスの必要性から，融資先企業から決算書等を徴求する義務がある。その場合，年度決算書には経済監査士ないし宣誓帳簿監査士による「確認の付記」（監査証明書）か，税理士ないし経済監査士による「年度決算書の作成に関する証明書」が添付される必要がある（第7章 ■ を参照）。

(2) 将来に向けて

財務書類（計算書類）に対する保証としては，公認会計士（監査法人）による「正規の監査」がもっとも優れている。しかしこれを多くの中小企業に導入する

ことは，次の点から現実的ではない。

---

① 制度的制約

　多くの中小企業では税理士（税理士業務に従事する公認会計士を含む）が計算書類の調製を行っており，これは「正規の監査」ないしレビューの前提条件である監査人の独立性に違背する。したがって，中小企業は，税務会計の顧問である税理士とは別に，会計監査のために他の公認会計士を委任する必要がある。

② コスト負担的制約

　中小企業にとって「正規の監査」にかかるコストは過重負担である。

③ 証明度的制約

　中小企業金融における「決算書の信頼性」は，ドイツの例を見るまでもなく，「正規の監査」レベルまでの証明度は必要ない。

　これらの内，②と③に関していえば，保証に関するコストと，保証から得られるベネフィットの相関関係から選択すべき証明度が導かれる。つまり，コスト＞ベネフィットの場合は，「コスト・ベネフィットの基準」（社会的に許容される上限）から棄却される。また，コスト＜ベネフィットの下限値は，「普遍性の観点」（社会的に許容される下限）から決定される。かくて，普遍性とコスト・ベネフィットとの係わり合いから，社会的に許容される上限と下限との範囲において「社会的均衡価値」を示す保証のレベルが決定される[34]。ちなみに，ドイツの中小企業金融では，年度決算書の信頼性に関する下限の証明度は「蓋然性」（消極的保証）のレベルであるとされている（第7章 **1** 3(4)を参照）。

　以上の整理に基づいて，つぎの3点を提案したい。

　第1は，税理士と公認会計士の共通業務として，日本版「決算書の作成に関する証明業務」を創設すべきことである。

　わが国の公認会計士法は，公認会計士を「財務書類その他の財務に関する情報の信頼性を確保する」（公認会計士法第1条）ために，「報酬を得て，財務書類の監査又は証明をすることを業とする」（同第2条）専門家であるとしている。ここで重要なことは，「財務書類」には会計帳簿は含まれないことである。とすれば，証憑や会計帳簿などの正規性を評価する「決算書の作成に関する証明業務」は，公認会計士の独占業務に該当しないことになる。既述のように，わが

国では会社法上すでに会計参与制度が創設されている。これは，会計参与（税理士，税理士法人，公認会計士，監査法人）が取締役・執行役と計算書類を共同作成する制度であり，ドイツにおける税理士等による「年度決算書の作成に関する証明業務」（第7章 **1** を参照）とほぼ同様の仕組みとなっている。

これらのことを踏まえると，業法（税理士法や公認会計士法）や会社法などの改正を経ることなく，税理士と公認会計士の共通業務として，日本版「決算書の作成に関する証明業務」が創設可能であろう[35]。国の方針である「ガイドライン」に沿った融資を推進するため，中小企業の決算書の信頼性確保に向けた税理士業界と公認会計士業界の大同団結が望まれる。

第2は，第1で掲げた制度が導入されるまでは，中小企業の「決算書の信頼性」は税理士による書面添付が担うべきであることである。

現在時点で，わが国において，中小企業の決算書の信頼性を確保するために，現実的に受入れ可能な仕組みは，税理士による書面添付である。そして，それに加えて，決算書が中小会計要領などの中小企業会計基準に準拠し，かつ，電子帳簿保存法に準拠した会計ソフトによって会計帳簿と決算書が一貫して作成されていれば申し分ない。税理士は，書面添付によって決算書の信頼性を確保せしめるとともに，添付書面（9号様式）における「記載」が税務当局はもとより，金融機関にとっても有益な企業情報となるように努める必要がある（なお，「ガイドライン」と税理士業務については第7章 **4** で改めて詳しく検討する）。

第3は，一定規模以上の医療法人・社会福祉法人・公益法人に会計参与制度を義務づけることによって，経営組織のガバナンスの強化，事業運営の透明性の向上を実現することである。

近時，医療法人，社会福祉法人などに対して，経営組織のガバナンスの強化，事業運営の透明性の向上等が求められたことから，一定の規模以上の医療法人・社会福祉法人に監査が義務化されている。しかしこれをそれ以外の医療法人・社会福祉法人に拡大するとなれば，対応する監査法人・公認会計士の確保の問題，正規の監査にかかるコストの問題などがその導入の障害となることは，火を見るよりも明らかである。そこで，これらの法人に会計参与制度の導入を義務づけることによって，経営組織のガバナンスの強化，事業運営の透明性の向上を実現するべきである。というのも，社会福祉法人会計基準，公益法人会計基準，NPO法人会計基準などの業種別会計基準に精通している税理士が数

多く存在し，さらに，会社法において，すでに税理士・税理士法人・公認会計士・監査法人による会計参与制度制度が設けられている。加えて，会計参与制度であれば，正規の監査における「非監査証明業務の同時提供禁止」が適用されず，現在の顧問税理士ないし公認会計士が同時に会計参与に就任することができ，かつ，税務業務・会計業務・経営助言業務やシステムコンサルティングなどを同時提供することが可能である。

コラム 9　「決算書の信頼性」は外部から識別可能である

　金融機関の一部に，これまでの苦い経験から「中小・小規模企業の決算書は信用できない」という（間違った）常識と「どの税理士が関与した決算書でもみな同じである」という認識が色濃く残っている。これに対して，多くの税理士は「われわれは，資格をかけて，適正な税務申告書や決算書の作成支援を行っている。金融機関はなにも分かっていない」と冷ややかに受け止める。

　近時，国の認定経営革新等支援制度や金融庁の「中小・地域金融機関向けの総合的な監督指針」が地域金融機関と税理士との連携を求めているにもかかわらず（第5章 1 2③を参照），このような相互の不信感が両業界の連携を困難にさせている。

　ここで重要なことは，多くの金融機関は，未だに，「決算書の信頼性は識別可能である」という厳粛な事実を知らないことである。金融機関は，企業から入手した決算書や法人税申告書に基づいて，図表4-10のような項目をチェックすることによって，当該企業の「決算書の信頼性」を確認することができる（本章の図表4-5および図表4-9，第6章の図表6-8も参照）。「決算書の信頼性」に関する識別可能性は，中小企業から金融機関に対するシグナリングの位置づけにある。

　このような理解が金融機関全般に行き渡って，金融機関が，決算書や申告書に加えて，図表4-10のような「判定表」の提出を企業に求めるようになれば，金融機関の一部に存在する「中小企業の決算書」に対する「不信感」は雲散霧消し，金融業界と税理士業界の相互の連携が進展するであろう。

　ただ残念ながら，現在時点では，図表4-10のような「判定表」が存在しないために，各金融機関は，企業から入手した各種書類にもとづいて，手間をかけて個々の項目の存否を確認せざるを得ないという難点がある。

第4章　保証業務■　149

| 図表4-10 | 「決算書の信頼性」に関するチェックリスト |

	チェック項目	☑	識 別 方 法	本書の解説
①	税理士が税務代理をしているか	☐	・法人税申告書別表1(1)の「税理士法第30条の書面提出有」の記載欄	第4章 **4** 1
②	税務署に申告したものと同一の決算書である	☐	・例えば，TKCが発行する「記帳適時性証明書」によって客観的に証明可能	第6章 **4** 2
③	税理士が月次巡回監査をしている	☐	・例えば，TKCが発行する「記帳適時性証明書」によって客観的に証明可能	第6章 **4** 2
④	中小会計要領ないし中小指針に準拠している	☐	・計算書類の個別注記表の記載 ・中小会計要領等のチェックリスト	第3章 **3** 2
⑤	電子帳簿保存法準拠のソフトを使用している	☐	・例えば，TKCが発行する「記帳適時性証明書」によって客観的に証明可能（＊）	第6章 **4** 2
⑥	税理士が税理士法第33条の2に規定する書面添付を実施している。	☐	・法人税申告書別表1(1)の「税理士法第33条の2の書面提出有」の記載欄 ・税理士法第33条の2に規定する計算事項等を記載した書面（写）	第4章 **2**
⑦	会計参与設置会社	☐	・会計参与を設置している登記を行った事項を示す書類	第4章 **3**

＊法人税申告書の法人事業概況説明書の「PCの利用状況」記載欄に，使用する会計ソフトの製品
名を記入する箇所があるが，そのソフトが電子帳簿保存法に準拠したものであるか否かを識別
できる記載欄はない。
出典：筆者作成

＊現在，税理士等による「年度決算書の作成に関する証明業務」が確立しているドイツ
の中小企業金融においても，1998年当時は「一部の税理士による年度決算書の作成」
と「年度決算書の信頼性」との関係についての疑念が存在していた（第7章 **1** 2⑤
を参照）。

TKCの「記帳適時性証明書」と「モニタリング情報サービス」

　職業会計人向けの計算センターであるTKCでは，「図表4-10の①から⑥ま
での事項」などを証明する「記帳適時性証明書」を発行するとともに（その
内容は第6章 **4** 2を参照），TKCシステム利用企業からの依頼に基づいて，各
金融機関へ「図表4-10の①から⑥までの事項」を含む情報をオンラインで開
示する「TKCモニタリング情報サービス[36]」を提供している。

「TKC モニタリング情報サービス」では，決算書等提供サービス・月次試算表提供サービス・最新業績オンライン開示サービスから構成される。「決算書等提供サービス」では，「基本情報」として，貸借対照表・損益計算書，法人税申告書別表，株主資本等変動計算書，勘定科目内訳明細書，個別注記表，法人事業概況説明書（会社事業概況書），個別注記表付表，受信通知（電子申告受付結果）が，「オプション帳表」として，キャッシュ・フロー計算書，中期経営計画書，中小会計要領チェックリスト，次期予算書，記帳適時性証明書，短期経営計画書，税理士法第33条の２第１項に規定する添付書面，ローカルベンチマーク，減価償却内訳明細書が提供される（2019年５月16日時点のデータ提供件数は約８万５千件）。

●注

(1) 日本公認会計士協会（監査・保証実務委員会）保証業務実務指針3000第12項(35)。

(2) 内藤（2012）；39頁。

(3) 財務書類とは，財産目録，貸借対照表，損益計算書その他財務に関する書類（電磁的記録を含む。）をいう（公認会計士法第１条の３）。したがって，会計帳簿や税務書類は財務書類に含まれない。

(4) 税務書類とは，税務官公署に対する申告等に係る申告書，申請書，請求書，不服申立書などをいう。

(5) 武田編著（2003）；35-36頁。

(6) 那須/松本/町田（2015）；28頁。そして「公認会計士には，財務諸表監査という独占業務を抱えた上で，その他の保証業務という関連業務領域への拡張を図れるという強みがあるのである。にもかかわらず，日本公認会計士協会として保証業務を積極的に展開したという事実は，残念ながらわずかしか見受けられない」と指摘している。

(7) 那須/松本/町田（2015）；29頁。

(8) 公認会計士が「これまでの監査人としての歴史が保証業務を提供する職業的専門家として最適かつ比較優位であることを対外的に示したとしても，他の専門家を含む実務家との競合関係は避けられない」（那須/松本/町田（2015）；27頁）。

(9) 本法案の審議過程（衆議院地方行政委員会）において，富田茂之議員から次のような重要な発言があった。

（新進党　富田茂之議員）
　私も，議員になる前に弁護士をやっておりまして，今も一応弁護士資格を持って，

法律事務所の経営者であります。弁護士4人，秘書2人という本当に小さな，大臣の
おられるような大きな事務所とは全然違って小さな事務所ですが，やはり税理士さん
に顧問をお願いして会計の方をやっていただいております。

　その税理士さんがどういうふうな活動をしているか。日常接する機会が多いもので
すから，いろいろお伺いしますと，私の法律事務所も含めて，この税理士の先生の関
与先企業に毎月行かれる。当然，期末の決算時には必ずきちんと事務所に行って，会
計資料やまた会計の適法性，正確性を確保するために，品物のあるような法人では棚
卸しに立ち会ったり，在庫の確認までされている。会計事実の真実性，実在性，網羅
性を確かめる。本当にそういうものがあるのだろうかということを確かめて，また，
ただそこだけに終わらないで，経営指導まで踏み込んでいろいろやられておる。こう
いうふうにした方が小さな費用で大きな効果を上げますよということをきちんと言っ
て下さっている。

　こういう行為をこの業界では巡回監査というふうに称していらっしゃるようなんで
すけれども。こういう実態を見ますと，税理士の皆さんというのは，単に納税業務を
している，また納税計算を行われているというだけではなくて，そのためには実質的
に監査的な業務も行わざるをえないのじゃないかな。今，局長は，第3号の規定に上
がってきたというのはチェック機能に携わったという点が要点なんだというふうに
おっしゃいましたけれど，そういう意味では，こういうチェック機能をきちんと果た
さないと適正な税理士業務も行えないのじゃないかな。

　税理士法第1条では，公正な立場において納税の適正な実現を図るということを使
命にしている。税理士はそういうことを使命にしているんだということをきちんとう
たっておられます。その使命のためには，やはりきちんとしたチェックをしていかな
いと適正納税もできないというふうになると思うのですね。そういう実態を考えると，
やはり外部監査人に税理士の皆さんも加えた方が，できるだけ人材も確保できるとい
う意味で適切ではないかというふうに私自身は思うのですが，その点はいかがでしょ
う。

　　　　　　（第140回国会衆議院地方行政委員会会議事録・第10号　平成9年5月8日）

　法案策定のこの経緯について，富田茂之衆議院議員は「その頃，TKC全国政経研究会事
務局へ，衆議院法制局から電話で，法の整合性からみて，税理士に監査権はないとの話が
あり，これに対し，高田さん（TKC全国政経研究会事務局長：当時）は，税理士の監査の
必要性と巡回監査について税理士法1条・2条・45条等について懇切な説明を。翌日，坂
本孝司先生が衆議院法制局に出向き2時間近く担当官と懇談し，理解を得ました」と述べ
られている（富田（2019）；16頁）。

　筆者は，衆議院法制局の会議室において，①税理士法第1条に規定される税理士の独立
性と公正性の保持義務，②税理士業務の適正な履行のために月次巡回監査が不可欠なこと，

③巡回監査は試査ではなく，全部監査・精密監査が要求されることを，TKC 全国会策定の「巡回監査報告書」・「決算監査事務報告書」の実物を提示して説明し，税理士業務の厳格性を説明した。なお，高田（1998）の78頁も参照されたい。

閣議決定された地方自治法の一部改正案には，税理士が包括外部監査人に盛り込まれていなかったが，一連の運動の結果，税理士を包括外部監査人として登用する形で地方自治法が改正された。

(10) 当初の改正案には，税理士・公認会計士による監査は盛り込まれていなかったため，筆者が大口善徳代議士に「当初の改正案に対して TKC 全国会は，『税理士を含めた会計人に，政治資金支出のチェックや監査をさせていただければ国民的な不信は拭える。それが社会的責務だ』と考え，この制度化を大口先生にご提言申しあげました」という経緯がある（「大口善徳衆議院議員に聞く　税理士の「登録政治資金監査人」登用の意義」『TKC 会報』2012年 2 月号，15頁）。しかしその後の政治折衝の過程で，「監査」という用語を使用すべきではなく「登録政治資金検査人」という名称にすべきであるという意見もあったようである。同法改正の経緯と意義は坂本（2012a）の14-17頁を参照。

(11) 会計参与は，まさに中小企業のガバナンスを担う役割であり，株主総会，取締役会，取締役，監査役等と並ぶ内部機関です。財務諸表の信頼性向上が主たる役割でもありますが，広い意味でのガバナンス向上に活用してほしいと思います。これは上場会社にとっての社外取締役のような存在です。また，書面添付制度はたしかに税務署との関係で語られることがありますが，対金融機関においても，その書面において経営者のガバナンスに対する姿勢や規律意識も明記するとなおよいのではないでしょうか（『中小企業のガバナンス強化に税理士が果たす役割は大きい』筆者と対談中の伊藤邦雄一橋大学特任教授の談，『TKC 会報』2019年 2 月号，9 頁）。

(12) 内藤（2007）；684頁。

(13) Kempf（2015）；27頁。

(14) ドイツ税理士による「年度決算書の作成に関する証明書」（ベシャイニグング）の存在はケンプ理事長（当時ドイツ・ダーテフ社長，現ドイツ産業連盟会長）によって筆者に知らされた。しかしながら，この実務は，法律制度ではなく，かつ，経済監査士も行うことができるという意味で税理士の独占業務ではない。

(15) 山本（2001）；201-202頁。

(16) 最近の国税当局の見解として，石井/大久保（2010）も「昭和26年に税理士法が制定された後，各方面からの制度の見直しの論議が起きた際，税理士会からは『税務計算書類の監査を税理士業務に加えてもらいたい』旨の要望が行われました。（中略，筆者），税務書類の作成に，独立した公正な立場において納税義務の適正な実現を図ることを使命とする税理士が関与して，その責任を明らかにすることは，税務行政の円滑化等の効果が期待できることからそうした関わりの声は根強かったのです。そこで，昭和31年度の税理士法改正において，税理士の監査制度に代わるものとして，『書面添付』と称される税理士法第33条

の 2 の第 1 項の規定が創設され,その後昭和55年度の改正で同条第 2 項が追加されました」（同書; 6 - 7 頁）とする。

⑴ 書面添付制度の歴史的経緯は加藤（2018）の234-277頁に詳しい。

⑴ 松沢（2000）; 5 - 6 頁。

⑴ 武田（2008a）;186頁。

⑵ 日本税理士会連合会（2005）;146頁。

⑵ 日本税理士会連合会;添付書面作成基準（指針）（2009年 4 月 1 日）を参照。

⑵ 飯塚毅（1995）;212頁。

⑵ 神田（2019）;292頁参照。

⑵ 武田（2006c）;11頁。

増田英敏教授は「書面添付は申告の適正性を証明する税理士の釈明権の行使」であるとされ,「①書面添付は申告の争点整理作業,②争点整理と,その申告の合理性を法的に説明する税理士の説明責任の履行,③釈明権の行使と説明責任の履行は表裏であり,書面添付には紛争予防の中核的意義がある」（増田（2010）;22頁）とされる。

⑵ 武田（2007）;347-349頁参照。

⑵ 飯塚毅博士は,書面添付が税理士の標準業務であることについて「申告書の作成に当たって,計算し,整理し,又は相談に応ぜずして,申告書の作成ができるか,と反問してみれば立案の誤りが判明するでしょう。これは『添付しなければならない』と書くべきなんです。なまじ法第46条の懲戒処分条項のなかに『第33条の 2 第 1 項若しくは第 2 項の規定により添付する書面に虚偽の記載をしたとき』という脅し文句をわざわざ入れたばかりに,一般の税理士は恐れて殆どこの添付書類をつけて出しません。大蔵官僚が本当に国家国民を案じているのなら,添付の義務を,素直に謳うべきなんです」（飯塚毅（1986）; 3 頁）としている。

⑵ 武田（2005d）; 5 頁。「計算書類の改ざんの可能性の排除」は,企業会計原則および中小会計要領の「単一性の原則」（第 7 原則）の履行に関する保証である。

⑵ 武田（2005e）; 5 - 6 頁を参照。

⑵ 相澤（2005）;136頁。「両者の意見が一致しなければ,当該株式会社における計算書類を作成することができない」ということは,実務的には,当該会計参与たる税理士等が会計参与の職を辞することを意味し,多くの場合,税務の顧問契約も解除に至る可能性がある。それゆえに,会計参与たる税理士等には「精神的な独立性（実質的な独立性)」がより強く求められることになる。

⑶ Meeh（Rundscheiben 9/98）; S.5.

⑶ 小関/柳田（2005）; 8 - 9 頁参照。現行規定は2014年12月15日発効のものである。

⑶ 飯塚毅/小関/柳田（1995）および小関/柳田（2005）では「廉潔性」と邦訳している。

⑶ コンピレーションでは,監査人が作成プロセスに関与することから,独立性の要件が満たされないために,正式には無保証になる。しなしながら,専門家が関与することで暗黙

154

の保証が付与される側面も認められるので，監査論の通説では保証業務の中に含められている（古賀/池田/嶋津（2011）；242頁）。

(34)　武田（2007）；349頁参照。

(35)　中小会社の計算書類の適法性・正確性をいかに担保するかについては，歴史的な経緯がある。EU統合に伴う中小物的会社に対する外部監査の義務化の潮流を受けて，わが国では1986（昭和61）年５月に「商法・有限会社法改正試案」（法務省民事局参事官室）（「大小区分立法」ともいう）が公表され，税理士等による「会計調査人の調査」が提案された。「会計調査人調査」は「会社の貸借対照表及び損益計算書が相当の会計帳簿に基づいて作成されていると認められるかどうか」（旧商法第33条第２項参照）を報告することを目的とするものであり，「会計帳簿適法作成証明」といわれるものであった。

　ちなみに「会計帳簿適法作成証明」の内容は，黒澤清博士が提唱された「帳簿監査人制度」（会計帳簿すなわち簿記の記録の正確性に関する監査），武田隆二博士が提唱された「限定監査論」（会計帳簿記載の秩序性（正規性）および計算書類と会計帳簿の整合性）に理論的な基礎を置くものであった（黒澤清（1984），武田（1985a）および武田（1985b）を参照）。

　なお，会計帳簿適法作成証明・帳簿監査人制度・限定監査論の理論構造は，ともにドイツの税理士による「年度決算書の作成に関する証明業務」（第７章 **1** を参照）に酷似していることは非常に興味深い。

(36)　「モニタリング情報サービス」は次のサービスから構成されている。

・決算書等提供サービス

　　TKCシステム利用企業からの依頼に基づいて，法人税の電子申告後に，融資審査・格付けのために金融機関へ決算書や申告書等のデータを提供するサービス。

・月次試算表提供サービス

　　TKCシステム利用企業からの依頼に基づいて，TKC会員事務所による月次巡回監査の終了後に，金融機関へモニタリング用の月次試算表等のデータを提供するサービス。

　ドイツでも2018年４月から税務当局に電子申告したデータを金融機関にも電子送付できることになった。2019年４月16日に開催されたDATEV-TKC Meeting 2019（於：TKC東京本社）においてダーテフ社のMartin Bulitta氏は「このDigitale Finanzbericht（digital financial statement，電子決算書）は，とりわけ，①決算書の信頼性（Authenticity）と，②実質的な同一性（PDF書類と構造化されたデータの法令準拠性）という，信用制度法第18条による法的要求を遵守したデータ記録の送付である」と述べている（The German standardized financial statement transmission service called "DiFin-Digitaler Finanzbericht-Experiences in the market introduction and further development", p.6.）。

　なお，信用制度法第18条は第７章 **1** 2①を参照。

経営助言業務

　税理士は経営助言の専門家であり，経営者の「親身の相談相手」である。
　税理士は，法人企業の約 9 割に関与しており，かつ，経営助言を行うための主要な基礎的な資料が会計データであることから，税務業務等を行う税理士が同時に当該企業の経営助言の任に当たることが最も適している。
　税理士が行うべき経営助言は，主に，税務，会計および財務管理の領域である。租税に関する相談業務，「会計で会社を強くする」という視点からの会計の指導，さらに財務管理領域の指導は，税理士が行う経営助言の中核を占めている。
　従来の財務管理論は，上場企業を対象とし，直接金融に焦点を当ててきた。税理士が行う経営助言は，簿記・会計・管理会計・原価計算・税務管理，金融機関からの資金調達を包含した「中小企業向けの財務管理」の領域である。

1　経営助言業務の概要

1 ■税理士の4大業務と財務管理

(1)　経営者の「親身の相談相手」

　全国の企業（個人事業者を含む）の99.7%以上が中小企業であり，従業者数の約70%が中小企業に勤務するなど，中小企業はわが国の経済社会において大きな位置を占めている。中小企業憲章では，中小企業を「社会の主役として地域社会と住民生活に貢献し，伝統技能や文化の継承に重要な機能を果たす。小規模企業の多くは家族経営形態を採り，地域社会の安定をもたらす」，「国家の財産ともいうべき存在である」と位置づけている（同「基本理念」）。

　税理士は，経営者の「親身の相談相手」であり，伴走型の経営コンサルタント（Management Consultant）である。税理士は，わが国の法人企業の約9割に関与しており，わが国の社会経済にとって欠くことのできない職業集団になっている。とりわけ中小企業の経営者が日常接触する外部の専門家は税理士であり，税理士は関与先企業およびその経営者の竃の下の灰まで知る存在であるといわれている。とすれば，わが国における企業経営者の親身の相談相手となるべき外部専門家は税理士がもっとも適任であるという理解に至る。ドイツの税理士も歴史的には，法律助言と経営助言（Rechtsberatung und Wirtschaftsberatung）という2つの相互依存関係にあったといわれている[1]。

　また，税理士は税理士法等の要請から巡回監査（月次巡回監査と決算巡回監査）を行う必要がある（第6章 **2** を参照）。巡回監査は逆行的な監査を含んでいる（「取引は，その発生から終了まで追跡しうるものでなければならない」＝ドイツ商法第238条第1項第3文，ドイツ国税通則法第145条第1項第2文，第2章 **3** 1参照）。巡回監査においては，仕訳の向こう側にある経済活動（取引）を正確に掴む必要がある（**図表5-1**）。

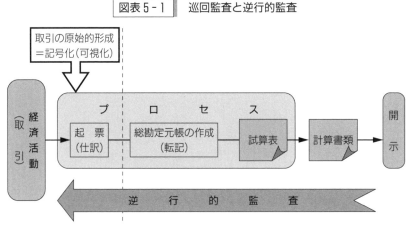

図表5-1　巡回監査と逆行的監査

出典：筆者作成

　このような税理士の位置づけ，そして，経営助言を行うための主要な基礎的資料が会計データであることを併せ考えれば，巡回監査を行い，税務業務や保証業務（書面添付や会計参与）を行う税理士が同時に当該企業の経営助言の任に当たることが最も適している。なお，ドイツ税理士が行う「蓋然性評価を伴う年度決算書の作成」業務では質問と分析的評価を用いる。それは同時に，税理士によるコンサルティングの基礎を形成することから，保証業務と経営助言業務（management advisory service）は連動関係にあるとされている（第7章 1 3 (5)を参照）。

　税理士は会計と税務の専門家なのだから，その面だけのサービス領域に限定していればよいとの理屈は成り立たない。企業が生存していればこそ，はじめて会計税務の問題がありうるので，企業の命脈が絶たれれば，職業の対象も消滅してしまう。税理士業務の盛衰は，関与先の安定的生存が前提条件なのである[2]。

　以上のように，税理士は税務業務・会計業務・保証業務・経営助言業務をカバーする異分野融合型のプロフェッショナルである。

(2) 経営助言業務の主領域

　税理士が経営コンサルタントとして経営助言業務を行う領域は，経営学と同

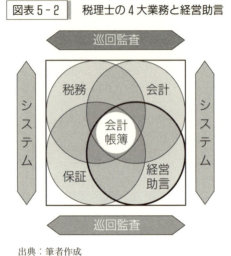

図表5-2　税理士の4大業務と経営助言

出典：筆者作成

じ外延（広がり）をもち，経営戦略・マーケティング・人事労務・生産・品質管理などを包含している（例えば本章末のコラム11「ドイツ税理士が行う経営助言業務」を参照）。こうした税理士による経営助言業務の位置づけを示せば**図表5-2**となる。

このことは，税理士が行う経営助言業務の限りない可能性（伸び代）を示している（なお，「税務業務・経営助言業務」は本章の **2** で，「会計業務・経営助言業務」は本章の **3** で解説する）。

そして，現在時点で誰もが納得しうるのは，税理士が行う経営助言が，税務・会計をカバーする財務オリエンテッドの領域，つまり財務管理（financial management）の領域であることであろう。米国公認会計士協会のジョン・L・ケアリー専務理事も1965年当時，すでに次のように述べていた[3]。

> 近い将来，公認会計士たちは，彼らの助言業務を，すでに手中にしているか，あるいは容易に利用できる会計的方法をもって，－たとえば予算手続，原価手続，財務管理（financial-management）などの会計的手法を用いて－現在の関与先にまで延長すべきである。

また，税理士は，法人企業の約9割に関与していることから，ワンストップ・サービスの窓口としての役割も担っている。すなわち，問題解決の専門分野が

多岐にわたる場合には，経営助言の一環として，どの専門分野と連携すれば良いのかを的確に判断して，弁護士，司法書士，中小企業診断士，社会保険労務士，経営コンサルタント，監査法人，公認会計士，弁理士，行政書士などの外部専門家を紹介したり，これらの専門家と協働して支援を行うことも税理士の重要な職務である。飯塚毅博士は次のように述べられている[4]。

> 貴方は，あなたの関与先で，税務と会計以外の領域で，法律問題が突発したとき，直ちに，その問題解決に一番適している，と思われる弁護士を，推薦できる体制を整えておられますか。そんなことは，俺の仕事じゃない，とお考えだとすれば，貴方は，ホントのところは素人であって，プロの会計人ではない，ということになります。税理士は，税務だけが職業範囲であり，公認会計士は，会計監査と財務相談だけが職業範囲なのだ，と考えているのは，日本の会計人だけであって，それは世界に通用するものではありません。

2 ■制度的な裏付け

税理士が行う経営助言業務には制度的な裏付けがある。それは，①税理士法，②中小企業経営力強化支援法による認定経営革新等支援機関制度，③金融庁の行政方針である「中小・地域金融機関向けの総合的な監督指針」である。

① 税理士法

租税は経営において重要な位置を占めている。税理士法は，税務相談を含む税理士業務（税務代理・税務書類の作成）を税理士の無償独占業務としており（第2条第1項），税務相談は税理士による経営助言の重要な位置を占めている。租税に絡む経営課題の個別相談は税理士の独壇場といえる。また，税理士法は「税理士の名称を用いて」，「税理士業務に付随して」，「財務に関する事務を業として行うことができる」（第2条第2項）としている。ここで「財務」（finance）とは，簿記・会計・財務管理・管理会計・原価計算などを包含する概念である。税務管理を包含した財務管理は，税理士による経営助言の中核を占める。

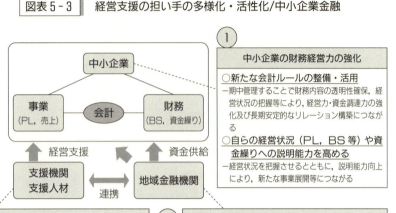

図表5-3 経営支援の担い手の多様化・活性化/中小企業金融

出典:中小企業政策審議会 企業力強化部会「中間とりまとめ(案)」

② 中小企業経営力強化支援法

　中小企業経営力強化支援法(2012年6月成立)による支援機関制度は,認定経営革新等支援機関と地域金融機関が連携して中小企業への経営支援と金融支援を行い,かつ,「中小会計要領」をそれらの支援の中心に位置づけて,中小企業の財務経営力を強化する(会計で会社を強くする)という立法趣旨であった。そして,中小企業政策審議会企業力強化部会における審議からも明らかなように[5],この支援機関制度は税理士・税理士法人が支援機関になることを想定して設けられたものである(図表5-3参照)。

　それを裏付けるように,認定経営革新等支援機関は税理士事務所・税理士法人が圧倒的多数を占めている[6]。

　同法に関して出された「中小企業の新たな事業活動の促進に関する基本方針」

（総務省，厚生労働省，農林水産省，経済産業省，国土交通省　告示第1号，同基本方針は「中小企業等の経営強化に関する基本方針」と名称が変更されている）は次のような内容である。

> 認定経営革新等支援機関は，中小企業に会計の定着を図り，会計の活用を通じた経営力の向上を図ることに加え，中小企業が作成する計算書類等の信頼性を確保して，資金調達力の向上を促進させることが，中小企業の財務経営力の強化に資すると判断する場合には，「中小企業の会計に関する基本要領」又は「中小企業の会計に関する指針」に拠った信頼性ある計算書類等の作成及び活用を推奨すること。

これによれば，経営革新等支援機関である税理士には，ⓐ中小企業に会計の定着を図ること，ⓑ会計の活用を通じた経営力の向上を図ること，ⓒ中小企業が作成する計算書類等の信頼性を確保すること，ⓓ資金調達力の向上を促進させること，ⓔ中小企業の財務経営力の強化を図ること，ⓕ「中小企業の会計に関する基本要領」又は「中小企業の会計に関する指針」に拠った信頼性ある計算書類等の作成及び活用を推奨することという職務がある。そしてこの他に，ⓖ各種補助金の申請，ⓗ経営改善，ⓘ中小企業税制（特例事業承継税制など）の支援者としての役割がある。

税理士業務にこのような経営革新等支援機関業務が加わったことで，わが国の税理士は，ドイツ税理士が行っている経営助言業務に匹敵する経営助言領域を制度的かつ明示的に確保したのである。

③　金融庁「中小・地域金融機関向けの総合的な監督指針」

金融庁の「中小・地域金融機関向けの総合的な監督指針」では「顧客企業に対するコンサルティング機能の発揮」における「最適なソリューションの提案」において，次のようにして，税理士等の外部専門家との連携を促している（下線は坂本）。

> 顧客企業の経営目標の実現や経営課題の解決に向けて，顧客企業のライフステージ等を適切かつ慎重に見極めた上で，当該ライフステージ等に応じて適時に最適なソリューションを提案する。その際，必要に応じ，顧客企業の立場に立って，他の金融機関，<u>外部専門家</u>，外部機関等と連携するとともに，国や地方公共

団体の中小企業支援施策を活用する。

特に，顧客企業が事業再生，業種転換，事業承継，廃業等の支援を必要とする状況にある場合や，支援にあたり債権者間の調整を必要とする場合には，当該支援の実効性を高める観点から，外部専門家・外部機関等の第三者的な視点や専門的な知見・機能を積極的に活用する。

なお，ソリューションの提案にあたっては，認定経営革新等支援機関（括弧内省略＝坂本）との連携を図ることも有効である。

その上で，同監督指針は，顧客企業のライフステージ等の類型を6区分し，そのうち，次の3つのステージにおいて地域金融機関に税理士等との連携を求めている。金融庁が，税理士を経営改善と事業承継に関する助言者として位置づけているのである。

- 経営改善が必要な顧客企業（自助努力により経営改善が見込まれる顧客企業など）
- 事業の持続可能性が見込まれない顧客企業（事業の存続がいたずらに長引くことで，却って，経営者の生活再建や当該顧客企業の取引先の事業等に悪影響が見込まれる先など）
- 事業承継が必要な顧客企業

例えば，2018（平成30）年度の税制改正で導入された特例事業承継税制では，税優遇を受けるためには後継者や承継までの見通しを記載した「特例承継計画」を都道府県に提出しなければならず，その作成に当たっては，必ず認定経営革新等支援機関の関与を受けなければならないこととされている。つまり，特例事業承継税制は，税理士の独占業務である税務業務に該当し（上記①），認定経営革新等支援機関の関与が必要であり（上記②），かつ，金融庁が求める「事業承継における地域金融機関との連携」に相当する（上記③）。

換言すれば，特例事業承継税制は，税理士の4大業務における税務業務・会計業務・経営助言業務に関係している。特例事業承継税制に関する業務は，経営者の「親身の相談相手」であるとともに，伴走型の経営コンサルタントである税理士として，まさに面目躍如の業務であると言えよう。

コラム 10　発生史論的には，職業会計人は経営者の親身の相談相手であった

　飯塚毅博士は「発生史論的には，職業会計人は経営者の親身の相談相手であった」とされ，以下のように説かれている。

> 　もし，あなたの顧問先が，TKC 財務三表，即ち，総勘定元帳・仕訳日記帳・月例経営分析表の提供だけで満足し，感謝していると，本気でお考えだとしたら，あなたの事務所は，徐々に消滅してゆく方向を向いている，と判断して間違いありません。なぜなら，財務三表は単に税務対策上の資料に過ぎず，経営方針の方向付け資料とはなりません。そして今や，職業会計人は，その発生史上の原点に立ち返り，企業主の親身な相談相手となることが求められているからです。そのためには財務五表以上を提供し，解説し，相手の経営方針そのものの吟味検討に責任を負う姿勢を打ち出す，換言すれば，経営助言領域で感謝されるところまで踏み込んで行くことが求められているからです[7]。

> 　職業会計人の発生史論的な原点は，関与先経営者の親身の相談相手たる点にあったことは，モンゴメリー先生が，つとに指摘してくれたところですが，その親身の相談相手たることの中身が問題なんです。いろんないい方があります。「自分の判断を，他人に従属させてはならない」（AICPA 前掲書四四二一頁）。「関与先に対して，何らかの，直接的な財務上の利害，または何らかの間接的な財務上の利害をもつ者は，独立性ありとは見ない」（前掲規則二一〇一）。「事実としての独立性とは，心の状態をいう。会計人は関与先と，どんなに近しくなっても独立性を保持しなければならない（一九五二年版 CPA ハンドブック第五章一七頁）。「証取委の前委員長はいった。会計人は常に次の二点を自問せよ。一，自分は経営の助言者に止まり，経営の意思決定領域には踏み込んでいないか。二，自分の行っている監査は，自分自身の利益の検査を含んではいないか」（証取委，前掲書二十六章十二頁）。「会計人は，一般に認められた監査の基準に従わねばならない」（AICPA 前掲書四四一四頁）。以上は，大まかな，簡約した独立性の紹介でした。会計人は，関与先とどんなに近しくなっても，一歩離れた専門家としてのクールな眼をもたねばならない。それを失ったとき，彼または彼女は，会計人ではなくなるので

す[8]。

＊モンゴメリー（モントゴメリー）の指摘は，第１章注(11)を参照。
＊文中「前掲書」とは，Professional Standards のことである。

> 税法であれ，会計であれ，テクニックの指導は易しい。しかし，経営が人間による経営である限り，結局は，その経営者の心を，どう方向づけ，どう指導してゆくか，が最後に問われる所である。会計人が，ビジネス・ドクターといわれる以上は，会計人は，経営者の心の指導能力も，身につけておかねばならない。ニーチェは，偉大とは方向を与えることである，といったが，経営者という人間に方向を与えてゆく仕事，それはこの世で最も偉大なる仕事であり，会計人はその任に耐えるだけの自己の人間性の錬磨に励まねばならぬ。われわれは，大変な業務に従事しているのだわい。しみじみと，そう感じた次第でした。しかも，人間が，意識慣習に支配される動物であるだけに，経営者の心の指導は，人間精神の最深部に触れざるを得ないものであり，その最深部には薫習（くんじゅう）の種子が盤踞（ばんきょ）しており，しかも多くの経営者は，そのことに気付いてさえいないのだから，その困難さは徒手空拳で山を動かすぐらいの困難さだと，いわねばならない次第であります[9]。

ドイツ税理士の格付コンサルティングに関する文献にも，以下のような言及がある。

> 中小企業の最大の成功要因は，まさにマネジメントにある。商人（経営者）の能力と並んで，例えば，心の落ち着き，忍耐力ないし決断力などのような個人的な素性が格別に重要である。格付け評価の場合，個人的な環境も考慮される。それに加えて，社会的な手腕，接触能力，コミュニケーション能力および連帯力ならびに指導スタイルも決定的に重要である。最終的には，それは思考力，分析的な思考能力，想像力，柔軟性および倫理的な価値表象のような精神的な能力に帰着する[10]。

税理士法が税理士に求める「実質的な独立性」（「精神的な独立性」）とは，畏（おそ）れのない心と直感力をもった状態をいい，潜在意識下においてすら自己の判断をゆがめるような，一切の私利私欲から独立的でなければならないことを意味している（第１章 **3** I 参照）。税理士法が税理士に求める「独立性」の保持は，経営者の心を指導する能力を身につけるためにも不可欠なものであることが理解される。

第 5 章　経営助言業務 ■ 165

2 　税務業務と経営助言業務

1 ■ 税務業務

　経営において租税は重要な位置を占めている。わが国では，税務代理・税務書類の作成・税務相談が税理士の無償独占業務であり，税務に関連する経営問題の個別相談は税理士しか行うことができない。それゆえに「税務の相談業務」自体が税理士による経営助言業務の中核の１つを形成している。

　ドイツ税理士法第57条は，経営助言（Wirtschaftsberatung）を税理士の主要な業務として位置づけている（第３項第３号）。ドイツの税理士業の歴史は，法律助言と経営助言という２つの相互依存関係にあったといわれている。ゲーレ博士（ドイツ連邦税理士会事務局長）は，ドイツ税理士による経営助言業務について次のように述べている[11]。

> 　税務援助の他に経営助言が税務相談業の任務に属している。このことは実務上では，税理士が他の大部分の自由業とは反対に，その関与先に対し，単に個別的問題についてのみ接しているのではないということである。職業活動が正常に行われている場合は，関与先に対する継続的な代理は長期にわたることがある。その場合，しばしば，税理士が狭義の税務援助を超えた問題に対応しなければならない事態に直面することになる。税理士は，個々の企業に対する活動から得られる経験と知識をもとにして，経営助言を行うよう求められているというべきである。多くの場合において税務援助は，経営助言を行うことなくして遂行することはできない。したがって，税理士は，常に法律相談の他は，その関与先に対する包括的な助言者として成長してきたのである。

　ドイツ税理士が伴走型の経営助言者であり，かつ，多くの場合，税務援助が経営助言に関係していることは，わが国の状況と同様であることが理解される。

2 ■税務コンプライアンスと経営助言業務

税理士は，法的にも会計的にも，企業が健全に経営できるように，ガバナンスの強化にコミットする専門家である[12]。中小企業においては，とりわけ，租税法上の遵法精神，税務コンプライアンス（タックス・コンプライアンス，tax compliance）の実現が重要である（ガバナンスは第1章■2(1)③を参照）。税理士法は，税理士に「独立した公正な立場」において「納税義務の適正な実現を図る」ことを使命として求めるとともに，税理士に「助言義務」（税理士法第42条の3）を課している。この助言義務は，倫理的なモラルを基礎にした法規範であるとされている[13]。

税理士法第42条の3「助言義務」

税理士は，税理士業務を行うに当たつて，委嘱者が不正に国税若しくは地方税の賦課若しくは徴収を免れている事実，不正に国税若しくは地方税の還付を受けている事実又は国税若しくは地方税の課税標準等の計算の基礎となるべき事実の全部若しくは一部を隠ぺいし，若しくは仮装している事実があることを知つたときは，直ちに，その是正をするよう助言しなければならない。

---

①　リスクの顕在化

社会経済環境の変化などにより，近年，税務を含む各種法規に関するコンプライアンス意識がいっそうの高まりをみせている。それは同時に税務リスクが高まっていることも意味している。例えば，付帯税などの想定外の税金が発生する可能性があり，それが新聞等で報道された場合，企業イメージの著しい毀損を招くことになる。さらに，黒字法人と赤字法人の損益通算によりグループとしての税負担を軽減する連結納税制度や，租税特別措置法が規定する特別償却制度や税額控除制度などは，企業側が積極的に活用しなければ利益を喪失してしまう可能性がある制度である。

このような税務リスクを起こさないために，税理士は，事前に税務計画・税務統制を行う社内体制の構築を指導する必要がある。税務管理の基本は，税務コンプライアンスの確立である。

② 行き過ぎた租税回避行為

租税法律主義のもとで，納税義務者である企業には，法形式の濫用をしない限りで，税法の範囲内で税負担の軽減を行う権利がある。しかし同時に，「行き過ぎた租税回避行為」は，たとえ合法的であったとしても，時として，企業倫理を問われ，企業イメージが著しく毀損される可能性がある。税務コンプライアンスを認識した税務管理体制の構築が不可欠になっている。

③ 中小企業

中小企業においても税務コンプライアンスの確立は重要である。法人会では，企業の税務コンプライアンス向上のための取組みとして，企業における内部統制面や経理面に関する自主点検を推奨している。法人会では，こうした自主点検を簡単にできるようにするため，日本税理士会連合会の監修のもとで「自主点検チェックシート・ガイドブック」を作成している。

税務コンプライアンスを実現し維持するには，企業外部の第三者である税理士による「税理士法第33条の2による書面添付」の導入が必要である。書面添付制度は，税理士による税務監査証明業務（保証業務）であり，第1号書面添付は「申告書の作成に関する証明業務」を，第2項書面添付は税務監査業務を意味している（なお書面添付業務は第4章 **2** を参照）。

168

3　会計業務と経営助言業務

1 ■ 会計で会社を強くする

　会計で会社を強くする（Making companies stronger through accounting.）。つまり，会計の指導は，そのまま経営助言である。かかる視点は，「商業帳簿の自己報告機能」に基づくものである。

　国家的規模での商法典の嚆矢である1673年フランス・ルイ14世商事王令は，破産時に帳簿を提出できない場合には詐欺破産者とみなされ（第11章第11条），訴追されて死刑に処される（同第12条），と規定していた。「破産時の死刑」を担保にして，帳簿の記帳を間接的に義務づけていた[14]。これは，商業帳簿の自己報告による健全経営遂行機能，破産防止機能を示すものである（第3章 **2** 2を参照）。

　例えば，わが国の明治23年商法の母法とされるドイツ1861年一般ドイツ商法の編纂の過程で出された各商法草案の理由書には以下の解説がみられる。

> 　だらしない記帳は破産者の特徴である（Unregelmäßige Führung ist das Kenn-zeichen des Bankerottierers.）
>
> 1839年ヴュルテンベルク王国の商法典草案の理由書[15]

> 　商人は，正規にその業務を進め，忘却あるいは思い違いによって，自らが損害を被らず他人に損害を与えず，その個々の事業の成り行きと結果を見通し，かつ，合法性と賢明性という規範に従って，従来のやり方を継続すべきか否か，あるいは会社経営に変更を加える必要があるか否か，収支を均衡させる必要があるか否か，さらには業務を中止する必要があるか否かを判断することができるように，規則的に繰り返しやってくる特定の時点で少なくとも一度はその業務のすべての状況を観察するようになる。
>
> 1849年ドイツ帝国法務省「ドイツの一般商法典草案」理由書[16]

さらに，複式簿記に関して古今東西の賢者による次のような金言が存在する[17]。

> 複式簿記が商人に与えてくれる利益は計り知れないほどだ。
> ゲーテ『ヴィルヘルム・マイスターの修業時代[18]』

> 秩序（複式簿記）が経営感覚を鍛える。
> ゾンバルト『近代資本主義[19]』

> 商売に一大緊要なるは，平日の帳合を精密にして，棚卸の機を誤らざるの一事なり。
> 福沢諭吉『学問のすすめ[20]』

> いまなお，普遍性を持ったまぎれもない「マネジメント科学」と呼べるものは，複式簿記とそこから派生した手法だけである。
> P.F. ドラッカー『マネジメント 務め，責任，実践 III[21]』

経営者は「会計リテラシー (literacy)」を身につけなければならない。経理知識が乏しい中小企業や小規模企業経営者の表面的な要望に応える浅はかな親切心から，起票代行（仕訳の代行のこと）を行うことは，商業帳簿（帳簿）の証拠力を失わせる行為であるとともに，商業帳簿の自己報告機能を著しく損なう行為である（第3章 **4** 2②を参照）。「会計で会社を強くする」という視点が大切であり，「だらしない記帳は破産者の特徴である」という人類の歴史を貫くテーゼを軽視してはならない。

中小企業会計基準の生みの親である武田隆二博士，北川慎介元中小企業庁長官，河﨑照行博士は，次のように述べられている。

> 中小企業会計基準のもつ社会的意義は，中小企業経営者の意識改善に向けられている。その積極的な意義は，中小企業の経営改善の足がかりをなす基準が誕生したということであり，そのことはまた，租税節約のために計算を軽視したり，記帳を意図的に欠落させるような行為があってはならないことを，会計専門家として指導するための手がかりとなるべく利用されなければならない。そうするこ

とで，中小企業の経営改善が達成される。確かな計算を帳簿で確保することが，中小企業のサバイバル（生き残り）にとって必要だということである[22]。

－武田隆二博士－

中小企業庁の会計の検討に初期段階から参加している専門家の坂本孝司税理士によれば，外部投資家が存在しない中小企業にとっての簿記・会計の本質的な目的は「自己報告による健全経営の遂行」と「証拠力の定立」にあり，「会計で会社を強くすること」「財務で会社を強くすること」とされています。こうした基本的な考え方は，まさに中小企業の健全経営を目指す具体的な方向付けになるものであると思います[23]。

－北川慎介元中小企業庁長官－

会計の作成・開示行為は，会計システムのインプットである「取引」を，会計システムを通じて写像（測定）し，アウトプットとしての会計情報を算出し，その結果を利害関係者に伝達するプロセスであるといってよい。このようなプロセスを通じて，会計は企業の経済活動（ビジネス）を「見える化（可視化）」することになる。「会計が分かれば，ビジネスが見える」といわれる所以がここにある[24]。

－河﨑照行博士－

［月次決算書］

「会計で会社を強くする」という視点に立った会計は，適時かつ正確な月次決算書の作成が基本となる。収益と費用/損失が毎月発生主義で計上されていなければ，それは「単なる残高試算表」であり，経営に役立つ資料とはなり得ない。

① 売掛金・買掛金・未払金・経過勘定項目（前払費用，未払費用等）が適切に計上されていること。
② 減価償却費や引当金（賞与引当金等）が毎月適切に計上されていること。
③ 労働保険料や固定資産税などが毎月適切に配分されて計上されていること。

ドイツ税理士が行う経営助言業務の第1は，「経営経済的評価」（betriebswirtschaftliche Auswertung）であり，それは月次決算書や四半期決算書の評価を意味している。税理士によるかかる視点からの会計業務は，そのまま経営助言業務となるのである（本章コラム11「ドイツ税理士が行う経営助言業務」を参照）。

2 ■ 財務会計と管理会計

会計学では，企業会計を財務会計（financial accounting）と管理会計（managerial accounting）に区分する。そして，財務会計は，「投資家・株主・債権者等企業外部の利害関係者に対して会計情報を提供することを目的とする会計」とされ，外部会計（external accounting）とされている。例えば，国際財務報告基準や米国の企業会計基準の定義では，財務会計を次のように定義している。

> ● **国際財務報告基準：IFRS**
> 　一般目的財務報告の目的は，現在のおよび潜在的な投資家，融資者および他の債権者が企業への資源の提供に関する意思決定を行う際に有用な，報告企業についての財務情報を提供することである。

> ● **米国の企業会計基準 財務報告の目的：Statements of Financial Accounting Concepts（SFAC）**
> 　財務報告は，現在のおよび潜在的な投資家，債権者および他の使用者が投資，信用供与，および同様の決定を行う際に有用な情報を提供することである。

他方，管理会計は，「経営者等企業内部の利害関係者に対してその経営管理に役立つ会計情報を提供することを目的とする会計」であり，内部会計（internal accounting）ともいわれている。意思決定会計や業績評価会計などがその代表例である。

さらに会計は，制度会計と非制度会計とに区分される。財務会計は，法律（金融商品取引法・商法・会社法等）や各種の会計基準などで制度的に規制されており，財務諸表（決算書）の作成や表示方法等がその中心的テーマとなるが，制度化されていない領域もある。例えば，情報会計がそれにあたる。

これらの関係を一覧表にすれば**図表5-4**のようになる。

会計学は，（暗黙の了解ごととして）会計主体を，上場会社に限定し，企業の99％以上を占める中小・小規模企業を除外してその理論構築をしてきた。しかし，このような立場に立脚して構築された財務会計と管理会計の区分はすでに陳腐化していると考えられる。

図表 5 - 4　伝統的区分：財務会計と管理会計

	区　分	内　容	属　性	制　度	具体例
会　計	財務会計 financial accounting	企業外部の利害関係者に対して会計情報を提供することを目的とする会計	外部会計 (external accounting) 投資家・株主等への外部報告	制度会計（＊） - - - - - - - - - [情報会計] 非制度会計	財務諸表
	管理会計 managerial accounting	企業内部の利害関係者に対してその経営管理に役立つ会計情報を提供することを目的とする会計	内部会計 (internal accounting) 経営者への内部報告		意思決定会計・業績管理会計

（＊）　金融商品取引法会計，会社法会計，税務会計
出典：坂本（2018a）14頁の図表 2 - 1

① 商法の商業帳簿規定

わが国の商法第19条（商業帳簿）は，商人に対して記帳と決算書作成の義務を課している。商法が商人に記帳義務と決算書作成義務を課している本質的な目的は 2 つあり，その第 1 は，経営者への自己報告による健全経営の遂行，第 2 は，証拠力の定立にある。「経営者への自己報告」とは「内部報告」を意味し，従来の「財務会計は，外部報告会計」という定義付けと矛盾する。

② 中小会計要領

中小企業向けの会計ルールである「中小企業の会計に関する基本要領」（2012年公表）では，その「策定の観点」の第一に「中小企業の経営者が活用しようと思えるよう，理解しやすく，自社の経営状況の把握に役立つ会計」を掲げている。これは，財務会計には，外部報告のみならず（というか，それ以前に），経営者への内部報告（自己報告）という本質的な目的があることを確認したものである。

以上のように，財務会計には，もともと「経営者への自己報告による健全経営の遂行」（内部報告）という本質的な目的がある。他方，管理会計領域も拡大しており，内部報告という伝統的な管理会計領域を超える領域が広がっている。

第5章　経営助言業務　173

| 図表5-5 | 新しい区分：財務会計と管理会計 |

区　　分		目的	報　告　先
会　計	財務会計	外部報告	金融機関・株主・投資家等
	管理会計	内部報告	経営者・経営管理者

出典：坂本（2018a）16頁の図表2-2

例えば，環境会計がその代表例である。これを表にすれば**図表5-5**のようになる。

米国公認会計士協会（AICPA）が，2013年6月に公表した中小企業向けの会計基準である『中小企業用の財務報告のフレームワーク』（Financial Reporting Framework for SMEs, FRF for SMEs）は，「財務諸表の目的」の1つに「経営者への有用な情報提供」を掲げている。

財務諸表の目的　1.08

財務諸表の目的は，資源の割り当ての決定，管理受託責任の評価，あるいはその両方を行う利用者，すなわち，経営者・債権者・および他の利用者に，有用な情報を伝えることにある。

Objective of Financial Statements 1.08

The objective of financial statements is to communicate information that is useful to management, creditors, and other users (users) when making their resource allocation decisions or assessing management stewardship, or both.

このことは，財務会計を投資家等への情報提供と位置づけている米国にあっても，中小企業の財務会計の本質的な目的が「経営者への自己報告」にあることが確認されたことを示すものである。

なお，FRF for SMEs は浦崎（2017）の第10章から第13章に詳しい。米国公認会計士協会の Professional Standards が提示する6種類のコンピレーションレポートの内2つに「FRF for SMEs に従って作成されている」という文言がある（AR-C§80.A48, Compilation Engagements 参照）。このことからも FRF for SMEs が米国の中小企業会計に浸透していることが推測される。

4 財務管理論と経営助言業務

1 ■ 中小企業向けの財務管理論

(1) 間接金融・税務管理

　税理士が行う経営助言業務は主として財務管理の領域である。税理士法は「税理士の名称を用いて」，「財務に関する事務を業として行うことができる」（第2条第2項）としている。ここで「財務」(finance) とは，広義の財務管理 (financial management) を意味しており，簿記・会計・管理会計・原価計算などを包含する概念である。さらに，中小企業経営力強化支援法に伴う告示も認定経営革新等支援機関に「中小企業の財務経営力の強化」を求めている（第3章 1 ①を参照）。

　しかしながら，次の点から，従来の財務管理論の体系をそのまま税理士の経営助言に用いることはむずかしい。

---
① 従来の財務管理論は，上場企業をその対象とし，かつ，株式市場からの資金調達（直接金融）を中心にして体系化されている。しかし，中小企業の主な資金調達は金融機関からの融資（間接金融）である。
② 従来の財務管理論は，税務を除外している。税務を除外した財務管理論では企業経営の実務において使いものにならない。

　そこで，中小企業の経営実務を前提としつつ，税理士が経営助言業務として行うべき財務管理論のフレームワークとその基礎理論を確立する必要がある[25]。

(2) 中小企業向けの財務管理論の体系

　企業活動は，その目的を達成するために，「ヒト」・「モノ」・「カネ」・「情報」の４つの経営資源を調達し，効率的に配分し，適切に組み合わせる，という諸活動である。これを経営管理（business management, business administration）の視点からみれば，「ヒト」は人事労務管理，「モノ」は在庫管理・固定資産管理等，「カネ」は財務管理（financial management），「情報」は情報管理に区分される。

　経営理念は，企業の存在意義や使命を表明したものであり，社会との調和を図りながら，将来にわたって継続企業として維持・発展することを可能とする適正利益の獲得を目標とすることが要請される。経営理念に基づいて，企業成長の持続的発展と経営の安定性を確保するための財務政策が確立され，財務政策に基づいて財務管理が遂行される（**図表５-６**）。

図表５-６　経営理念・財務政策・財務管理の関係

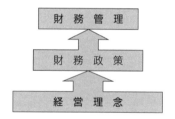

出典：筆者作成

　なお，financial management は，わが国では「財務管理」とされることが一般的であるが，これを「財務マネジメント」ないし「財務経営」としてもよいであろう。ちなみに，前出の中小企業経営力強化支援法に基づく「公示」には「財務経営力」という表現が用いられている。ここでいう「財務経営」とは financial management のことである。また，financial management の隣接領域には，「経営財務」（business finance）や「企業財務」（corporate finance）」があるが，これらは主に株式市場からの資本調達や資本運用，設備投資計算などを主な対象としている。

　ここで中小企業の財務管理論の全容を提示すれば，以下の**図表５-７**となる。

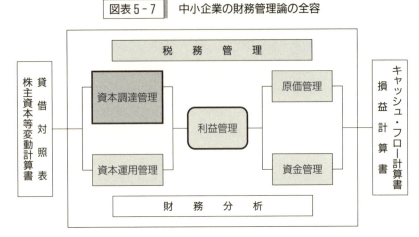

出典：坂本（2018a）10頁の図表1-10

この図から理解されるように，財務管理には税務管理と財務分析が含まれるべきであり，かつ，会計（貸借対照表，損益計算書，キャッシュ・フロー計算書等）の知見も主要な構成要素となる。

(3) 税務管理

「税務の相談業務」自体が税理士による経営助言業務の中核を形成している（本章 2 1参照）。そして，通常，税務業務は会計業務と一体となっている。しかしながら，従来のわが国の経営管理論，財務管理論，管理会計論では「税務管理」（tax management）の視座が欠けている。このような傾向は米国の財務管理論でも同様である。法人税法は，その関連法規だけでも膨大な条文数があり，かつ税法を理解しただけでは税の実務に精通できないために，財務管理論の研究者は税務の領域に踏み込めないのであろう。まさに学問の世界の「縦割り」の弊害である。

企業利益に対する法人税等の実効税率は35％から40％を占めており，企業利益に占めるキャッシュ・アウトの額としても，法人税等の負担額は企業経営上無視できないものとなっている。すなわち，経営管理，財務管理，管理会計の一大構成要素として税務管理を無視することは，①正確な利益計画や資金計画

が作成できない，②正確な設備投資の経済性計算ができない，③正確な資本収益性が計算できない，④税務は業務選択プロセスと密接に絡み合っている（とりわけ，各種経営計画の策定，連結納税制度・企業再編税制・移転価格税制・特例事業承継税制・租税優遇措置などは重要な経営判断要素となる），ことからして，税務を無視して企業経営は成り立たない。税務管理は財務管理の一大要素として位置づけられる必要がある。

(4) 財務分析

経営分析（business analysis）は，広狭 2 つの定義があり，広義の経営分析は，財務諸表分析と経営比較（Betriebsvergleich）を含むとされている。財務分析（financial analysis）は，一般的に財務管理の一分野に位置づけられることが多い。財務管理にとって，財務分析は重要な知的体系である。

財務分析は，決算書（主に，貸借対照表と損益計算書）を中心とした財務情報を用いて，企業活動を検討し，評価することである。財務分析は，財務諸表分析（financial statement analysis）とほぼ同義と考えていい。なお，同業者分析では，勘定科目の正確な設定（固定費・変動費の区分，製造原価と販管費の区分など）が重要でなる。これらが不正確であれば財務分析は無意味なものとなる。

わが国では，従来から中小企業庁が『中小企業の財務指標』（中小企業庁編）を発刊していたが，2005（平成17）年調査をもって廃止されている。現在わが国を代表する財務分析指標は『TKC 経営指標（BAST）』（Business Analyses & Statistics by TKC）である。同指標は，職業会計人専門の情報センターである TKC のコンピュータ会計システムを利用する全国の公認会計士・税理士（TKC 会員）が，毎年 TKC 統合情報センターで処理した中小企業の財務データを集大成したものである。この経営指標は1975（昭和50）年から毎年発行されており，財務分析資料としては日本最大規模を誇る。海外では，かつて米国公認会計士協会が，同様の財務分析資料の編纂を試みたことがあったが，結果としてその実現を見ていない。『TKC 経営指標』は，わが国のみならず，世界的にもその類例をみない最大規模の財務分析資料である。

2 ■ 各　　論

management（管理）は，planning（計画）と control（統制）からなるため，財務管理（financial management）も財務計画（financial planning）と財務統制（financial ccontrol）から構成される。管理か統制のいずれか1つを欠けば，もはやそれは管理ではない。

> 財務管理 ＝ 財務計画 ＋ 財務統制

旧通産省がとりまとめた『企業財務政策の今後のあり方』は，「資金の運用・調達その他あらゆる経営活動を相互関連システムとして捉え，長期利益計画を頂点として長期・短期の計画を連絡し，かつ各業務分野の計画を結合した総合財務計画を確立する。すなわち，収益性の拡大を中心として，財務の安全性，流動性の維持が図られた資金の調達・運用計画が要請される」としている。つまり，財務管理の中心には利益管理が位置づけられる。

①　利益管理

利益管理（profit management）も利益計画（profit planning）と利益統制（profit control）から構成される。

> 利益管理 ＝ 利益計画 ＋ 利益統制

利益計画は，企業の未来のあり方を利益という具体的な数値によって表したものであり，経営計画の一形態である。利益計画には，期間計画と個別計画があり，期間計画には，長期利益計画と短期利益計画がある。長期利益計画と短期利益計画については後述する。

②　資金調達管理・資金運用管理

次に，利益管理（利益計画と利益統制）は，資金調達管理と資金運用管理に関連している。利益は，最小限の総資本（＝負債＋純資産）の投下のもとで獲得れる必要があるからである。これを貸借対照表を用いて説明すれば，貸借対照表（balance sheet，B/S）の貸方（かしかた）は「資金の調達」を表示し，借方（かりかた）は「資金の運用」を表示し，株主資本等変動計算書は純資産の変動を示

している。

> 財務管理 ＝ 利益管理 ＋ 資本調達管理 ＋ 資本運用管理

　財務管理では「財務調達管理」が格別に重要な位置を占めている。これが管理会計との決定的な相違である。近年厳しさを増している中小企業金融領域の問題は，まさにこの財務調達管理の主要なテーマである。

[資金調達管理と会計]

　資金調達は「会計」と深い関係がある。それは次のような制度的な仕組みとなって現れている。

● 中小企業憲章は，その「行動指針」において，「中小企業向けの金融を円滑化する」との表題のもとで，「中小企業の実態に即した会計制度を整え，経営状況の明確化，経営者自身による事業の説明能力の向上，資金調達の強化を促す」としている。

● 中小企業経営力強化支援法（2012年制定）に伴う「中小企業の新たな事業活動の促進に関する基本方針」（「告示」）では，税理士等経営革新等支援機関に対して，中小企業の「資金調達力の向上を促進させることが，中小企業の財務経営力の強化に資すると判断する場合」に，「中小会計要領」または「中小指針」の活用を求めている（第3章 ■1④を参照）。

● 金融庁「中小・地域金融機関向けの総合的な監督指針」では，その「Ⅱ-5-2-1　顧客企業に対するコンサルティング機能の発揮」で，「中小企業である顧客企業が自らの経営の目標や課題を正確かつ十分に認識できるよう助言するにあたっては，当該顧客企業に対し，『中小企業の会計に関する指針』や『中小企業の会計に関する基本要領』の活用を促していくことも有効である」としている。

[資金調達管理・資金運用管理・資金管理の内容]

　財務管理にとって重要な要素である「流動性」は，「企業が必要とする資金とその調達の状態」を意味し，「流動性」には，長期と短期の2つがある。

　「資本調達管理・資本運用管理」は，長期資金の管理であり，長期財務流動性に関連している。新製品開発，市場計画，設備投資計画などは，すべて資金を必要とするものであるから，長期資金計画を作成して，資金の必要額と，それ

らの調達の手段を検討する。主な財務分析の指標としては，固定比率，固定長期適合率，自己資本比率がある。実務上は，資金運用表やキャッシュ・フロー計算書によって管理され，その対象となる「資本」は，「正味運転資本」(資金運用表)，「現金同等物」(キャッシュ・フロー計算書) である。

狭義の「資金管理」は，「現金資金管理」，あるいは単に「資金管理」とも言われ，短期財務流動性に関連している。主な財務分析指標としては，流動比率，当座比率，経常収支比率などがある。日々や月々の資金の出入りの問題であり，実務的には，日繰り表・資金繰り表，資金運用表，キャッシュ・フロー計算書によって管理する。管理の対象となる「現金資金」は，「現金資金」(資金繰り表)，「正味運転資金」(資金運用表)，「現金同等物」(キャッシュ・フロー計算書) の3つである。

資金管理は，資金計画と資金統制とからなり，資本を時間経過的な側面から計画したものが資金計画である。資金統制は，予算管理において資金予算の差異分析として取り上げられる。

ここで，広義の「資金管理」を整理すれば，**図表5-8**となる。

図表5-8　広義の「資金管理」

項目 ＼ 資金の管理	資本調達管理・資本運用管理	資金管理[現金資金管理]
資金管理の区分	長期の資金管理	短期の資金管理
対象とする資金と資本	正味運転資金，資産，負債，自己資本	資金 (現金資金，現金同等物，正味運転資金)
財務管理の視点	長期財務流動性：新製品開発，市場計画，設備投資計画などに必要な資金の調達など	短期財務流動性：日々や月々の資金の出入りの管理
対象とする期間	長　期	短　期
計画と統制	資本調達計画・資本調達統制 資本運用計画・資本運用統制	資金計画と資金統制
利益計画との関係	長期利益計画と連動	短期利益計画と連動
主な財務分析指標	固定比率，固定長期適合率，自己資本比率等	流動比率，当座比率，経常収支比率等
管理手法	資金運用表，キャッシュ・フロー計算書	日繰り表，資金繰り表，資金運用表，キャッシュ・フロー計算書

出典：坂本 (2018a) 66頁の図表5-1

第5章　経営助言業務 ■　181

［資本調達の概要］

株式会社が事業活動を行うためには，資本を調達する必要がある。会社を設立する際には資金が必要である。株式会社の場合には，会社法上，必ず株式を発行して会社財産を形成することを要求される（会社法第32条・第58条参照）。会社をいったん設立すれば，その後は，事業活動によって得た利益を株主に配当しないで社内に留保し，設備投資等のための資金として利用することも可能である（内部調達）。内部調達には，利益の留保の他に，減価償却・引当金，経営者借入などがある。内部資金だけでは足りない場合など，必要があれば外部から資金を調達することになる（外部調達）。外部調達には，企業間信用，金融機関借入，証券金融，資産売却などの方法がある。また，資本の調達は，自己資本と他人資本とに分類することもできる。

これらを貸借対照表の貸方（右側）の構造に合わせて一覧にすれば，**図表5‐9**になる。

税理士は，関与先企業の資金調達に関する助言を行うに当たって，図表5‐9に示した広範囲な資金調達の理論と実務に精通している必要がある。

③　原価管理・資金管理

利益管理は，原価管理に密接に関連している。損益計算書（profit and loss statement, income statement）において，「利益」は，収益と費用との差額概念であるが，費用には「原価」が含まれており，原価の管理が非常に重要であるからである。また，「勘定合って銭足らず」といわれるように，「利益」には「資金」の裏付けが不可欠であり，資金管理は利益管理との整合性を図る必要がある。決算書との関係では，利益管理・原価管理・資金管理は，損益計算書およびキャッシュ・フロー計算書に関係している。

> 財務管理　＝　利益管理　＋　原価管理　＋　資金管理

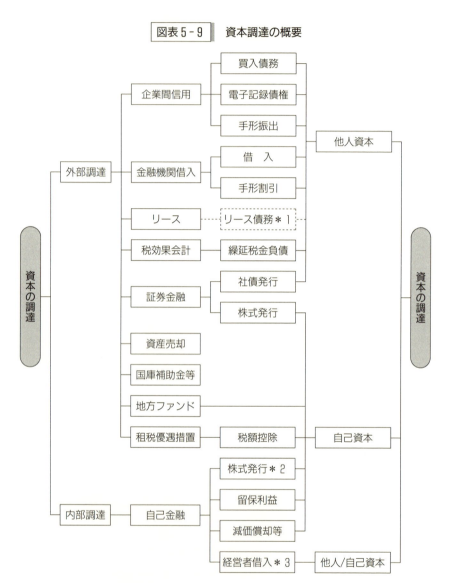

図表5-9 資本調達の概要

*1 リースは，リース債務ではなく，オフバランスになるものがある
*2 株式発行　＝経営者（経営者グループ）からの出資
*3 経営者借入＝決算書上は固定負債の部（他人資本）に計上されるが，金融機関による信用格付・自己査定では自己資本にみなされる

出典：坂本（2018a）67頁の図表5-2

第5章　経営助言業務 ■ 183

3 ■ 経営計画の策定支援業務

財務管理は，長期利益計画を頂点として，資金に関する長期・短期の計画，
短期の利益計画を連絡し，かつ各業務分野の計画を結合した総合財務計画を策
定する必要がある。税理士による利益計画（経営計画）の策定支援業務の重要性
について，飯塚毅博士は次のように述べている[26]。

> 過去計算だけに自分の業務を限定している会計人は，いかに誠実で良心的で
> あっても，関与先からは棄てられてゆく，との原則が明確化してきます。経営の
> 本質は，過去計算なんて，どうでもよいのです。「今日からのちどうしたらいいの
> か」を必死に模索しているのが現状です。そこでモンゴメリー先生がいわれたよ
> うに「経営方針の健全性」に関する最高の助言者になれるのかどうか，会員先生は
> 自問自答してみて下さい。経営の各条件を種々に変化させるだけで，無数に近い未
> 来計算のモデル像を提供できないような会計人は，はっきりと脱落者になります。

長期利益計画と短期利益計画は，以下のように策定する。

① 長期利益計画

長期利益計画は，経営戦略的な意味をもった，長期の期間（一般的には5年以
上）を対象として策定された利益計画である。外部経営環境の変化が予測しにく
いなかで，具体的な目標を掲げることは困難を伴うが，それでも企業全体に将
来の利益目標を示すことは，企業経営上極めて重要である。長期利益計画は，
中期利益計画（期間は3年から5年）を包含することが多い。

長期利益計画の水準は，経営戦略レベルのものが求められる。具体的には，
構造的改善（例えば，設備投資，新製品開発，要員計画など）や環境改善（たとえ
ば，業務提携，流通機構整備）などを対象としている。長期利益計画の策定手続に
は，トップ・ダウン方式とボトム・アップ方式の2つがあるが，長期利益計画
が経営戦略レベルのものであるため，トップ・ダウン方式が主となる。ただし，
企業全体を巻き込む計画とするためには，現場の各部門の意見も参考とするボ
トム・アップ方式をあわせて用いる必要もある。

長期利益計画は，短期利益計画に比して，多少ラフな計画でも許容される。
なお，長期資金調達計画と長期資金運用計画は，長期利益計画に関連している

ため，長期利益計画の見地から検討されなければならない。

②　短期利益計画

短期利益計画は，1年の期間を対象として策定され，具体的な活動計画を示す。その水準は，経営戦術レベルのものが求められ，具体的な業務執行を対象としている。短期利益計画の策定手続は，トップ・ダウン方式とボトム・アップ方式の併用が一般的であり，活動計画は予算編成とリンクさせる必要がある。短期利益管理は，原価計画と短期資金計画に密接に関連している。

短期利益計画の策定では，短期目標利益を決定することからはじまる。短期利益計画の策定方法には次の2つがある。

- 長期利益計画を基本にして，それに従う形で策定する。
  この場合には，フィックス方式とローリング方式がある。フィックス方式は長期利益計画を途中で見直さない方式であり，ローリング方式は長期計画を内外の経営環境の変化に対応させて毎期見直す方式である。
- 長期利益計画とは別に，単独で策定する。

長期利益計画と短期利益計画を対比すれば，**図表5-10**のようになる。

図表5-10　長期利益計画と短期利益計画

比較項目	長期利益計画	短期利益計画
目　的	企業全体に将来の利益目標を示す	具体的な活動計画を示す
水　準	経営戦略レベル	経営戦術レベル
具体的な内容	構造的改善（例えば，設備投資，新製品開発，要員計画）や環境改善（例えば，業務提携，流通機構整備）等	具体的な業務執行
期　間	一般的には5年以上。ただし，中期利益計画（3年から5年）を包含することが多い	一般的には1年
策定方法	主にトップ・ダウン方式	トップ・ダウン方式とボトム・アップ方式の併用
計画の綿密性	多少ラフな計画でも可	詳細かつ予算編成とリンク
他の計画との関係	主に，資金調達計画と資金運用計画に関連する	主に，原価計画と短期資金計画に関連する

出典：坂本（2018a）55頁の図表4-2

第5章 経営助言業務 ■ 185

5 財務管理論とその関連領域

　財務管理論は，企業活動の理論と実践の融合領域に成立する学問体系であるがゆえに，財務管理論も学際的な領域に立脚している。その関連する主な専門領域には以下のようなものがある。これらの領域も税理士による経営助言の主要部分を構成している。

① 財務管理とリスクマネジメント

　リスクマネジメントによって，企業自身および企業の周辺における企業に関連する動向，およびこれと結びついたリスクを早期に認識して，克服のための十分な方策を講じることが必要である。リスク克服のさまざまな選択肢は，①リスク回避（例えば，リスクを生じる事業からの撤退），②リスク低減（発生の確率や発生した際の損失を最小に低減する方策など），③リスク移転（保険によるリスクの引受け），④リスク受入れ（決算書における引当金の繰入れ）というプロセスで対応する。財務管理とリスクマネジメントには密接な関係がある。

　税理士にとって，①と②は純粋な経営助言業務であり，③は，経営者の死亡等に伴うリスクに対応するために適切な損害保険・生命保険の契約指導を行うことやその後のモニタリング業務がある。④は会計業務である。

　なお，飯塚毅博士は，損害保険と生命保険（事業者保険）契約締結の指導を税理士等による経営助言業務としている[27]。リスクを保険によって移転させる場合，リスクの数値的把握・事業継続に必要な資金額・保険金受領時の税負担など，会計と税務の専門的な知識が不可欠となる。例えば，企業を取り巻くリスクや，経営者の死亡時の事業継続に必要な資金額は一律ではない。とりわけわが国では税務相談が税理士の無償独占業務となっていることから（税理士法第2条第1項），企業と経営者に関する損害保険と生命保険（事業者保険）契約の個別の税務相談を含めた専門家的立場からの個別締結指導は税理士の独占業務であるといってよい（本章注(3)の米国公認会計士協会の『成功する会計事務所の手引き』

の内容を参照）。

また，中小企業基盤整備機構が行う，経営セーフティ共済（中小企業倒産防止共済制度）は，取引先事業者が倒産した際に，中小企業が連鎖倒産や経営難に陥ることを防ぐための制度であり，無担保・無保証人で掛金の最高10倍（上限8,000万円）まで借入れでき，掛金は損金または必要経費に算入できる税制優遇も受けられる。企業を取り巻くリスクへの対応として，この制度への加入指導も税理士による重要な経営助言に位置づけられる。なお，同機構が行う小規模企業共済制度（小規模企業の個人事業主または会社等の役員が事業を廃止した場合や役員を退職した場合など，第一線を退いた時の生活の安定，あるいは事業の再建などを図るために，小規模企業者の相互扶助の精神に基づき，自ら資金を拠出して行われる共済制度）や中小企業退職金共済制度（国の中小企業対策の一環として制定された中小企業退職金共済法に基づき設けられた制度であり，安全・確実・有利な退職金制度が手軽に構築できる）も重要な指導事項である。

② 財務管理と財務会計

財務管理は，まず，決算書に基づいて，企業の財務状況（財政状態と経営成績）を正確に把握することから始まる。決算書は，経営にとって入手可能な最良の情報であり，「決算書の限界」さえ認識しておけば，財務管理にとって最も有用な経営情報となる。

その第1の限界は，「会計上の利益」と「財務管理上の利益」とが異なることである。例えば，財務会計上の「経常利益」は「他人資本」のコストである「支払利息」を差し引いたものであるが，「自己資本」のコストは差し引かれていない。それゆえに，資本コストを計算する場合，財務会計の数値をそのまま使用することができない。第2の限界は，数学的なアプローチを用いて資本コストを算出する場合には，資産と負債は時価で計算するのが原則であるため，決算書の数値をそのまま利用できないことである。

このような限界はあるものの，財務会計に基づく情報は，財務管理にとって最も有用な経営情報を提供するものであることに違いはない。

③ 財務管理と管理会計

従来から職業会計人が行う経営助言は管理会計領域であると言われてきた。

しかし，管理会計の知見だけで中小企業金融をめぐる諸課題に対応するのは困難である。その理由は，管理会計論は資金調達管理をカバーしていないことにある。

管理会計の領域は，企業の特性などによって多様であり，かつ，時代とともに拡大・進化し続けているため，その全容を的確に描くことは難しいが，「伝統的管理会計の体系」は，意思決定会計として「投資計算」を，業績管理会計として「利益管理」や「原価管理」などを扱い，企業の経営に責任を負う経営者の意思決定に役立つ情報を提供することを目的としている。

これを財務管理の領域（図表5-7）と対比すれば，財務管理論の「利益管理・資金管理・原価管理」の領域は「伝統的な管理会計」とほぼ同様の内容となっている。そして，「設備投資の経済的評価」は財務管理論でも取り扱う。つまり，業績管理会計は，資金管理・利益管理・原価管理の領域と重なり，かつ意思決定会計としての投資計算は，資本運用管理の一部となっている。しかし，財務管理論の重要な領域である「資本調達管理」は，管理会計では取り扱わない。これが財務管理論と管理会計論との決定的な相違点である。

④ 財務管理と会社法・金融商品取引法

会社法は，多数の者から資金調達を可能にするために株式や社債を有価証券化し，資金提供者間の利益を合理的に調整するルールを定めている。また，金融商品取引法は，株式や社債が有価証券化されていることを前提として，その発行市場と流通市場における合理的な規制をしている。近年，法は株式の多様化を進めてきた。会社法は，各株式の権利は同一であることを原則としつつ，その例外として，一定の範囲と条件のもとで，複数の種類の株式を発行することを認めている。これは，株式による「資金調達の多様化」と「支配関係の多様化」の機会を株式会社に与えるためである。したがって，財務管理を展開するにあたっては，資金調達に関する会社法および金融商品取引法による法規制を熟知する必要がある。

学問的には，財務管理論，企業財務論などの体系が確立されているが，これらはすべて株式公開会社を対象とし，株式市場からの資金調達を前提にしたものである。しかしながら，税理士が行う経営助言の主領域である「中小企業の

財務管理」領域に関しては，実務書，ノウハウ書は数多く出版されるものの，学問的に体系立った研究が行われていない。この領域に学問的な光が当てられることが期待される。

コラム 11　ドイツ税理士が行う経営助言業務

　ドイツの税理士法は，その第57条第3項第3号で経営助言業務（Wirtschaftsberatende）を税理士の本来業務としている。税理士のコンサルティング分野と活動分野を示せば，図表5-11となる。

　活動分野の第1に掲げられている経営経済的評価（betriebswirtschaftliche Auswertung）とは，一定の期間（月，四半期など）の財務簿記の要約表のことであり，具体的には月次決算書や四半期決算書を意味している。会計で会社を強くする。つまり，税理士による会計の指導は，そのまま経営助言であり，それは「商業帳簿の自己報告機能」に基づくものであることは既述したとおりである。

　近代会計学の代名詞となった「動態論」を確立したシュマーレンバッハ（1873-1955）も，月次決算が経営管理にとって極めて有用であることについて次のように述べている[28]。

図表5-11　税理士の活動分野

・経営経済的評価	・法的形態の選択および立地計画
・貸借対照表の分析	・銀行との交渉や資金調達会議におけるサポート
・コントローリング	
・電子データ処理とITのコンサルティング	・マネジメントコンサルティング
・生活基盤の確立	・マーケティングコンサルティング
・合併	・人事コンサルティング
・財務計画，支払計画	・組織編成コンサルティング
・定款およびその他の契約	・租税計画
・投資コンサルティング，投資資金調達	・補助金や援助資金
	・企業コンセプトの作成
・企業買収，企業売却	・環境保護コンサルティング

出典：Kelm（2007）；33頁

> 月次損益計算は経営の成行きを早く注視しうるものであって，これによっ
> てたとえ短所があってもその損害を及ぼすところ極めて短期日に極限され，
> あまり進ませないようにし，また計算上認められる良き手段を早く用いるこ
> とができうるのである。月次損益計算はまったく内部にのみ向けられたもの
> で経営管理（Betriebsleitung）にのみ限られたものである。
>
> さらに年次計算はゆっくりなされるが，月次計算は急いでなされる。月次
> 計算は締切日から3週間ばかりにして完了されるが，年次計算は数か月の猶
> 予が与えられる。だから月次計算は銀行や代理店等からの計算書がたとえ
> 月々入ってくるとしても，それを全部待つことができないので，これを測定
> しておかなければならないことがたびたびある。

近年では税理士の経営助言業務に中小企業金融における格付コンサルティング
が加わっている。格付の根拠となる基礎的資料が年度決算書にあることから，一
般的には，帳簿の作成，賃金簿及び年度決算書作成に関して，個々の企業と委任
関係にある税理士が格付コンサルティングの任に当たることが最も適していると
されている。たとえば，「この経営助言業務という概念に，格付コンサルティング
（Ratingberatung）も原則として含意されることに異論はない[29]」とか，「税理士
は，税務の助言に集中するだけではなく，包括的なコンサルティングに取り組ま
なければならない[30]」という言及がある。

格付けコンサルティング業務に対応するために，あるいは，本来の税理士活動
においても課税と経済面の事実関係には密接な絡み合いがあるために，税理士は
税法だけでなく司法および特に経営学の専門知識も必要である。格付コンサルタ
ントとして活動する税理士は，税務の事実関係ばかりでなく，経営学および場合
により司法の事実関係も処理しなくてはならない[31]。また，すでに過去において
行われてきた税理士のコンサルティング活動は，格付けに関連する数々の側面を
含んでいたため，少なくとも多年にわたる職業経験がある税理士には必要な実務
経験があると想定することができる[32]。

なお，ドイツの税理士試験では，税法や会計学の試験の他に，口頭試問におい
て経営学領域の問題が出題されることがある。このため，税理士試験受験者は，
経営学の知識も身につける必要があるとされている[33]。

●注

(1) Vgl. Mittelsteiner (1999)；S.20.

(2) 飯塚毅 (1982a)；40-41頁参照。

(3) Carey (1965)；pp.243-244, ケアリー＝加藤監訳 (1970)；249頁参照。

飯塚毅博士は，米国公認会計士協会が発刊した『成功する会計事務所の手引き』(Guides to Successful Accounting Practice, AICPA, 1959) に記載された「会計事務所の報酬リスト」に基づいて，米国の会計事務所の業務範囲を以下のように紹介している (飯塚 (1982a)；339-340頁参照)。

> ①記帳事務，②源泉税関係事務，③各申告書作成事務，④特別経営分析およびその報告事務，⑤弁護士選択の指導，⑥監査一般および特別監査，⑦取締役会の指導，⑧予算の指導 (制度, 作り方, 内容)，⑨災害保険契約締結の指導，⑩原価分析およびその指導，⑪債権回収および集金方策の指導，⑫報告提出および報告吟味の仕方の指導，⑬使い込みおよび横領対策の指導，⑭関与先従業員の採用，⑮財産対策の指導，⑯関与先会計係の教育，⑰一般的な経営管理会議の指導，⑱贈与税 (相続税) 対策の指導，⑲生命保険 (事業者保険) 契約締結の指導，⑳資金借入の手配と指導。

そして，これらの他に，㉑帳簿組織および帳表類の立案指導，㉒原価計算制度確立の指導，㉓パソコン導入に関する指導，㉔システム設計の指導などが加わる，と指摘されている。①から㉔までの業務から税務業務・会計業務・保証業務に該当する業務 (①②④⑥) を除いて，経営助言業務を整理すれば，税理士が行うべき経営助言業務が財務管理領域であることが理解される。

(4) 飯塚毅 (1995)；102頁。

(5) 筆者は中小企業政策審議会企業力強化部会 (2011年−2012年) の委員であった。審議会において，中小企業の経営力の強化は，社会的なインフラである帳簿と，税理士および地域金融機関を活用すべきであることを強く主張した。審議会における筆者の発言の要旨は次のとおりである (2回会議, 2011年7月7日) (出所：国立国会図書館インターネット資料収集保存事業)。

> ・外部報告用の損益計算書や貸借対照表だけで経営者が自社の経営状況を把握することは，実は原理的に難しいところがある。その意味で，いま「経営の役に立つ新たな会計ルールの整備」(2012年に公表された中小会計要項のこと＝坂本注) が関係者によって進められているが，画期的なもの。急いで欲しい。作りっぱなしにせず活用・普及が大事だが，成功事例をまず示すことが必要ではないか。
> ・決算書の信用性確保をどのように図っていくか検討していくべき。
> ・(地域金融機関と) 中小企業の内情をよく知っている税理士，会計士との連携も，中小企業の成長を図るうえで重要。

同部会の「中間とりまとめ」（2012年3月12日）では，「中小企業の経営力向上には，能力とやる気のある地域金融機関や税理士事務所等を支援機関として取り込むなど，経営支援の担い手の多様化，支援能力の向上を図ることが重要である」，「中小企業に会計の定着を図り，会計の活用を通じた経営力の向上を図ることに加え，決算書の信頼性を確保して，資金調達力の向上を促進させることが重要である。そのためには，記帳能力など中小企業の実態に即した会計ルールの整備，政策金融における会計の活用や期中管理（経営計画や資金計画の作成等）体制の定着，及び金融機関に対する説明能力の向上支援，ITクラウドによる高度な財務・経営データを活用した地域金融機関との関係構築支援を図るべきである」と言及している（傍線は坂本）。この「中間とりまとめ」の内容が中小企業経営力強化支援法の骨格となった。

(6)　2019年5月10日現在で33,162機関のうち，税理士・税理士法人等は27,935機関となっている。

(7)　飯塚毅（1980）；5頁。

(8)　飯塚毅（1981）；5頁。

(9)　飯塚毅（1982a）；166-167頁。

(10)　Schmidt (2003) ; S.60.

(11)　ゲーレ＝飯塚毅訳（1991）；84頁。

(12)　税理士は税の知識をとおして，企業経営におけるコンサルタントとしての地位を確立することになる。（中略＝坂本）。たとえば，企業活動の方向が租税回避となるのか，それとも節税かとの選択において，当該企業の税務顧問である法律家としての税理士は，絶えず，その正しい方向を指示する必要がある。これは，企業がその平常の企業活動に際し，約三割が税知識の必要を要請するといわれることに対処するためである（松沢（1991）；309頁）。

(13)　福田幸弘政府委員は「その規定自体は倫理的な性格を持っておりますが，（中略＝坂本），倫理的なモラルを基礎にした法規範であるということでございます」と答弁している（第91回国会参議院大蔵委員会会議録第8号，昭和55年3月27日，13頁）。

(14)　このような思考を受け継いだドイツでは，刑法に「記帳義務不履行の処罰」が規定されている。例えば，支払いを停止し，その財産につき倒産手続が開始し，または倒産手続開始申立てが財産不足を理由に棄却された場合に（第283条第6項），法律により作成が義務づけられた商業帳簿を作成せず，またはその作成もしくは変造によって財産状況の把握を困難にした者は2年以内の自由刑または罰金に，それが「過失による場合」には1年以内の自由刑または罰金に処す，との規定がある（第283b条参照）。歴史的経緯と内容は坂本（2011）の第9章を参照されたい。

　わが国の旧破産法にも，「過怠破産罪」として，商業帳簿の不作成，財産の現況を知るに足りる記載をせずに，破産宣告が確定した場合には5年以下の懲役または30万円以下の罰金に処すという規定が存在した（第375条）。しかし残念ながら，2004年成立の新破産法に

はかかる規定は存在していない。その歴史的経緯と内容は坂本（2011）の430-432頁を参照
されたい。

(15)　Entwurf (Württemberg II) ; S.50.

(16)　Entwurf (Reichsministerium der Justiz) ; S.45.

(17)　坂本（2014）は，「会計で会社を強くする」という視点から取り纏めた簿記・会計に関す
る金言集である。

(18)　Goethe (2009) ; S.39. ゲーテ＝山崎訳（2000）；54頁。

(19)　Sombart (1917) ; S.118.

(20)　福沢（1875）；11頁。

(21)　Drucker (1993) ; p.506. 有賀（2008）；313頁。上田（2008）；175頁参照。
management scientist は，ドラッカー＝有賀訳では「マネジメント学者」，ドラッカー＝
上田訳では「マネジメント・サイエンティスト」とするが，management scientist は会計
専門家である会計士，OR 技術者などを包含していると解されるため，本書では「マネジメ
ント科学者」と訳出する。

(22)　武田編著（2003）；251頁。

(23)　北川（2015）；102頁。

(24)　河﨑（2016）；265-266頁。

(25)　なお，以下の解説は，主に坂本（2018a）に基づいている。

(26)　飯塚毅（1982a）；337頁。

(27)　関与先の経営者の家族の一員となったつもりで，あらゆる角度からの完全対策，例えば，
重要人物への十分な生命保険の契約指導，損害保険の契約の指導等，万全の処置を取って
おいてやること。こういう親身の相談と指導とを常にやる態勢にいること。会計人の発生
史論的な角度からは，これが重要な条件となります（飯塚（1995）；64頁）。

(28)　Schmalenbach (1926) ; S.75f. シュマーレンバッハ＝土岐訳（1950）；43-45頁参照。

(29)　Vgl. Kelm (2007) ; S.30.

(30)　Schmidt (200) ; S.38.

(31)　Kelm (2007) ; S.31.

(32)　Kelm (2007) ; S.32f.

(33)　クラウス・ヘンゼルマン博士（エアランゲン・ニュルンベルク大学教授）による講演『ド
イツにおける税理士による中小企業会計指導の重要性』（中小企業会計学会第6回全国大
会，東洋大学白山キャンパス，2018年9月1日）を参照（Henselmann（2018）；30頁）。

4大業務展開の基礎
ー会計帳簿・巡回監査・システムー

　税理士が4大業務を専門家的に遂行するためには，「会計帳簿の信頼性」が確保されなければならない。「会計帳簿の信頼性」を確保するためには，適切な記帳，税理士による巡回監査，適切なシステムが必要である。

　「適切な記帳」とは，商法・会社法・中小会計要領に定められた，適時性・整然性・明瞭性・正確性・網羅性に準拠した記帳をいう。

　「巡回監査」（月次巡回監査および決算巡回監査）とは，会計資料ならびに会計記録の適法性，正確性および適時性を確保するため，会計事実の真実性，実在性，網羅性を確かめ，かつ指導することである。巡回監査には，経営方針の健全性の吟味も含まれる。

　「適切なシステム」とは，税法・会計関連法令に完全準拠していること，記帳の訂正・修正・加除の履歴が残ること，トータルシステムであることをいう。

1　会計帳簿の信頼性

1 ■ 適切な記帳

(1) 適切な記帳が必要な理由

税理士が行う税務業務・会計業務・保証業務・経営助言業務（4大業務）は，それぞれ独立した業務ではない。それぞれの業務の中心には会計帳簿（仕訳）が存在している。したがって税理士の4大業務を確実に遂行するためには，まず，核となる「会計帳簿（仕訳）の信頼性」が確保されなければならない。そして，会計帳簿（仕訳）の信頼性を確保するためには，①適切な記帳，②税理士による巡回監査（月次巡回監査と決算巡回監査），③適切なシステムが必要である（図表6-1）。

記帳の重要性については，すでに「記帳代行」に関する考察において確認し

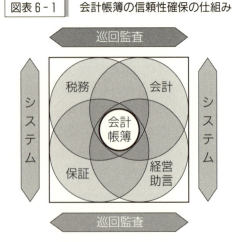

図表6-1　会計帳簿の信頼性確保の仕組み

出典：筆者作成

第6章　4大業務展開の基礎 ■ 195

た(第3章 **4** 2を参照)。それによれば，①租税法上の帳簿の証拠力，②商業帳簿の本質的な目的，③中小会計要領の趣旨，④書面添付の実施，⑤税理士の4大業務展開という視点から「適切な記帳」が必要とされる。

①　租税法上の証拠力の定立

　帳簿の証拠力や記録の信頼性は，本来，帳簿の作成者によって実施されることにより，作成者の自己責任のもとにおいて「帳簿の証拠力」が固まるもので，起票代行により他者による記帳に頼ることは，租税法上の「帳簿の証拠力」を弱め，したがって，「記帳の信頼性」が保持できないことになる(第2章 **3** を参照)。

②　商業帳簿の本質的な目的

　商法商業帳簿規定の趣旨に拠れば，商業帳簿には，「証拠力の定立」と「自己報告による健全経営の遂行」という目的がある。そのため商法第19条第2項は「記帳の適時性と正確性」を求めている（第3章 **2** 2を参照）。

③　中小会計要領の趣旨

　中小会計要領は，入口(エントリー)を重視した会計基準となっており，「記帳の重要性」として「本要領の利用にあたっては，適切な記帳が前提とされている。経営者が自社の経営状況を適切に把握するために記帳が重要である。記帳は，すべての取引につき，正規の簿記の原則に従って行い，適時に，整然かつ明瞭に，正確かつ網羅的に会計帳簿を作成しなければならない」としている(第3章 **3** 2⑤を参照)。

④　税理士法上の書面添付の実施

　税理士法上の書面添付は，税務監査証明と位置づけられるものである。税理士が起票代行をする場合には，関与先が自ら記入した帳簿書類(とりわけ主要簿)は存在しないことになる。この場合，「自己監査は監査にあらず」という見地から，税理士法上の書面添付は実施できないことになる（第4章 **2** を参照）。

⑤　税理士の4大業務展開の基礎

　税理士が4大業務を遂行するためには，まず，その核となる「会計帳簿（仕

訳）の信頼性」，特に仕訳の適時性や正確性などが確保されなければならない。税理士による起票代行の場合は，仕訳の適時性が阻害され，会計帳簿の信頼性を確保することが困難となる。

(2) 商法・会社法・中小会計要領に成文化された記帳条件

飯塚毅博士は，商法商業帳簿規定に「会計帳簿には左の事項を，完全網羅的に，真実を，適時に，継続的に，整然かつ明瞭に記載することを要す」という条項を設けることを提言された[(1)]。その意思を継いだ TKC 全国政経研究会が不断の運動を展開した結果，2005（平成17）年の商法の改正によって，その第19条第2項に次のように規定されるに至った[(2)]。

　商人は，その営業のために使用する財産について，法務省令で定めるところにより，適時に，正確な商業帳簿（会計帳簿及び貸借対照表をいう。以下この条において同じ。）を作成しなければならない。

同規定は，すべての商人に，会計帳簿のみならず，貸借対照表（実質的意味は決算書）の適時かつ正確な作成も義務づけている。そして商法改正と同時に制定された会社法には，その第432条第1項に次のように規定された。

　株式会社は，法務省令で定めるところにより，適時に，正確な会計帳簿を作成しなければならない。

注目すべきことは，商事基本法である商法および会社法に記帳の適時性と正確性が成文化されたことによって，会計帳簿の適時かつ正確な作成を義務づける規定が，一般社団法人及び一般財団法人に関する法律（第120条第1項），農林中央金庫法（第75条の2第1項），資産の流動化に関する法律（第99条第1項），保険業法（第54条の2第1項），森林組合法（第67条の3第1項），商店街振興組合法（第54条第1項），技術研究組合法（第39条第1項），労働金庫法（第55条の2第2項），投資信託及び投資法人に関する法律（第128条の2第1項），信用金庫法（第55条の2第1項），社会福祉法（第45条の23第1項），船主相互保険組合法（第44条第1項），中小企業等協同組合法（第41条第1項），協同組合による金融事業に関する法律（第5条の11第2項），公認会計士法（第34条15の3第1項），消費生活協同組合法（第32条第1項），医療法（第50条の2第1項），水産業協同組合法（第54

条の 6 第 1 項），農業協同組合法（第50条の 6 第 1 項），商品先物取引法施行規則（第
21条第 1 項）に設けられるに至っていることである。

例えば，「一般社団法人及び一般財団法人に関する法律」の第120条第 1 項は
次のような規定である。

> 一般社団法人は，法務省令で定めるところにより，適時に，正確な会計帳簿を
> 作成しなければならない。

また，2012（平成24）年に公表された中小会計要領には，「記帳の重要性」と
して「本要領の利用にあたっては，適切な記帳が前提とされている。経営者が
自社の経営状況を適切に把握するために記帳が重要である。記帳は，すべての
取引につき，正規の簿記の原則に従い，適時に，整然かつ明瞭に，正確かつ網
羅的に会計帳簿を作成しなければならない」と定められた。

2 ■ 記帳条件の具体的な内容

商法，会社法，中小会計要領などに盛り込まれた，記帳の「適時性」，「整然
性」，「明瞭性」，「正確性」および「網羅性」は，商業帳簿（帳簿）の証明力を重
視するドイツの商法（HGB）および国税通則法（AO）を参考にしている。

> **●HGB 第239条第 2 項**
> 帳簿の記入およびその他必要な記録は，完全網羅的に，正確に，適時にかつ整
> 然と行われなければならない（Die Eintragungen in Büchern und die sonst
> erforderlichen Aufzeichnungen müssen vollständig, richtig, zeitgerecht und
> geordnet vorgenommen werden.）。

> **●AO 第146条第 1 項第 1 文**
> 記帳およびその他必要な記録は，完全網羅的に，正確に，適時にかつ整然と行
> う（Die Buchungen und die sonst erforderlichen Aufzeichnungen sind vollstän-
> dig, richtig, zeitgerecht und geordnet vorzunehmen.）。

ここで，vollständig と richtig には，実質と形式の 2 つの意味があり，実質的
な意味では「完全性」と「真実性」を，形式的な意味では「完全網羅性」と「正

確性」をいう[3]。したがって，実質的な意味では「記帳およびその他必要な記録は，完全に，真実に，適時にかつ整然と行う」と邦訳することになる。「適時性」，「整然性」，「明瞭性」，「正確性」および「網羅性」については，ドイツにおけるこれらに関する解釈が参考になる[4]。

① 記帳の適時性

記帳の「適時性」とは「通常の期間内に」と同義である。記録が遅延すればするほど，記載を誤る可能性が高まり，結果として決算書（計算書類）の信憑性も歪められるおそれが高まる。その具体的な意味内容は現金取引と信用取引を区別して判断される。

ⓐ 現金取引

現金取引は，一般的に証拠となる外部資料の網羅性に欠けるため，記帳する側がその現金取引の真実性を証明する工夫が必要である。具体的には，毎日の営業が終了した時点で，金庫ないしレジに残っている現金残高を金種別に集計し，帳簿上の残高と照合する必要がある。照合済みの金種別現金残高表は原始記録として秩序整然と保存しなければならない。

現金取引の正確な記録は，帳簿の信頼性にとって不可欠な要素である。ドイツにおいては国税通則法が現金の日々の掌握を求めているが（ドイツ国税通則法第146条第1項第2文），この条文に関連してリットマンは，「手許現金と帳簿上の現金残高の正しい掌握はGoBの重要な構成要素である。より大きな意味では，『簿記の正規性』とは『正規の現金記帳』のことである。つまり，現金出納帳に間違いがあれば，全体の記帳それ自体の正規性がないということである[5]」としている。

ⓑ 信用取引・振替取引

信用取引や振替取引なども「通常の期間内」に記帳されなければならない。具体的には，取引発生後翌月末以内にその残高が掌握されれば，「通常の期間内」と解釈されるであろう。ドイツでは，商法および国税通則法で規定される「記帳の適時性」に関して，信用取引は取引発生日の翌月末までに残高を確定させなければならないと解釈されている。

② 記帳の整然性と明瞭性

記帳の「整然性」と「明瞭性」は，会計帳簿が整然かつ明瞭に記録されることで，債権者等の関係者が，計算書類の内容を明解に理解できるよう記載すべきことの要請である。

ⓐ 整然性

記帳に当たっては，正確な帳簿を備え，適切な勘定計画に基づき設けられた勘定に，取引を発生順で，複式簿記の原則に従って組織的に記録するとともに，記録間の関連が跡づけられるような整然かつ秩序立った記録が保持できる仕組みがとられなければならない。この場合，証憑書類には付番を行って記録との間に相互に追跡可能な状況を確保するとともに，証拠書類を順序よく保存する必要がある。ちなみに，ドイツ商法および国税通則法で規定されている geordnet（整然と）の意味内容は，専門的知識を有する第三者（経済監査士，税理士など）が，記帳に基づいて，相当なる期限以内に取引と企業の資産状況に関する全容を理解可能であるとともに，取引がその発生から終了までその取引を追跡できる状態をいうとされている。監査する側から見れば，整然とした記帳とは，監査証跡（audit trail）を保持した記帳という意味でもある。

ⓑ 明瞭性

記帳の明瞭性とは，識別可能性，つまり取引の性格，金額などが容易に識別できる記帳の状態を意味している。帳簿への記帳は，記録内容の意味が理解できるような形で，また，記録内容の整理・解釈等が可能な形で，明瞭に行われなければならない。なお，わが国の法人税旧基本通達(337)は，「整然と，且つ明瞭に記録する」という意味内容について，「すべての取引が秩序的に記録され，又同一の取引につき複数の帳簿に記録される場合には，その各帳簿への記載の相互関係が明らかにされ，且つ各取引の性格，金額等が容易に識別できるように記載されていることをいうものとする」としていた。この通達は現在は存在していないが，「一般に公正妥当な会計処理の基準」（法人税法第22条第4項）概念に包含されていると理解される。

③ 記帳の正確性と網羅性

ⓐ 正確性

正確な記帳とは，記帳が実質的にも形式的にも正確であることをいう。つま

り，記帳は，事実を歪めることのない真実なものでなければならず（実質的な正確性＝真実性），複式簿記の原則に基づいてその計算が正確でなければならない（形式的な正確性）。また，責任の所在を明確にするため，記帳の職務分担およびその責任者が明確でなければならない。

実質的な正確性とは，具体的には以下の諸条件を具備したものをいう。

- 記録はすべて証憑によって証明され，その真実性が保証されなければならない（「証拠なくして記帳なし」の原則）。
- 証憑によって証明された取引は，事実関係を明白に表示して，脱漏がなく，遅滞なく，時系列的に，記帳されなければならない。
- 取引は勘定科目に基づいて正確かつ適切にグルーピングされなければならない。
- 取引の記帳は第三者が検証可能なものでなければならない。
- 勘定科目には虚偽やねつ造された名称を用いてはならない。

さらに，記帳について，訂正・修正・加除の処理がなされるときは，(イ)当初の記帳の内容，(ロ)当該処理の日時，および，(ハ)責任の所在が明らかになるよう処置しなければならない。この処置は，記帳の適時性を担保するとともに，記帳の正確性も担保する重要な条件である。

ⓑ　網羅性

帳簿への記帳は，すべての取引事実を証拠書類に基づき「あますところなく」網羅的に記録しなければならない。

- 記帳されるべき取引の範囲については，「すべての取引」を記載しなければならない。
- 記帳されるべき個々の取引の内容については，「証拠なくして記帳なし」との原則を厳守した上で，「取引の評価と経過に関するすべての情報」を「あますところなく」記載しなければならない。

3 ■記帳指導の重要性

「仕訳」（起票，会計伝票の作成）は，当事者である事業者がなすべき固有の行為である（商法第19条，会社法第432条他）。税理士に関与先企業の取引の原始的形

成権力はなく，それゆえに，税理士が関与先企業の起票代行を行ってはならない（第3章 4 を参照）。これはドイツも同様であり，税理士が関与先企業の基本簿（仕訳帳）の記帳を税理士が代行することは，帳簿の証拠力を失わせる（簿記の正規性を毀損する）ことにつながるため，税理士が基本簿の記帳を代行することはほとんどあり得ない（第7章 1 3 (2)を参照）。

「仕訳」は，複式簿記の要諦であり，目に見えない経済取引を「借方」と「貸方」という，これ以上簡単にできない形で「記号化」（可視化）する厳格で厳粛な行為である（第3章図表3-10を参照）。簿記の初学者の多くが，この「仕訳」の学習段階において複式簿記の難しさに直面し，結果として簿記アレルギーになってしまう。

中小企業の一部には，簿記・会計に関する知識の乏しさを背景に，税理士に起票を含めた作業を全面的に依頼する傾向がある。さらに，こうした企業経営者の表面的な要望に応える浅はかな親切心から，こうした需要を受け入れる一部の税理士も存在している。一見すると，こうした「丸抱え」に関する需要と供給は合致しており，第三者が口を挟む余地はないようにも思える。また，一部のソフトベンダーが「FinTech（フィンテック）や AI を活用すれば簿記の論理を知らなくても会計帳簿，決算書（計算書類），税務申告書が自動的に作成できる」という宣伝をしている。

しかし，これらは，人類の英知の結晶である複式簿記に対するリスペクトが欠けているといわざるを得ない（なお「会計で会社を強くする」という視点からの先人の金言は第5章 3 1 を参照）。経営者は「会計リテラシー（literacy）」を身につけなければならない。仕訳の論理を知らずして，仕訳の当事者にならずして，会計帳簿，月次決算書，決算書（計算書類），利益計画書を真に理解することはできない。

人類の英知の結晶である複式簿記の恩恵にあずかるためには，経営者は，当事者意識をもって「仕訳」の論理を理解し，その上で，FinTech（フィンテック）や AI の技術を積極的に活用する必要がある。税務調査を受けた際に，「AI が自動的に仕訳をしたので，もし会計処理に間違いがあるなら，それは AI の責任です」などと主張する経営者がいたら，それこそお笑いぐさである。AI を利用して仕訳をはじめとする会計処理をした企業には，その会計処理に関する「決定過程の説明責任」がある。

わが国の中小企業の会計実務では，従来から「記帳は義務である」との認識が支配的であり，それゆえに，記帳条件を明確化しようとすれば，「中小企業いじめだ」とする反対論が勢いを増すという傾向が見られた。中小会社の経営者による記帳の軽視は，その企業の健全な発展を阻害するばかりか，商業帳簿の信頼性を弱める行為に等しい。

中小企業経営者は，商業帳簿の本質的な目的が「健全で合理的な経営を遂行せしめるための管理資料（自己報告機能）」および「商事裁判における証拠資料（商業帳簿の信頼性確保）」にあること，そして，その目的を達成するための最大の手段が「適切な記帳」にある，という原点を再認識しなければならない。経営者にとって記帳は，「義務である」と同時に「自社を守り，健全に発展させるための武器」である。

コラム 12　入口規制型（ドイツ）と出口規制型（米国）

会計の構図は，『入口』（エントリー）→『操作過程』（プロセス）→『出口』（エグジット）として描くことができる。会計基準を設定する場合，これまで「プロセス重視の会計基準」と「エグジット重視の会計基準」という2つのアプローチがあった。例えば，米国財務会計基準委員会（FASB）の財務会計概念ステートメント第2号およびわが国の『財務会計の概念フレームワーク』は，「エグジット重視の会計基準」の枠組みを構成している[6]。さらにわが国の金融商品取引法は，計算の「プロセス段階」（会計基準）とその「エグジット段階」（アウトプットとディスクロージャー）とに重点を置いた体系である[7]。

ドイツの会計制度は「GoB の体系」であるとされている。「正規の簿記の諸原則」（Grundsätze ordnungsmäßiger Buchführung, GoB）という用語は，商法・国税通則法・所得税法・コンピュータ会計法規（GoBD）などにおいて一貫して用いられており，その適用先は個人事業者から株式公開企業までカバーしている。そして，「簿記（Buchführung）」という語は，「日常の簿記（記帳等）」を包含しており，「簿記の正規性の基準となる一般的な GoB」として各種の記帳条件が商法・国税通則法などに，記帳の一目瞭然性・再検査可能性（商法第238条，国税通則法第145条），適時性・正確性・完全網羅性・整然性（商法第239条，国税通則法第146条），不可変性（商法第238条，国税通則法第146条）などの諸原則が成文化されている。

このような「簿記の形式的な諸原則」が成文化されているのは，「形式的に正規な簿記」に極めて高い証拠力を付与しているからである（第2章 **3** I 参照）。

これに対して米国の「一般に認められた会計原則」(generally accepted accounting principles, GAAP)は，主として株式公開企業を対象としている。さらに，GAAPは財務諸表を対象とし，記帳や会計帳簿はその対象としていない（第3章図表3-8を参照）。

ここで誤解を恐れずあえてドイツと米国の会計の構図を特徴づければ，ドイツでは記帳を含めた「簿記の正規性の基準となる一般的なGoB」（「インプット」と「プロセス」の領域）を精緻に法規範化することによって帳簿や年度決算書の信頼性（証拠力）を高める仕組みになっている。他方，米国では「内部統制機構」・「エグジット重視の会計基準」と「公認会計士による保証業務」で財務諸表（エグジット）の信頼性を高める仕組みになっている。

ドイツは入口（エントリー）規制型，米国は出口（アウトプット）規制型といってもよいであろう（**図表6-2**）。

したがって，信頼性ある中小企業会計制度を構築するに当たっては，インプットである記帳を重視するとともに（入口規制型＝ドイツ型），職業会計人が決算書

図表6-2 入口規制型と出口規制型

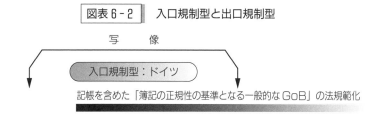
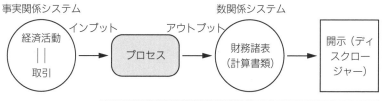

出所：坂本（2011）526頁の図表16-3

の適正性を保証する仕組み（出口規制型＝米国型）をとり入れるという発想が重要となる。

[入口規制]

わが国の企業会計原則は，一般原則の2の「正規の簿記の原則」で以下のように定め，「入口」である会計帳簿をカバーしている。

> 企業会計は，すべての取引につき，正規の簿記の原則に従って，正確な会計帳簿を作成しなければならない。

河﨑照行博士は「ここで注目すべき点は，中小会計要領と企業会計原則における正規の簿記の原則の位置づけの相違である。中小会計要領では，正規の簿記の原則を『記帳の重要性』として『総論』で単独の要請として謳い，真実性の原則を含む他の一般原則を『総論9』で規定することにより，それらの諸原則よりも上位の概念（原則）として位置づけている[8]」とされる。中小会計要領は，その対象が中小企業であるため，入口（エントリー）を重視した会計基準となっているのである（税理士が関与先企業の起票代行をすべきではないことは第3章4を参照）。

[出口規制]

わが国では，中小企業に関して「職業会計人が計算書類の適正性を保証する仕組み」が義務づけられていない。ドイツの税理士および経済監査士が行う「年度決算書の作成に関する証明業務」（その内容は第7章 **1** を参照）のような制度構築が理想であるが，現存の仕組みを用いるとすれば，①「中小企業の会計に関する基本要領」（中小会計要領）への準拠と，②現在，法人税申告書の9.1％まで浸透している「税理士法による書面添付」の実践[9]，が出口規制としてもっとも有効であると考えられる（書面添付は第4章 **2** を参照）。

巡回監査

1 ■巡回監査実施の要請

　巡回監査(月次巡回監査と決算巡回監査)は，飯塚毅博士が米国公認会計士が行う往査（Field Audit）の概念から着想を得て，理論的・実務的に体系化したものである[10]。

　税理士は，税務の専門家として，「独立性」と「公正性」が求められ，かつ，「納税義務の適正な実現を図る」ことを使命としている（税理士法第１条）。「租税正義（Steuergerechtigkeit）の実現[11]」の実務上の担い手である税理士は，「真正の事実」に基づいて税理士業務を遂行する義務を負っており，これに「故意に」あるいは「相当注意を怠って」税務代理等をした場合には税理士業務の停止等の処分を受ける場合がある（税理士法第45条）。ここで税理士が「真正の事実」に反すると分かっていた場合には「故意」（未必の故意を含む）が，知らなかった場合には「相当注意義務違反」が問われる。したがって税理士は，月次巡回監査，すなわち，現場に定期的に出向いて，事実関係の確認や証憑等の資料をもとに「取引」を全部監査する必要性が生じる[12]。これが巡回監査である。机上監査や試査だけでこれらの責任を果たすことは，およそ不可能である[13]。

　飯塚毅博士は，「行政処分は刑事処分とはまったく別であり，１枚の始末書で，税理士の資格剥奪が可能なのである（憲法第38条第３項参照）。巡回監査は絶対に無理しても断行すべきものであり，損得勘定，銭勘定の対象領域ではないのである[14]」とされ，「税理士はどのようにして自己の法的責任である『真正の事実』に準拠する業務ができるでしょうか。第一は，企業経営者の心に常にベルトを引っ掛けて，彼らを不正経理に走らせない工夫をこらすこと，第二は，関与先企業の現場に出かけて行って，会計処理の網羅性，真実性，実在性を確証してくること，以上です。そのためには，少なくともひと月に一回以上は，関与先を訪問して，経営者の心に果たして正しくベルトが掛かっているかどう

か，会計処理に網羅性，真実性があるかどうかを確かめ，ときには毅然として警告を発すること，が絶対の条件となります[15]」といわれる。

また，飯塚毅博士は，「公認会計士は重要性の原則（公認会計士法第30条第2項）によって救われているが，税理士にはこれが無い。だから税理士にとって唯一無二の成功の条件は，全部監査（試査ではなく）の効率的実施体制が作れたかどうかに係る」，「巡回監査の不実施は，イコール，会計資料の不備不正を承知の上で，税理士業を営むことを意味し，明らかに専門家としての義務（税理士法第四五条第二項）に抵触して違法だ[16]」とされる。

そして，「毎月厳格な巡回監査を実施しなくてもよい条件は何だろう。少なくも3つある。第1は，関与先が現場で作成する会計資料について，処理に関する税法会計学上の諸基準を熟知していること（現行法でいえば，法人税法第22条第4項，所得税法施行規則第57条の如き）。第2は，その熟知する内容を正確に実行する意思をもっていること（これは殆ど期待できない）。第3は，企業の内部統制が確立していること，以上である。この1つでも欠けていれば，関与先の会計資料は，誤処理，不正処理，脱漏の穴だらけだとみてよかろう[17]」と指摘されている。

つまり，つぎの3条件をすべて充足する場合には，巡回監査を省略することができる。

----

① 関与先が，現場で作成する会計資料について，処理に関する税法会計学上の諸基準を熟知していること。
② 関与先が，その熟知する内容を正確に実行する意思をもっていること。
③ 企業の内部統制が確立していること。

しかし，多くの中小企業において，上記の3条件のすべてを充足することはきわめて難しい。したがって，税理士は，少なくとも毎月1回以上は関与先を訪問して，経営者の心に正しくベルトが掛かっているかどうか，会計処理に網羅性，真実性，実在性があるかどうかを確かめ，指導することが絶対の条件となる。かかる指導行為はAIやFinTechでは絶対に実施不可能である。こうしたことから，『TKC会計人の行動基準書』では，巡回監査を必ず実施しなければならない規範として次のように位置づけている。

TKC全国会は，税理士業務と併せて会計業務を実施する会員の遵守すべき規範として「巡回監査」と名づける業務の実践基準を制定する。この基準は，税理士法上の相当注意義務を履行した証左として，会員が必ず実施しなければならない業務手続きを骨子とする。

2 ■巡回監査の内容

『TKC会計人の行動基準書』は，巡回監査を以下のように位置づけている。

巡回監査とは，関与先を毎月及び期末決算時に巡回し，会計資料並びに会計記録の適法性，正確性及び適時性を確保するため，会計事実の真実性，実在性，網羅性を確かめ，かつ指導することである。巡回監査においては，経営方針の健全性の吟味に努めるものとする。

巡回監査は，毎月行う月次巡回監査と期末決算時に行う決算巡回監査とに分けられる。

これを整理すれば，巡回監査は次の4点から構成される。

1　月次巡回監査と決算巡回監査からなる。
2　会計資料と会計記録の「適法性・適時性・正確性」を確保する。
3　会計事実の「真実性・実在性・網羅性」を確かめ，かつ指導する。
4　経営方針の健全性の吟味に努める。

巡回監査には狭義の巡回監査と広義の巡回監査がある。狭義の巡回監査は，1から3で構成され，広義の巡回監査は，1から4で構成される（**図表6-3**）。

税理士法からの要請に基づく巡回監査は，「狭義の巡回監査」（1 2 3）であり，「広義の巡回監査」はそれらに「経営方針の健全性の吟味に努める」業務（4），つまり経営助言業務を含めたものである。

巡回監査にはいくつかの特質がある。その代表的な特質が，指導的監査であること，全部監査であること（試査ではないこと）である。

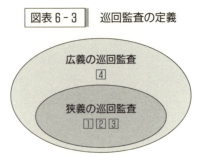

図表6-3 巡回監査の定義

出所：筆者作成

① 指導的機能

監査には指導的機能と批判的機能がある。指導的機能とは，監査の枠内において，財務諸表が企業の状況を適正に表示するように，必要な助言を行い，修正を指導する機能をいう。この場合，監査とは別契約の会計・システム・経営などに関するコンサルティングサービスの提供は可能である。他方，批判的機能とは，経営者が作成した財務諸表が企業の状況を適正に表示しているかを，批判的視点から検討を行う機能をいう。この場合，監査とは別契約の会計・システム・経営などに関するコンサルティングサービスの提供はできない（非監査証明業務の同時提供禁止は第1章 1 3を参照）。

現行法制上，公認会計士が大企業等の監査証明業務を行う場合には，批判的機能の立場から，被監査会社に対して会計・税務・システム・経営などのコンサルティング業務などの「非監査証明業務の同時提供」が禁止されている。これに対して，前出のTKC会計人の行動基準書の定義は「巡回監査とは，……を確かめ，かつ指導することである」としている。つまり，巡回監査は，関与先企業に対して4大業務を同時提供することを前提とする指導的機能の立場に立っている。

② 全部監査

公認会計士による監査証明業務は，全体として財務諸表等に重要な誤りがないかどうかについて（積極的ないし消極的）保証を与えることを目的としており，「重要性の原則」が適用される。他方，税法には「重要性の原則」が適用されない。厳密に言えば，たとえ1円の間違いであっても税法上は違法である。

米国の not one cent more or less than it should be（あるべき租税として1セントも多からず，1セントも少なからず）という諺はこのことを意味している。それゆえに，巡回監査は試査ではなく，全部監査（complete audit[18]）を行う必要がある。

なお，巡回監査を職員に行わせる場合には，税理士は，税理士法が規定する「使用人等に対する監督義務」（税理士法第41条の2[19]）のもとで，職員に『巡回監査報告書』等による職務行為に関する真実の報告義務を課すとともに，その結果については税理士が責任を負うものとされる[20]。

TKC全国会では，巡回監査業務を担う職員向けの資格として，全日本能率連盟の認証資格である巡回監査士・巡回監査士補制度を創設している。試験合格者は11,000名を超えている（2019（平成31）年4月末現在）。

3 ■ 4大業務の展開

税理士は，第一義的には，税理士法の要請から巡回監査を実施する必要がある。そして，税理士による巡回監査は，「会計帳簿の信頼性」を確保することによって4大業務を実施する基盤を形成している（**図表6-4**）。

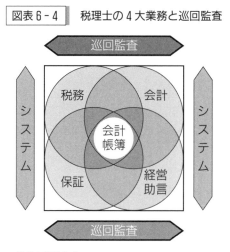

図表6-4　税理士の4大業務と巡回監査

出典：筆者作成

① 税務業務からの要請

既述のとおり，税理士は税理士法の要請によって巡回監査を実施しなければならない。加えて，租税法における「帳簿の証拠力」の確保という視点も重要である。ドイツ租税法においては，「正規の簿記だけが証拠力を享受する」とのテーゼのもとで，帳簿の証拠力が認められている。わが国の青色申告制度も，ドイツ租税法のそれと同様の位置づけにあると考えられる（第2章 **3** を参照）。租税法上の「帳簿の証拠力」の基となる会計帳簿（帳簿）の信頼性を税理士の立場から確証するためにも，税理士は巡回監査を実施しなければならない。

② 会計業務からの要請

税理士は，商法商業帳簿規定が求める商業帳簿の本質的な機能を引き出すために，月次巡回監査を実践しなければならない。税理士が会計専門家として活動する領域は，特に商法および会社法に関わる領域である。とすれば，商法商業帳簿規定の本来的機能である，「自己報告による健全経営の遂行」と「証拠力の定立」を発揮させる「手段」として，税理士による「巡回監査」が格別に重要である。

③ 保証業務からの要請

税理士は，税務申告書に関して，税理士法第33条の2による書面の添付をする権利を有しているが，この場合，「添付する書面に虚偽の記載をしたとき」または「税理士法もしくは国税等の規定に違反したとき」は，財務大臣は当該税理士を懲戒処分にすることができることとされている（税理士法第46条）。すなわち，税理士は，その資格をかけて書面添付を行う。会社法上の会計参与業務を行う場合も一定の責任を負っている。こうした職責から，税理士が書面添付等の保証業務を遂行する場合には巡回監査の実施が不可欠となる（第4章 **2** 2(2)および第4章 **3** 3を参照）。

④ 経営助言業務からの要請

税理士が行う巡回監査（月次巡回監査と決算巡回監査）は，全部監査（精密監査）を意味している。すなわち，関与先企業の「取引事実」を含む経営状況を細部にわたって，適時・正確に把握している外部専門家は税理士以外に存在しない。

帳簿の再検査可能性は逆行的な監査可能性を含んでいる（「取引は，その発生から終了まで追跡しうるものでなければならない」＝国税通則法第145条第1項第2文，第2章**3**1参照）。巡回監査は，仕訳の向こう側にある経営状況を正確に掴むものでなければならない。税理士が経営助言の適格者といわれるゆえんである（第5章**1**1(1)を参照）。税理士が，経営者の親身の相談相手として，最新の正確な経営上数値を踏まえて「経営方針の健全性の吟味」を含む経営助言を行うために巡回監査の実施は必要である。

⑤ 内部統制の補強からの要請

内部統制はコーポレートガバナンスの中核を成している。内部統制とは，「基本的に，業務の有効性及び効率性，財務報告の信頼性，事業活動に関わる法令等の遵守並びに資産の保全の4つの目的が達成されているとの合理的な保証を得るために，業務に組み込まれ，組織内のすべての者によって遂行されるプロセス」をいう（「内部統制実施基準」）。中小企業では人的資源の不足などの要因によって内部統制が存在していないか，存在していたとしても十分に機能しないところが圧倒的に多い。そのため，税理士による巡回監査は，中小企業の内部統制を補強して[21]，ガバナンスを強化するという位置づけにある。

このようなことから，巡回監査では，証憑突合や実査をはじめとして，一般監査技術である帳簿突合，計算突合，勘定突合，伝票突合，閲覧，通査を，必要に応じて個別監査技術である立会，確認，質問，勘定分析，分析的手続，視察，年齢調べなどを十分に行使すること，そして，それらの行為を通じて，仕訳の基になった会計事実（経済事実），すなわち「仕訳の向こう側の景色」を正確に掌握することが求められる。

重要なことは，たとえ受領する顧問料と巡回監査に係るコストを比べれば明らに採算割れとなる関与先があるとしても，巡回監査は，原則としてすべての関与先に実施しなければならないことである[22]。税理士は，第一義的に，税理士法の要請から巡回監査を実施する責務がある。飯塚毅博士が「巡回監査は絶対に無理しても断行すべきものであり，損得勘定，銭勘定の対象領域ではないのである」と喝破されたように，月次巡回監査の実施の要否を関与先ごとの個別原価計算で判断してはいけないのである。

3　システム

1 ■適切なシステム

　今日では，多くの企業が会計システムを導入して会計帳簿を作成しており，会計ソフトを導入していない企業においても顧問会計事務所が会計ソフトを用いて総勘定元帳などの帳簿作成代行を行っており，手書き会計を行っている事業者は限りなく少なくなっている。

　ここで重要なことは，それらのシステムが適切なものであることである。適切なシステムとは，具体的には，①税法・会計関連法令に完全準拠していること，②記帳の訂正・修正・加除の履歴が残ること，③トータルシステムであること，④税理士はAIを積極的に活用すべきであることである。

　税理士の4大業務におけるシステムの位置づけを示せば，図表6-5となる。

図表6-5　税理士の4大業務とシステム

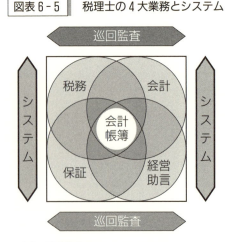

出典：筆者作成

① 税法・会計関連法令に完全準拠したシステムであること

　これは基本的な要件である。とりわけ，消費税法の帳簿記載要件に完全準拠，電子帳簿保存法への完全対応，法令で定められた会計帳簿の保存期間（会社法・税法）に対応していることなどが挙げられる。さらに，将来の税制改正に対応するために，比較税法学的な見地から，ドイツの GoB や，コンピュータ会計法規であるドイツの「電子形態ならびにデータ媒体での帳簿，記録および証拠書類に関する正規の記帳および保存の諸原則」（Grundsätze zur ordnungsmäßigen Führung und Aufbewahrung von Büchern, Aufzeichnungen und Unterlagen in elektronischer Form sowie zum Datenzugriff, GoBD[23]），米国のコンピュータ会計法規である「歳入手続98-25」（Revenue Procedure 98-25）も充足しうるものであることが望ましい。

② 記帳の訂正・修正・加除の履歴が残るシステムであること

　わが国には，電子帳簿保存法準拠の会計ソフトを例外として，記帳の訂正・修正・加除の履歴がまったく残らない会計ソフトが一般に普及している。これは他の先進国に見られない珍現象である。この点に関しては 2 で解説する。

③ トータルシステムであること

　仕訳（会計伝票）という単一のソース・データから，月次決算書・決算書・各種経営管理資料が多角的かつシームレスに自由自在に作成し取り出すことができるトータルシステムであることが必要である。とりわけ経営管理資料としては，経営戦略レベル・業績管理レベル・業務執行レベルの各階層に応じたシステム設計が不可欠となる。

　さらに，これらのデータが，会計事務所側の業務プロセス，すなわち，巡回監査業務（監査支援システム），会計業務（期末整理等決算書作成支援等），税務（法人税申告書および消費税申告書の作成，電子申告等）・保証業務（税理士法による書面添付等）・経営助言業務（財務分析，経営計画書作成支援等）まで「継ぎ目のない織物」のように，シームレスに連動するシステムであることが望ましい。

④ 税理士は AI を積極的に活用すべきであること

　巷間いわれている「AI が会計帳簿と決算書を自動作成する」というのはまっ

たくの虚偽である。「確かにデタラメな会計帳簿と決算書(らしきもの)でよければ自動作成できるだろう。だが，会計法令に完全準拠した正しい会計帳簿と決算書となると，それらをすべて自動作成することは不可能である[24]」。こうした前提のもとで，税理士は，AI など先端技術がもたらす可能性を駆使して，単純な事務作業や定型的な判断業務の相当部分を AI に代替させて，巡回監査や4大業務（税務・会計・保証・経営助言）をシステム横断的にシームレスに提供することはますます可能になるであろう。

⑤ 税理士業務を支援する各種機能を組み入れたシステムであること

税理士が法人企業の約9割に関与していることからすれば，会計と税務パッケージは，税理士業務を支援する各種機能を組み入れたシステムであるべきである[25]。会計・税務システムの提供事業者は2つに大別できる。1つは，税理士による巡回監査や4大業務を考慮してシステムを構築する事業者と，税理士のこれらの業務を無視する（バイパスする）事業者である。すなわち，企業経営者の視点においても，税理士の視点においても，ともに「適切なシステム」であることが望ましい。税理士の職務を尊重したシステムであれば，税理士は AI や FinTech を味方にすることができる。それは経営者が税理士を味方につけることを意味している。しかしながら，税理士の巡回監査業務など税理士の職能を無視する（バイパスする）事業者であれば，税理士は，AI や FinTech と敵対し，その職能を十分に発揮することが困難になる（第1章 4 2を参照）。その踏み絵の1つが，記帳の訂正・修正・加除の履歴が残るシステムであること，である。

2 ■記帳の訂正・修正・加除の履歴が残るシステム

(1) 簿記の当たり前のルール

簿記において，記帳した内容が後になって訂正・修正・加除の必要が生じた場合には，そのことが明らかになった時点で，当該仕訳を逆仕訳し，かつ，正しい仕訳を行う。あるいは，「見え消し」の処理を行う（見え消しとは，赤の二重線を引いて後で間違いがわかるようにしておくこと）必要がある。

歴史的に，「記帳の訂正・修正・加除の履歴を残すこと」（記帳の不可変性）は，簿記の当たり前のルールである。1494年に人類史上はじめて複式簿記を集大成して，ヴェネチアで印刷・発刊されたルカ・パチオリの『算術・幾何・比・及び比例全書』には，その第33章において「以上の事項（期中取引のこと＝筆者注）が，すべて，秩序正しくなされ，遵守された後は」元帳に先立ついかなる帳簿においてもいかなる変更も行われてはならないとする。この第33章の記述は「記帳の不可変性（不変の記帳の原則）」に関するものであり，修正記帳をする場合には，当初の処理に遡って直接行ってはならず，事後的な修正であることがわかるような処理を求めている[26]。1520年ドイツ・フライブルク都市法典では，帳簿の証拠力に関する規定において「書き方はいろいろあるが，削除したり，線を引いて消したりしてはならない。また，金額はアラビア数字ではなくて，数字をアルファベット文字にして綴ったものでなければならない」などと規定していた[27]。アラビア数字などでの帳簿記載は事後修正等の危険があるからである。

現行のドイツ商法第239条第3項および国税通則法第146条第4項には，次のような規定がある。

> 記帳および記録は，その当初の内容が確認できないような方法でこれを変更してはならない。変更が最初にされたか，または後にされたかが不明確であるような変更をしてならない。

さらに，これらの規定を受けて，行政命令であるGoBD（電子形態ならびにデータ媒体での帳簿，記録および証拠書類に関する正規の記帳および保存の諸原則）にさらに詳細な規定が存在している。

(2)　わが国の状況

例えば，わが国の日本商工会議所主催簿記検定試験の入門書である『合格テキスト　日商簿記3級』（Ver. 9.0，TAC出版，2018年，153頁）は，「仕訳の誤り」・「訂正仕訳」という表題で次のように解説している。

> ① 仕訳の誤り
> 取引について誤った仕訳をしてしまうことがあります。

- 勘定科目をまちがえる。
- 金額をまちがえる。
- 借方に記入するのか，貸方に記入するのかをまちがえる。

　いずれの場合も，仕訳（転記）したときに気が付けば，書き直すことができますが，一度記録した内容について，あとから誤りを見つけたときは，「誤りがあったので訂正する」記録を必要とします。このとき行われる仕訳を**訂正仕訳**といいます。

② 訂正仕訳

　訂正仕訳は，次のように行われます。

①　正しい仕訳知識を前提に，何をまちがえているのか（科目，金額，借方と貸方が逆）を確認します。

②　誤った仕訳の貸借逆仕訳を行います。これにより，いったん仕訳した内容を取り消します。

③　正しい仕訳を行います。

　なお，上記の②と③の２つの仕訳が訂正仕訳となりますが，誤った箇所を部分的に修正するために，②と③の同一科目の合算や相殺を行って仕訳をまとめるのが一般的です。

　このような訂正仕訳処理は，簿記の基本的ルールの１つであり，それゆえに，「一般に公正妥当と認められる会計の慣行」（商法第19条第１項），「一般に公正妥当と認められる企業会計の慣行」（会社法第431条），「一般に公正妥当と認められる会計処理の基準」（法人税法第22条第４項），「正規の簿記の原則」（企業会計原則第２原則，中小会計要領，所得税法施行規則第57条）に当然含まれるべき原則である。

　しかしながら，わが国では，当たり前のこのルールが軽く扱われ，記帳の訂正・修正・加除の履歴がまったく残らない会計ソフト，換言すれば，トレーサビリティ（traceability，追跡可能性）を欠く会計ソフトが小規模事業者に至るまで普及するに至ってしまった。

　このような会計ソフトが使用されている場合，税理士事務所による月次巡回監査は何の意味も持たないことになる。というのは，月次監査を実施した後に，関与先企業が，監査済みの仕訳を遡って訂正・修正・加除等したとしても，何の痕跡も残らないからである。

　わが国において，記帳の訂正・修正・加除の履歴がまったく残らない会計ソ

フトが蔓延してしまった理由は主に3つある。

その第1の理由は，わが国では，財務会計システムの開発の多くが，システム・エンジニアの主導の下で行われ，会計専門家はその開発に参画していなかったことにある。飯塚毅博士は次のように言及している[28]。

> 経団連の調査と発表によれば，わが国の電算機導入済みの上場会社で電算機を使って財務計算を実施している555社の内，その財務計算のシステムが，現行法に合致しているのは僅か1社だけであって，残り554社の電算機システムは，みな落第であることが判明した。（昭和43年6月22日付読売新聞所報）
>
> 現在までのところ，おおよそ100億円以上300億円に及ぶといわれるシステム設計誤謬のための費用，試行錯誤のための損失は，いったい何に起因するのか。それは電算機導入の上場会社が，財務計算システムの設計に当たって，会計専門家の参加指導を求めず，単に電算機の技術者が，いわばコンピュータ・サイドから，そのシステムを設計するに委ねた結果に他ならない。大多数のシステム・エンジニアは，財務計算システム開発の条件を知らないのである。知らない者が作った財務計算の資料を，そのまま是なりと信じて，その監査手続の研究開発に努力するのは，見当違いも甚だしいといわねばならぬ。

システム設計に当たっては，記帳の不可変性を含めた簿記の基本的なルール，税法などの法的要件，会計原則などが担保されなければならない。この点に関して，飯塚真玄氏は次のように述べられている。

> 日本では，ドイツと違って正規の簿記の諸原則が社会一般の「不文律」になるまで定着しておらず，中途半端なまま一方でコンピュータの処理能力の飛躍的な向上のほうに目を奪われたため，錯覚してしまったのです。この機をとらえたコンピュータの専門家（と言うよりも「商売の専門家」）のほうが機敏に動き，過去データの訂正・加除の処理を自由に行うことをもって，コンピュータ会計利用の最大のメリットとしてしまいました。そして，この深刻な問題の発生に，政府も職業会計人も学会もマスコミも気づかなかったのです[29]。

第2の理由は，わが国の商法や税法には，ドイツの「簿記の正規性の基準となる一般的な GoB」，例えば「一目瞭然性の原則（専門的知識を有する第三者への全容提供可能性）」（商法第238条第1項第2文，国税通則法第145条第1項第1文）・「再検査可能性の原則（取引の追跡可能性）」（商法第238条第1項第3文，国税通則法

第145条第1項第2文)・「不変の記帳の原則」(商法第239条第3項, 国税通則法第146
条第4項)などに匹敵する簿記のルールが何も成文化されていないために, 結果
として「簿記の形式的な正規性」を明確に提示できないことにある (国税通則法
の条文は第2章 **3** 1, 商法第238条第1項は第3章 **1** 3(2)を参照)。2005 (平成17) 年
の商法改正で記帳の「適時性」と「正確性」が求められることになったが, い
まだにわが国では記帳条件の成文化が遅れていることに変わりない。

　第3の理由は, こうした嘆かわしい状況に関して, 簿記・会計の専門家であ
る, 税理士・公認会計士・会計学者・税務官吏, 国税当局, 立法当局などの多
くが何の疑念も抱いていないことである。

　なお, かかる問題に関して, 政府税制調査会において, 日本税理士会連合会
の神津信一会長 (特別委員) が次のような重要な発言をされている。

　帳簿の正確性を担保する観点から, 変更履歴等のトレーサビリティーの確保を
図ることも当然必要であると考えております。税務の現状ですが, 税務調査があ
るという現場を想定しますと, 普段プリントアウトしない総勘定元帳等もプリン
トアウトして調査に備えることがありますが, この制度が推進されれば, ICT化
そのままで企業に余計な負担をかけることがないと考えます。
　　　　　　　税制調査会 (第12回総会, 平成29年10月16日) 議事録；13頁。

---

(3)　ドイツにおけるコンピュータ会計法規制定の状況

　意外であるが, ドイツにおいても, コンピュータ会計法規の制定に当たって,
EDV の専門家集団と, 商人ないし経済監査士の間に, 「簿記の正規性」を巡る
相互理解の困難が存在した。

　ドイツでは, EDV 簿記の正規性を詳細に規定する基準 (行政規則) として,
1978年には GoS が, 1995年には GoBS が, 2014年には GoBD が策定・公表され
ている。しかし, 1978年 GoS の発布以後にあっても[30], EDV の専門家集団側
には, EDV 簿記における正規性の必要性とその判定基準が明確に理解されてい
なかったようである。例えば, 1984年にシュッペンハウアー (Schuppenhauer)
が次のような重大な問題提起をしている[31]。

> 　法律上の規定と専門家の見解は「正規のデータ処理の諸原則」や「データ処理プログラムの正規の適用」の意義をますます求めるようになっている。その分野に関しては，膨大な文献にもかかわらず，いまだに具体性が欠けている。すべての専門科目が特有の背景を持った特有の用語で記述されているために，EDV の専門家集団と，商人ないし経済監査士の間に，相互理解の困難が存在するのである。EDV の専門家の側からは，常に「正規性の必要条件」（Ordnungsmäßigkeitsanforderungen）の事実上の範囲に関する曖昧さが存在している。さらに，部外者の側においても，どのような「正規性の必要条件」が実現されなければならないか，そして，どのような理由で「正規性の必要条件」が遵守されなければならないかということが必ずしも明瞭となっていない。

つまり，ドイツにあっても EDV 簿記のシステム設計にあたって，「正規性の必要条件」の充足よりも，効率性が重視される恐れがあったのである。

なお，ドイツでは上記の困難を乗り越えて EDV 簿記の正規性を詳細に規定する基準が現在に至るまで存在し続けている。

⑷　電子帳簿保存法

IT 時代を迎えた現在，書面による帳簿以外に電磁的記録方式による場合のデータ保存形式も帳簿という概念に加える必要が生じた[32]。1998（平成10）年に成立した，いわゆる電子帳簿保存法（電子計算機を使用して作成する国税関係帳簿書類の保存方法等の特例に関する法律＝電子帳簿保存法）は，データ媒体による帳簿保存と将来の電子商取引を視野に入れて，いわゆる EDI（Electronic Data Interchange）取引などにおける取引情報に係る電磁的記録の保存義務も規定している。

同法は，規制緩和（経済界による，納税者の事務負担軽減を図るための「データ媒体への帳簿保存の許容」の要望）と国税の納税義務の適正な実現（飯塚毅博士の提言を受けた，TKC 全国政経研究会による，コンピュータで帳簿作成する場合における「一般的な条件整備」の要望）との接点領域で審議され，政府による高度情報通信社会構築の動きがその制定を加速させている[33]。

それは，コンピュータ会計法の「趣旨」を規定する電子帳簿保存法第1条からも明らかである。

この法律は，情報化社会に対応し，国税の納税義務の適正な履行を確保しつつ納税者等の国税関係帳簿書類の保存に係る負担を軽減する等のため，電子計算機を使用して作成する国税関係帳簿書類の保存方法等について，所得税法（昭和四十年法律第三十三号），法人税法（昭和四十年法律第三十四号）その他の国税に関する法律の特例を定めるものとする（傍点は坂本）。

　こうした背景もあって，同法では，コンピュータで会計処理し，かつ，紙で保存するケースは適用外となってしまった。ただし，コンピュータ会計法の制定の過程で，わが国の帳簿規定の空白地帯であった記帳（エントリー）や処理過程（プロセス）の問題点が浮き彫りになり，結果的にそれらに関して法的な担保措置が盛り込まれたことは画期的であった。コンピュータ会計法は帳簿および書類の電子保存を可能とし，併せて電子商取引の条件整備を行っており，IT社会構築の基盤整備法として位置づけられるものである。

　同法施行規則によれば，訂正・削除の履歴の確保，追加入力の履歴の確保に関しては，(ア)その帳簿に係る電磁的記録の記録事項について訂正又は削除を行った場合には，これらの事実および内容を確認することができること，そして，(イ)その帳簿に係る記録事項の入力をその業務の処理に係る通常の時間を経過した後に行った場合には，その事実を確認することができることを求めている（第3条第1項第1号）。

　しかしながら，根本的な問題は残ったままである。それは，帳簿の電子帳簿保存の場合にだけ一般に比して厳しい条件が課せられていることである（**図表6-6**を参照）。

図表6-6　わが国とドイツにおけるコンピュータ会計法の適用範囲

コンピュータ会計法の適用範囲	ドイツ	
	日本	
保存の形態	データ媒体で保存	紙に出力して保存

コンピュータを用いた会計処理

出典：坂本（2011）442頁の図表14-2

例えば，コンピュータで会計処理した上で紙に帳簿を出力して保存する場合にはコンピュータ会計法は適用されない。したがって，入力されたデータをいつでも自由に変更・削除・追加可能であり，かつ，それらの処理の履歴が残らない状態でも違法とはならない。これは，法規範の不整合を意味している。

同法の制定当時は，ペーパーレス化の進展などによって同法に準拠した会計ソフトが次第に普及して，結果として「訂正・削除の履歴の確保/追加入力の履歴の確保」が事実上の標準になると期待されたのであるが，その期待に反して，現在までのところ電子帳簿保存法を適用する事業者はそれほど増加していない。納税義務の適正な実現や，決算書や税務申告書の信頼性確保のため，官民挙げて，電子帳簿保存法の適用事業者を増やすよう努める必要がある。

4 情報センターの活用

1 ■記帳の適時性等の検証と保証

記帳条件として掲げられた諸条件が充足されたことを検証し，保護するための「手段」（業務）としては，税理士による巡回監査（月次巡回監査と決算巡回監査）と適切な会計システムの使用が挙げられる。これによって，「正規の簿記だけが証拠力を享受する」という命題のもとで，会計資料ならびに会計記録の適法性，正確性および適時性が確保され，会計事実の真実性，実在性，網羅性が検証される。

加えて，最近主流となりつつある，第三者機関である専門の情報センターを活用する場合には，月次で検証した情報（月次決算）を，情報センターへ伝送し，管理される。そのような情報管理体制下において貯蔵された情報に基づいて決算書（計算書類）が作成されるとなると，決算書（計算書類）の信頼性の度合いは著しく向上する。これを証明するのが，情報センターが発行する，第三者証明たる「記帳適時性証明書」である。こうすることで，記録された過去の

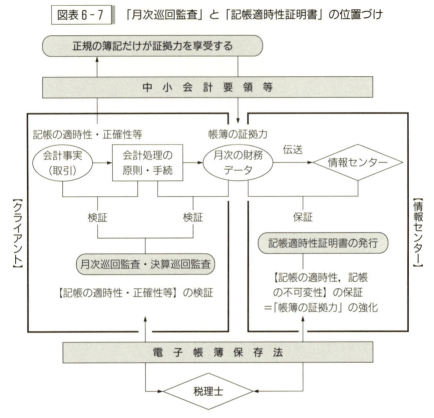

出典：武田（2006a）71頁の図2を一部加工して引用

実績データが追加・削除・訂正の処理を通じて，「改ざん」され，あるいは，「捏造」されたものでないことを第三者に対して立証できる[34]（記帳の不可変性の証明）。当然のことながら，情報センターの処理は，電子帳簿保存法準拠のシステムとなっている。それゆえに，かかるシステムによるとき，記帳の適時性や形式的な正確性が保証されて，「帳簿の証拠力」が強化される。

これらの関係を図示すれば，**図表6-7**になる。

2 ■記帳適時性証明書の意義

ここで「記帳適時性証明書」は，税理士・公認会計士向けの計算センターである TKC が発行するもので，以下のことを税務官庁や金融機関等に対して証明している[35]。

---

① 当該関与先企業は，これまで 3 年以上にわたって，TKC 会員である税理士の指導の下で「適時に」会計帳簿を記帳していること。

② TKC 会員である税理士が，これまでの 3 年間において実施した巡回監査と月次決算の日付と，監査した仕訳件数。

③ 月次決算の終了と同時に，その時点までの会計帳簿は閉鎖されるため，過去データに対する改ざんは一切なされなかったこと。

④ 決算書（計算書類）がその計算基礎となる会計帳簿と完全に一致していること。そして，その決算書（計算書類）の各頁左下に付番された固有番号。

⑤ 決算書（計算書類）の個別注記表に，その決算書（計算書類）が「中小会計要領」あるいは「中小指針」に準拠している旨の記載があるかどうか。

⑥ 税理士が作成した法人税申告書等が，その決算書（計算書類）に基づいて作成されていること。

⑦ その法人税申告書は，決算書（計算書類）とともに電子申告されていること。

⑧ 電子申告された法人税申告書等には，税理士法第33条の 2 が規定する書面が添付されているかどうか。

このように，記帳適時性証明書は，当該関与先企業の会計帳簿は企業自身によって「適時に」作成され，その会計帳簿に基づいて期末には決算書（計算書類）および税務申告書が作成され，税務申告書等は会計事務所から電子申告されていること，すなわち，「会計帳簿＝月次試算表＝決算書＝税務申告書＝電子申告」という事務の流れが一気通貫していることも証明している[36]。

それは，企業会計原則（中小会計要領）でいう「単一性の原則」（一般原則 7），すなわち「株主総会提出のため，信用目的のため，租税目的のため等種々の目的のために異なる形式の財務諸表を作成する必要がある場合，それらの内容は，信頼しうる会計記録に基づいて作成されたものであって，政策の考慮のために事実の真実な表示をゆがめてはならない」という原則（財務諸表の実質一元・形式多元の原則）が遵守されていることを証明している。

図表6-8　記帳条件と情報の信頼性

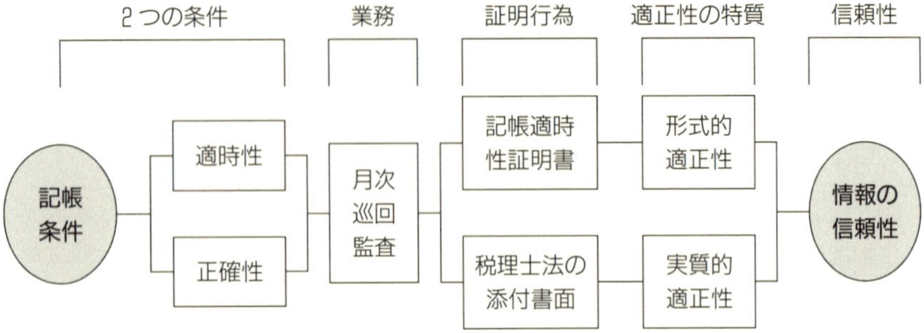

出典：武田（2006c）12頁の図3を一部加工して引用

　ただし，記帳適時性証明書は，会計帳簿作成の適時性など「形式的な適正性」を証明するものであるが，帳簿内容の「実質的な適正性」までを証明するものではないことに留意する必要がある。会計帳簿および税務申告書の実質的な適正性を保証するものは，税理士による巡回監査の実施であり，税理士法第33条の2に基づく添付書面である[37]。

　これらの関係（記帳条件と情報の信頼性）を図で示せば，**図表6-8**のようになる。

コラム
13

税務官吏の質問にどう答えられるのか

　飯塚毅博士は，「記帳の訂正・修正・加除の履歴」を残すコンピュータ会計法の制定を求めると同時に，以下のような見解を示されている。

　いま市販されている会計業務用オフコンは，お仕着せの財務プログラム・パッケージを使用者に提供し，しかも，そのプログラムの内容の詳細は，第三者が理解し，納得できるような文書として与えられてはいません。かつまた，遡及して会計資料を，どのように修正したか，の記録が電算機内に残りません。証拠が全く残らない仕組みになっています。ここが，TKCのシステムとは，絶対的に違うところです。もちろん，人間ですから，誤りがないとは

いえません。誤りを，遡って訂正する希望もでてまいりましょう。そこで，実態を知っている税務官吏なら，第一に先生に向かって，こう質問しますでしょう。「先生のつくられた財務諸表は，遡及して誤謬修正をおやりになりましたか，または，全く修正はしませんでしたか，その事実だけで結構ですから，何らかの証拠書類で，その点をお示しください」と。これだけで，税理士先生は答えに窮するはずです。

　証拠書類が出せないからです。次に「先生のお使いになっているオフコンは，遡及して修正ができるそうですが，それはお使いのプログラム（ソフトウエア）の中に，データ差し替え用の余白が組み込まれているか，または最近では，遡及修正のデータを後からぶち込んでも，あたかも初めからそうなっていたかのような帳表がつくれます。それは，電算機会計の国際常識（各国の規制条文）には違反していることですが，そのプログラムの内容を調査上必要としますので，分かり易い文書で見せてくれませんか」と。ここで，税理士先生は対応が不能となりましょう。見せられないからです。次にこう質問します。「そういたしますと，先生は，税理士法第四十五条にある，故意に（情を知って）真正な事実には反していないという点を，何で立証なさいますか。立証手段は，何でも構いませんから，例えば，月々の監査報告書でも結構ですから，お見せください」と。

　この時に，この税理士先生は，内心で「ああ，自分は税務のプロではなかった。一人前の税理士だとは，とてもいえないな」と，独白することになるでしょう。

　以上は，税理士法第四十五条関連の質問ですから，税理士は，不当な質問だ，とは主張できません。さらに，国税庁長官は，税理士業務の適正な運営を確保するため，必要があるときは，税理士から報告を徴し，税理士に質問し，書類を検査させることができる（税理士法第五十五条第一項）ことになっており，この報告，質問または検査に応じないか，虚偽の答弁をしたか，検査を拒み，妨げ，もしくは忌避した者は，五万円以下の罰金刑に処せられる（同六十三条）こととなっており，それは自動的に，税理士資格の喪失となることを意味します（同第四条）。従業員がやったので，税理士本人は知らなかったとしても，従業員と本人が共に罰金刑を科されることは明らかであり（同第六十四条），従って，税理士本人の資格の喪失には変わりがありません。気力の弱い，独立性（同第一条）の自覚がない税理士は「顧問先から頼まれたので，仕方なくやった」などと奇妙な弁解をする者もいると聞きますが，この場合は，法三十六条違反として，三年以下の懲役または三十万円以下の罰

金に処する（同五十八条）こととなっていますから，その税理士の人生はめちゃめちゃになることでしょう。

＊条文は1983年当時のものである（坂本注）。　　『TKC会報』1983年8月号

　税理士の4大業務（税務業務・会計業務・保証業務・経営助言業務）は，それぞれ独立した業務ではない。それぞれの業務の中心には会計帳簿（仕訳）が存在している。したがって税理士の4大業務を確実に遂行するためには，核となる「会計帳簿の信頼性」が確保されなければならない。会計帳簿の信頼性を確保するためには，①適切な記帳，②税理士による月次巡回監査，③適切なシステムが必要である。

　とりわけ税務においては，関与先企業に，適切なシステムの使用を助言し，「簿記の証拠力」を確保して納税者の正当な権利を守りながら，正しい税務申告を行わなければならない。そしてそれが税理士事務所の法的な防衛にもつながる[38]。

　ドイツの税理士は，委任者の会計システムが「正規の簿記の諸原則」（GoB）に合致しているか否かについての見解を表明することは，税理士業務遂行上の任務となっている[39]。つまり，ドイツの税理士は，クライアントが正規ではない会計のソフトウエアを使用している場合には，その問題点を指摘する責任を負っている。

　これと同様に，わが国の税理士も租税正義および「一般に公正妥当と認められる会計の慣行」の護持者として，企業に導入されるシステムが適切であるか否か，具体的には，①税法・会計関連法令に完全準拠していること，②記帳の訂正・修正・加除の履歴が残ること（簿記の当たり前のルールである），③トータルシステム（シームレスなシステム）であることを確認し，指導する職責がある。

●注

(1)　飯塚毅（1988）；300頁。

(2)　商法における記帳条件の明確化の経緯は，伊藤（2018）の55-59頁に詳しい。
　2005（平成17）年6月7日に開催された参議院法務委員会に参考人として招致された時の筆者（TKC全国政経研究会幹事長当時）発言は，以下のとおりである。

（坂本孝司　参考人）
　決算書の信頼性は記帳の品質で決まるというのが実務家である我々税理士の実感でございます。今回の改正で記帳の適時性と正確性を明文で求められているということ

は非常に素晴らしいと思っております。

　今回の改正案ではやはりドイツの法制を参考にしたと思われます。ドイツの現行商法239条第2項，それからドイツ国税通則法146条第1文でございますが，同じ言葉を用いまして，記帳は完全網羅的に，適時に，正確に，整然明瞭に記載することというのを求めております。この適時にと，ツァイトゲレヒトというドイツ語でございますけれども，これは通常の時間内にという解釈でございます。つまり，記録すべき取引が発生した後に会計帳簿への記帳が遅滞することがないように速やかに記録が行われることを意味しております。

　さらに，ドイツでは，税法でも同じ言葉を使っておりますので，税法・商法，同じ解釈でございますけれども，この国税通則法146条第1項第2文というところで，現金入金と現金出金は日々掌握されるべきであるということで，現金はその日のうちに残高を確認しなさいという適時性が求められております。さらに，所得税法，リヒトリニエンという施行規則みたいなものなんですけれども，ここでは判例を基にしまして現金取引はその日のうちに掌握すべしと。

　それから，信用取引，売り掛けとか買い掛けとかですね，そういうものは発生月の翌月末までにその残高を掌握することが適時であるという規定が存在しております。

　ですから，我が国でも適時にという言葉が今回採用頂けるということになるものですから，適時とは何かということを明確にしていただきたいというのが一実務家としての願いでございます。その場合に，適時とは通常の時間内にということであると，速やかに記録が行われるということを意味しているんだよと，さらに具体的に，できれば現金取引はその日のうちに，信用取引は翌月末までに把握されることが適時の意味なんだということを明らかにしてくれれば有り難いと思っております。

　さらに，コンピュータ処理する場合は，何時入力したかがもう分からなくなってしまうくらいに改造，改変が楽なんですね。そういう意味では，先生方が作っていただいた平成11年の電子帳簿保存法がございます。これはタイムスタンプの考え方を採用してございますので，できればこれも明らかにしていただければ有り難いと思っております。

　　　　第162回国会参議院法務委員会議事録・第21号　平成17年6月7日（抜粋）

(3)　坂本（2011）；171頁参照。

(4)　坂本（2011）の第5章第3節「狭義のGoB」（同書165-177頁）を参照されたい。
　　なお，以下の①から③までの解説は坂本（2006）の228-230頁を一部加筆したものである。

(5)　Littmann (1978)；§§4, 5 Tz.121.

(6)　討議資料『財務会計の概念フレームワーク』（企業会計基準委員会，2006年12月）は，「原則として証券市場におけるディスクロージャー制度を念頭に置いて記述されたものであ

る」，「ここでは公開企業を中心とする証券市場への情報開示が前提とされている」とされ（同資料vi），「ディスクロージャー」と「証券市場への情報開示」を前提としている。

(7) 武田（2008a）の20頁図3を参照。

(8) 河﨑（2016）；88頁。

(9) 平成29事務年度「国税庁実績評価書」（財務省，平成30年10月）参照。

(10) 飯塚毅（1982b）；5頁。

(11) 「租税正義」は，租税法の「立法」と「行政原則」の両面に関係している。立法面では，課税原則として「公平原則」があり，適用面，すなわち行政原則（税務実務）では，「租税法律主義」の原則がある。

(12) 飯塚毅博士は「会計人の責任は，会計資料における真実性の追求，税理士業務でいえば，『真正の事実』（法第45条第1項）に立脚する業務処理を根幹として達成される」（飯塚毅（1982a）；33頁）と言われる。

(13) 真正の事実とは「真実の正しい事実だ」となる。そうなると税理士は，「顧客から提供された生の資料のうち，違法不正の資料部分が見つかったときは，これを訂正させ正しい資料に直させて，その上で税法上の処理を行う義務がある，ということになる。それは伝票や証憑書類の一枚を巡回監査によって検証してみなければ分からない」（飯塚毅（1995）；93頁）。

(14) 飯塚毅（1992b）；9頁。

(15) 飯塚毅（1982b）；4-5頁参照。

(16) 飯塚毅（1973）；1頁。
　　公認会計士が，相当の注意を怠り，重大な虚偽，錯誤又は脱漏のある財務書類を重大な虚偽，錯誤及び脱漏のないものとして証明した場合には，内閣総理大臣は，前条第1号又は第2号に掲げる懲戒の処分をすることができる（公認会計士法第30条第2項）。

(17) 飯塚毅（1973）；1頁。

(18) 全部監査（complete audit）は，精密（精細）監査（detailed audit），精査（complete checking）あるいは悉皆監査とも言われる。全部監査は，もともとは監査対象項目のすべてを検査するという監査の適用方法を意味していた（神戸大学会計学研究室（2007）を参照）。

(19) 税理士は，税理士業務を行うため使用人その他の従業者を使用するときは，税理士業務の適正な遂行に欠けるところのないよう当該使用人その他の従業者を監督しなければならない（税理士法第41条の2「使用人等に対する監督義務」）。

(20) 『TKC会計人の行動基準書』3-2-7参照。

(21) TKC会計人は，関与先企業に対して，月次巡回監査・決算巡回監査を実施しています。監査役の監査で不十分な点は，この税理士による巡回監査で補います。また，監査役の監査時には，税理士が監査役を補佐する仕組みをつくることで内部統制の定着を図ります（武田/TKC全国会巡回監査・書面添付委員会（2007）；237頁）。

(22)　TKC全国会中央研修所（2014）；117-118頁。

(23)　GoBDの訳文は，坂本（2015b）を参照。

(24)　飯塚真玄（2016）；467頁。

(25)　彼ら（会計ソフトベンダーのこと＝坂本注）の会計パッケージに税理士専用の機能をつけると，代理店では簡単に売れなくなる。メーカーに対して「そんな機能を付けてもらっては困る」と言うだろう（飯塚真玄（2016）；354頁）。

(26)　坂本（2011）；22頁。

(27)　坂本（2011）；19頁。

(28)　飯塚毅（1992a）；5頁。

(29)　飯塚真玄（2015）；288頁。

(30)　1984年当時までのEDVに関する文献は，Schuppenhauer（1984）の179頁以下のLiteraturverzeichnis（引用文献一覧表）を参照されたい。

(31)　Schuppenhauer（1984）に記載されている第1版（1982）の序文を参照した。

(32)　それまでは，電子帳簿を取り扱う法規は存在していなかった。

(33)　同法制定の経緯と飯塚毅博士の見解の詳細は，坂本（1998）および伊藤（2018）の32-37頁を参照されたい。

なお，当時のTKC会報に掲載された拙稿は以下のとおりである。

『TKC会報』平成10年9月号「コンピュータ会計法の成立の本質と経緯」

TKC全国政経研究会幹事長代理　坂本孝司

今年3月30日，TKC会計人の悲願であったコンピュータ会計法が，参議院本会議において全会一致で可決されました。この法律の本質とその成立の経緯を申し上げます。

TKC全国政経研究会（以下，TKC政経研）では，アメリカとドイツのコンピュータ会計法規制定がデータ媒体への帳簿保存を契機に策定されていることを確認しました。そこでTKC政経研では，飯塚毅名誉会長（当時，会長）の了解を得たうえで「データ媒体への帳簿保存の容認に関する要望を前面に打ち出し，その制定に当たっては『痕跡を残さない遡及的な修正・削除処理の禁止』等厳格な諸条件を盛り込むことを必須の条件とする」という運動方針を採用しました。

また，昭和40年代以来，経団連を中心とした産業界から，データ媒体への帳簿書類保存が可能なこと及びその条件を明定してほしいという要望が継続して出されていることを知り，これと同一歩調を取ることにしました。平成7年には新進党が，平成8年には自民党が，それぞれ議員連盟を結成し，ドイツやアメリカのコンピュータ会計法規の研究，大蔵省・国税庁・経団連等からの意見聴取，立法化に向けての問題点整理が精力的に行われました。

この後，飯塚真玄TKC社長，DATEV社の前社長ハインツ・セビガー博士並びにディーター・ケンプ社長の全面的な協力をいただき，TKC会報『TKC』平成9年3月

号別冊『ドイツとアメリカのコンピュータ会計法規』を配付しました。これら TKC 政経研の活動により，国税庁等に TKC システムの厳格性を強烈にアピールするとともに，今回のコンピュータ会計法の作成に当たって立法当局者に重要な示唆を与えたのでした。

⑶⁴ 武田（2006a）；70頁。

⑶⁵ TKC 全国会中央研修所（2014）；298頁。

⑶⁶ 飯塚真玄（2019）；13頁。

⑶⁷ TKC 全国会中央研修所（2014）；298頁参照。

⑶⁸ 飯塚真玄（2015）；285頁参照。

⑶⁹ Bundessteuerberaterkammer (Hrsg.) (1990)；Vorwort.

第7章

変化する時代への対応
－中小企業金融における会計と税理士の役割－

　税理士業界の最大の課題は，中小企業金融において税理士がどのような貢献ができるかにある。
　わが国と同様に間接金融が主流で，健全な金融規律を誇るドイツでは，「情報の非対称性」を解消・縮減するために，金融機関に提出される一切の年度決算書には，税理士による「年度決算書の作成に関する証明書」等の添付が求められている。
　これに対して，わが国の中小企業金融では，「情報の非対称性」を所与のものと位置づけて，それを間接的に緩和する対応策を模索し続けてきた。しかし，「情報の非対称性」を解消・縮減させるためには，社会的なインフラである「商業帳簿」を用いるとともに「決算書の信頼性」を確保することが必要である。そして，国家的課題である「経営者保証に関するガイドライン」を推進するために，税理士は，書面添付の活用等を通じてその実態を保証し，経営者と金融機関との橋渡しを行う必要がある。

1 ドイツ中小企業金融にみる会計と税理士の役割

1 ■ 問題提起

　現在，わが国の全法人に占める欠損法人の割合は6割を超えている[1]。加えて，中小企業は，大企業に比べて自己資本比率が低く，間接金融に依存する割合が高いという一般的な特性がある。そのため，中小企業にとって，資金調達をはじめとする金融機関との関係は格別に重要となっている。中小企業憲章も，その「行動指針」で「中小企業向けの金融を円滑化する」との表題を掲げ，「中小企業の実態に則した会計制度を整え，経営状況の明確化，経営者自身による事業の説明能力の向上，資金調達力の強化を促す」としている。

　こうしたことから，わが国の法人企業の約9割に関与している税理士業界の現下の最大の課題は，中小企業金融，とりわけ中小企業の資金調達面において，「会計」と「税理士」がどのような貢献ができるかということになる。

　しかしながら，わが国では未だに「中小企業金融における会計と税理士の役割」が明確化されていない。中小企業金融における「決算書の信頼性」の確保を義務づける制度的な仕組みがないばかりか，金融機関の一部には，これまでの苦い経験から「中小企業の決算書は信用できない」という（間違った）常識と「どの税理士が関与した決算書でもみな同じである」という認識が色濃く残っている[2]（第4章コラム9「『決算書の信頼性』は外部から識別可能である」を参照）。どのような職業も，経済社会の変化に対応できなければ，没落・消滅する運命にあることからすれば，「中小企業金融における会計と税理士の役割」に真摯に取り組むことは税理士業界にとって喫緊の課題であると思われる。

　ところで，わが国と同様に間接金融が主流であり，健全な金融規律を誇るドイツでは，「中小企業金融における会計と税理士の役割」についてはすでに解決済みとなっている。つまり，税理士は経営助言業務の一環として，「格付けコンサルタント」（Ratingberater）として位置づけられるとともに[3]，信用格付のた

めに金融機関に提出される一切の年度決算書には，税理士・宣誓帳簿監査士（vereidigter Buchprüfer）・経済監査士（Wirtschaftsprüfer）による「年度決算書の作成に関する証明書（ベシャイニグング）」ないし，宣誓帳簿監査士・経済監査士による「確認の付記」（わが国の監査証明書に相当する）の添付が求められるに至っている[4]。しかしながら，わが国では，このようなドイツの状況がまったく知られておらず，研究もそれほど進展していない[5]。そこで，ここではまずドイツ中小企業金融における会計と税理士の役割を確認してみたい（なお，米国の状況についても，若干の考慮を加える）。

2 ■税理士による「年度決算書の作成に関する証明業務」の歴史的経緯

　ドイツの中小企業金融における「年度決算書の信頼性」確保の仕組みは，つぎのような経緯のもとで生成されている。

①　1961年信用制度法と1964年の連邦金融制度監督局通達

　1961年に公布された信用制度法（Kreditwesengesetz）は，正式には「信用制度に関する法律」（Das Gesetz über das Kreditwesen）という名の法律である。同法の第18条は，一定の条件の下で，金融機関に年度決算書の徴求義務を課している。

1961年　信用制度法第18条「信用の基礎となる事実」

　金融機関は，総計１万ドイツマルクを超える信用を供与される信用受供者について，経済的な関係の開示，特に年度決算書の提出を要求しなければならない。

　設定された保証や連帯保証人を考慮に入れた公開の要求が明らかに根拠がない場合には，当該金融機関はその時点でこれを取りやめることができる。

　同条は，「保証や連帯保証人を考慮に入れた公開の要求が明らかに根拠がない場合」に「年度決算書の提出」の要求を「取りやめることができる」としていることから，当該徴求義務は，主に無担保・無保証による信用供与を想定していたと考えられる。草案の理由書は，「すべての金融機関に適用されるこの法律

上の義務によって，顧客の立場に対して強くなり，かつ，競争させることによっ
て検査を見合わせる寛大な取扱いをするように信用受供者が金融機関を唆すこ
とを，防止すべきである」（BT-Drucks.3/1114, *Entwurf eines Gesetzes über das
Kreditwesen*, S.35.）としている（傍点は坂本）。信用供与の基本に「年度決算書」
を位置づける本規定が，ドイツの中小企業金融の基盤を形成しているのである。
そして，これに続く1964年３月11日付の連邦金融制度監督局の通達は，以下の
ような内容である。

1964年３月11日付の連邦金融制度監督局の通達

　第18条は，提出された年度決算書の経済監査士による証明（Testierung）を規
定していない。同条は，信用受供者自身が作成した貸借対照表書類だけでは十分
ではなく，可能であれば，経済監査士，帳簿監査士ないし税理士の証明書（Testat）
が徴求されるべきである。信用受供者の年度決算書が，法律上の義務に基づいて
あるいは任意に，決算監査人による監査が行われる限りで，金融機関は証明され
た貸借対照表を徴求しなければならない。

　つまり，連邦金融制度監督局は，「年度決算書の信頼性」を確保するために，
「経済監査士ないし税理士による一定の保証がない年度決算書」は，信用制度法
18条所定の「年度決算書」に相当しないという解釈を導き出したのである。こ
こに中小企業金融の健全化を志向する当時の連邦金融監督局の見識が窺える。

②　1992年連邦税理士会の声明

　1992年に至って，連邦税理士会は，２月21/22日付で年度決算書の作成および
（任意の）監査の分野における「決算付記および監査付記」の作成について，『税
理士および税務代理士の決算付記および監査付記に関する連邦税理士会の注意
事項』を公表している。この『注意事項』の公表は，バーゼルⅠの合意時期と
前後する1980年代末より一部金融機関が現在のバーゼルⅡの内部格付の原型に
相当する内部格付手法を採用している金融機関の要請に応えたものであると同
時に，目前に迫ったバーゼルⅠに備えたものである。

　さらに，『注意事項』を追認する形で，連邦金融制度監督局の1996年１月５日
の告示は，「金融機関が，税理士によって，場合によっては税務代理士によって

監査され，かつ，監査付記が付いた年度決算書を外から入手した場合には，通常は十分である」としている[6]。同告示による制限は，同年4月26日の告示で再び廃止されているが，その廃止にもかかわらず，年度決算書の作成に当たって，税理士ないし税務代理士が協力した場合，年度決算書に決算付記が与えられれば十分であるとみなされていた[7]。

③ 1996年経済監査士協会の『諸原則』

連邦金融制度監督局の1996年1月5日の告示に対応する形で，1996年に経済監査士協会は，声明4/96『経済監査士による年度決算書の作成に関する諸原則』を発表している。ただし経済監査士協会の『諸原則』では，企業が帳簿作成を行っていることを前提とし，経済監査士が帳簿の作成を行うことを想定していない。経済監査士協会は，決算監査人が帳簿を記帳していれば蓋然性評価を伴う年度決算書作成に関するベシャイニグングを提出できないという立場を採っていたのである[8]。

④ 1998年連邦税理士会が『税理士業務における品質保証に関するドイツ連邦税理士会の指針』を決議・採択

1998年6月8/9日の連邦税理士会総会で『税理士業務における品質保証に関する連邦税理士会の指針』（Verlautbarung der Bundessteuerberaterkammer zur Qualitätssicherung in der Steuerberaterpraxis）を決議・採択した。この『指針』は，関与先の「高まる要求のなかで，税理士には今後より一層の品質保証に努めることが要請されている」という状況の下で，「職業活動の品質保証のために必要な推奨事項を提示する」ために策定されたものであるが（『指針』の「序説」），その採択のタイミングからして，翌月の「1998年連邦金融制度監督局通達」において，連邦金融制度監督局が一部の税理士による「年度決算書の信頼性」に疑念を呈することを予期して出されたものであることが推測される。

⑤ 1998年連邦金融制度監督局通達

1998年7月7日付で，連邦金融制度監督局が次のような通達を出している（一部抜粋）。

> **1998年7月7日　連邦金融制度監督局の通達9/98**
>
> 　金融機関は通常，年度決算書の信頼性を，経済監査業務に従事する者の協力によって，または－銀行の判断後に－この目的に適任の税理士業務の従事者の協力によってより確実なものとする場合のみ，その他の資料をさらに提出させることを断念することができる。

　連邦金融制度監督局は，通達9/98によって，信用制度法第18条所定の「年度決算書」の「信頼性」に関する解釈をより厳格にしたのである。税理士による年度決算書の作成は，監査と併行して出現したものではない[9]。もとより監査業務は経済監査士および宣誓帳簿監査士の本来業務である。他方，税理士は「租税事案における助言，代理および処理」と「租税法上の帳簿作成義務の履行の援助」が本来業務であり，税理士による監査行為の必要性は，信用制度法18条の要求のもとで生成されている。それゆえに，この当時，「一部の税理士による年度決算書の作成」と「年度決算書の信頼性」との関係について疑念が存在していたのである[10]（2005年に至って，世界的な規制緩和の流れを受けて，連邦金融監督庁は「通達9/98」を廃止したが，その趣旨は実質的に引き継がれている）。

⑥　2001年連邦税理士会『書簡』

　2001年10月22/23日に，連邦税理士会が，経済監査士協会の1996年『諸原則』を前提として，『税理士による年度決算書の作成に関する諸原則についての連邦税理士会の書簡』（以下『書簡』という）を公表した。連邦税理士会は，拠るべき基準を策定・公表することによって，すべての税理士が「年度決算書の作成に関する証明書（Bescheinigung，ベシャイニグング）」を発行できることを内外に発信したのである。

⑦　2002年12月31日営業年度の年度決算書に対する金融機関の「要望書」

　その後2002年に至って，「年度決算書の信頼性」に関して画期的な出来事が2つあった。

　その1つは，2002年12月31日の営業年度の年度決算書に対して，下記の要請書が年度末に貯蓄銀行（Sparkasse，貯蓄金庫ともいわれる）やその他の機関から

初めて出されたことである[11]。

> 　帳簿記帳に基づく数字がそれ自体として蓋然性があることの説明を，作成され
> た年度決算書に付すこと（die erstellten Jahresabschlüsse mit einer erklärung
> zu versehen, dass die Zahlen aus Buchhaltung in sich plausibel sind.）

　この要望書により，格付プロセスの一環として銀行に提出される一切の年度決算書を，少なくとも蓋然性に関して監査することになったのである[12]。つまり，信用制度法第18条に該当しない場合でも，（格付プロセスの一環として）「銀行に提出される一切の年度決算書」に証明書の添付が求められるようになったのである。例えば，Korth は，「金融機関が，信用受容者と税理士に，年度決算書が蓋然性評価を伴って作成された場合にだけ十分な信用の基礎となる事実（Kreditunterlage）として認められることを文書で知らせるようになってきた[13]」とし，Halbig も「年度決算書に関する信用制度法18条に基づく必要条件の他に，金融機関は，バーゼルⅡに基づく従来立案された基準値に従って，いわゆる企業格付に関する今後の必要条件も参照するように指示している[14]」としている。

　ドイツ全土の金融機関が自らの判断の下でこの要望書を出したのか，それとも連邦金融制度監督局からの水面下の要請があったのかは不明であるが，信用制度法第18条による「開示の要求」の拡大という流れのなかで，バーゼルⅡが予定する「企業の信用格付」の将来的な必要性が加わって，かかる要望書が出されたことは間違いない。

　他の1つは，蓋然性評価を伴う年度決算書の提示に関する金融機関の要求の結果として，連邦税理士会と登録済協同組合ドイツ税理士連盟の「会計制度問題に関する作業グループ」が，HFA4/1996において策定された経済監査士のチェックリストを手本とした，『蓋然性評価を伴う年度決算書作成に関するチェックリスト』を公表したことである[15]（傍点は坂本）。つまり，ドイツの中小企業金融における税理士によるベシャイニグング作成業務が一般化されて，実務的に定着するとともに，ベシャイニグング作成業務を行う税理士の行動規範として2001年の連邦税理士会の『書簡』と2002年の『チェックリスト』が機能することとなったのである[16]。

⑧ 2004年連邦税理士会『税理士業務における品質保証と品質管理』

2004年に連邦税理士会は，登録済協同組合ドイツ税理士連盟・登録済協同組合ダーテフとともに作成した『税理士業務における品質保証と品質管理[17]』（Qualitätssicherung und Qualitätsmanagement in der Steuerberatung）を決議・採択した。その趣旨は，主に1998年連邦金融制度監督局通達が「一部の税理士が作成した年度決算書の信頼性」について疑念を呈したこと，および，金融機関が2002年12月31日営業年度以後の年度決算書に対する「要望書」を出したことに対する組織的な対応であり，税理士の業務品質の高さとその均一性を内外に宣明するものであったと思量される。

⑨ 2010年連邦税理士会『声明』

2010年には，経済監査士協会の『年度決算書の作成に関する諸原則』（2009年）を前提として，経済監査士協会と連邦税理士会との協議が行われ，連邦税理士会は『年度決算書の作成に関する諸原則についての連邦税理士会の声明』（以下『声明』という）を公表している（『声明』・『年度決算書の作成のためのチェックリスト』・「『年度決算書の作成に関する諸原則についての連邦税理士会の声明』に対する質問と回答」の原文とその邦訳は坂本（2016）を参照）。

⑩ 2018年連邦税理士会『指摘』

連邦税理士会は2018年3月13/14日付で，『継続企業の想定に反する状況がある場合に関連した年度決算書の作成に関する諸原則についての連邦税理士会の声明に対する指摘』を決議した。これは明らかに企業継続の妨げになるような根拠となる証拠があるにもかかわらず，税理士が検証を怠った場合，税理士は瑕疵ある年度決算書を信頼したことによって第三者（例えば金融機関）が被った損害に対して損害賠償を負う可能性があることから，これに対応して策定されたものである[18]。

このように，ドイツでは中小企業金融における「情報の非対称性」を解消・縮減するために，金融機関と職業会計人との間の相互補完関係が構築されており，信用格付のために金融機関に提出される一切の年度決算には，税理士および経済監査士による「年度決算書の作成に関する証明書」ないし，宣誓帳簿監

査士や経済監査士による「確認の付記」の添付が求められるに至っている[19]。金融機関は通常,「年度決算書の作成に関する証明書がない中小企業の年度決算書に対しては,懐疑的な判断をすることになる[20]。

とりわけ,連邦税理士会が「税理士業務の品質の高さとその均一性」を内外に宣明するための一連の行動（とりわけ上記の⑥から⑧）を採ったことが注目される。これは,米国公認会計士協会が1960年代に採った行動（本章コラム14「米国の中小企業金融における会計と公認会計士の役割」を参照）と軌を一にしている。そして,1961年の信用制度法制定後,無担保・無保証融資にパラレルな形で,職業会計人による「決算書の信頼性」の確保の仕組みが構築されていることも,わが国の中小企業金融における今後の制度設計に大きな示唆を与えるものである。

3 ■税理士による「決算書の作成に関する証明業務」

(1) 2010年連邦税理士会の『声明』が想定する証明書

年度決算書の作成に関する委任の範囲は法律に規範が示されておらず,原則として依頼人（クライアント）と受注者（税理士）の間で自由に合意することができる。税理士に提出される書類(証憑,帳簿,資産証明書など)の評価の度合いに応じて,作成委任範囲を次の3つに区分する。

- 評価を伴わない年度決算書の作成
- 蓋然性評価を伴う年度決算書の作成
- 包括的な評価を伴う年度決算書の作成

それに加えて『声明』では,「関与先が帳簿を記帳している場合」,「税理士が簿記の協力作業をしている場合」,「税理士が帳簿を記帳している場合」という3つのケースに応じて,それぞれの証明書が用意されている。これを図示すれば**図表7-1**のようになる。

「評価を伴わない年度決算書の作成」は,無借金企業など金融機関に年度決算書を提出する必要がない場合に適用される。なお,税理士がクライアントの帳簿の記帳を行う場合（③の場合）には,「包括的な評価を伴う年度決算書の作成」

| 図表7-1 | 2010年『声明』が想定する証明書 |

帳簿の記帳・簿記の協力　　委任の範囲	評価を伴わない年度決算書の作成	蓋然性評価を伴う年度決算書の作成	包括的な評価を伴う年度決算書の作成
① 関与先による帳簿の記帳	○	○	○
② 税理士による簿記の協力作業	○	○	○
③ 税理士による帳簿の記帳	○	○	—

①②③は，「関与先が資産証明書（Bestandsnachweis）を作成すること」を前提とする。
出典：坂本（2012）93頁の図表4-5を一部修正して引用

は受託することができない。

(2) 「税理士による簿記の協力作業」と「税理士による帳簿の記帳」の区分

ここで，『声明』における「証明書」の種類と，「関与先が帳簿を記帳している場合」・「税理士が簿記の協力作業をしている場合」・「税理士が帳簿を記帳している場合」の組み合わせ（図表7-2）を確認してみよう[21]。

「税理士による簿記の協力作業」と，「税理士による帳簿の記帳」の区分は以下のとおりである。

基本簿ないし主要簿の記帳の一部を税理士が行えば，「税理士による帳簿の記帳」となり（ケース©ⓓ），補助簿を巡る業務を税理士が行う場合には，「税理士

| 図表7-2 | 2010年『声明』：「蓋然性評価を伴う年度決算書の作成」に関する証明書の種類 |

行為 ケース	資産証明書	帳簿の記帳	賃金簿記，固定資産台帳等	年度決算書	発行される証明書の種類
ケースⓐ	関与先	関与先	関与先	税理士	関与先が帳簿を記帳している場合
ケースⓑ	関与先	関与先	税理士	税理士	税理士が簿記の協力作業をしている場合
ケース©	関与先	税理士	関与先	税理士	税理士が帳簿を記帳している場合
ケースⓓ	関与先	税理士	税理士	税理士	

※税理士が「賃金簿記，固定資産台帳等」の作業を行うことを「簿記の協力作業」という。
出典：坂本（2012）119頁の図表5-2

による簿記の協力作業」となる（ケース⑥）。ちなみに，わが国で言えば，基本簿は仕訳帳，主要簿は総勘定元帳，補助簿は固定資産台帳・賃金支払帳等に相当する。

例えば，ドイツでは，税理士の主要業務の1つに「賃金と給与の簿記」（Lohn-und Gehaltsbuchführung）（＝賃金簿記）があり，計算された賃金給与が補助簿である賃金支払帳に記載されて要約の形で主要簿へ引き継がれる。この場合において，税理士が「賃金と給与の簿記」だけを請け負う場合は，「税理士による簿記の協力作業」に該当する。

なお，ドイツ租税法では，「形式的に正規な簿記」に強い証拠力が付与される法的構成になっており（国税通則法第158条，第2章 **3** 1を参照），「形式的に正規な簿記」を支える主要な原則として「適時の記帳の原則」や「正規の現金記帳の原則」などがある。基本簿の記帳を税理士が代行することは，簿記の形式的な正規性を毀損せしめて帳簿（簿記）の証拠力を失わせることにつながるため，税理士が基本簿の記帳を代行することはほとんどあり得ない。例えば，連邦税理士会の「『年度決算書の作成に関する諸原則についての連邦税理士会の声明』に関する質問と回答」の10は次のように解説している。

> 税理士は，自分が主要簿の記帳を委任されているのか，それとも補助簿の記帳を委任されているのかを明言するべきである。実務においては，税理士が基本簿を記帳するのはまれなケースであろう。

(3) 完全性宣言書

簿記および/ないし年度決算書を作成し，かつ（委任の範囲その内で）適合するベシャイニグングを提示する税理士は，顧客から完全性宣言書（Vollständigkeitserklärung）を入手しなければならない[22]。完全性宣言書は，過去においては，ほとんど常に条件付きで簡潔に行われていた。顧客の「適切な質問」の正規の履行に関する文書化の資料として，今後は，広範囲にかつ目的適合的に形を整えられなければならない[23]。

完全性宣言書は，与えられた情報，解説および証明ならびに提示された諸帳簿，資産証明書およびその他の証拠書類における委任の範囲から独立している。

それ以上の実情は，一般的に，委任に依存して完全性宣言書において補完されなければならない。税理士による協力は，年度決算書を含めた会計制度の正規性に関する根源的な責任から顧客を解放しない[24]。顧客の完全性宣言書は，蓋然性評価を伴う年度決算書作成の場合において税理士の第三者に対する賠償責任という，リスクの防衛に対するさらに別の構成要素である。完全性宣言書は，税理士に関して委任上のかつ責任をもってなされた年度決算書作業，特に，正規性の評価を基礎づける諸帳簿，資産証明書およびその他の証拠書類の評価に関しても，その代用物ではない。

年度決算書の作成と関連する完全性宣言書を受けるには，通常，企業の担当機関にその宣言の根拠として年度決算書の草案および決算書類，ならびに場合により作成報告書の草案を提出することが前提条件となる（『声明』4.4　完全性宣言書56）。完全性宣言書は，顧客，例えばその法律上の代表者によって，その個人名で署名されなければならない[25]。

(4)　蓋然性評価を伴う年度決算書の作成

現在ドイツにおいて，金融機関が行う信用格付けに必要な「年度決算書」は，税理士等によって「蓋然性評価」ないし「包括的な評価」を伴って作成された年度決算書である。

そして，多くの場合，税理士による「蓋然性評価を伴う年度決算書の作成」が活用されている[26]。この「蓋然性評価を伴う年度決算書の作成」業務は，消極的保証という意味において，米国における公認会計士のレビューに酷似しているが，「税理士が年度決算書の作成を行うこと」を前提としている点でレビュー業務とは異なる業務である。2010年の『年度決算書の作成に関する諸原則についての連邦税理士会の声明』も，「蓋然性評価を伴う年度決算書の作成」に関する報告書の形式は，「商法316条以下の意味における決算監査または決算書の監査人レビューが行われたかのような印象を喚起してはならない」としている（5.2　作成報告書69）。

『声明』では，「蓋然性評価を伴う年度決算書の作成」について，**図表7-3**の証明書などを用意している。

帳簿および資産証明書が関与先で作成されている場合の「蓋然性評価を伴う年度決算書の作成」を図にすれば**図表7-4**となる。

第7章 変化する時代への対応 ■ 243

図表7-3 「蓋然性評価を伴う年度決算書の作成」で，関与先が帳簿を記帳している場合の証明書

　われわれは委任に基づき，ドイツ商事法の規定［および補足となる定款の規定］を遵守したうえで，……［日付］から……［日付］の事業年度についての……［会社名］の前掲/後掲の年度決算書（貸借対照表，損益計算書［ならびに注記・付属明細書］で構成される）を作成した。作成の根拠は，委任に基づいてわれわれが監査していないが蓋然性に関しては評価した提出された証憑，帳簿，資産証明書，ならびにわれわれに与えられた情報であった。ドイツ商事法の規定［および補足となる定款の規定］に基づく簿記ならびに財産目録と年度決算書の作成は，会社の法律上の代表者の責任である。
　われわれは「年度決算書の作成に関する諸原則についての連邦税理士会の声明」を遵守したうえで委任を遂行した。これは，簿記および財産目録ならびに適用されるべき貸借対照表作成方式と評価方式についての指定事項を根拠とする，貸借対照表および損益計算書［ならびに注記・付属明細書］の展開を含むものである。提出された証憑，帳簿，資産証明書の蓋然性を評価するために質問と分析的評価を行い，これらが正規でないという可能性をある程度の確証をもって排除した。その際に，提出された書類およびこれを根拠としてわれわれが作成した年度決算書の正規性に反するような事実関係の確認はできていない。
（場所）　　　　　　　　　　　　　　　　　　　　　　　　　　（日付）
（署名）
税理士

図表7-4 「蓋然性評価を伴う年度決算書の作成」の構図

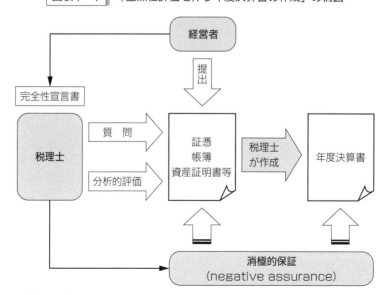

出典：筆者作成

(5) 「蓋然性評価を伴う年度決算書の作成」と「格付コンサルティング」との関係

処理プロセスにおける品質保証の観点からみれば、「事実関係を注意深く調べる」ことがすべての出発点となる。委任業務の内容がどのようなものであろうと、税理士は基本となるべき事実関係を注意深く調べ、法律、関連する政省令、判例などを参酌して法律状況を綿密に検討しなければならない。要求事項に即して事実関係を把握しておけば、最善の建設的助言を行うことができ、間違いを冒すリスクや刑法上のリスクを減らすことができる。それが、税理士が賠償責任を負わされる羽目になる危険性を提言することにつながるのである。事実関係の調査は、そこから法的効果が導き出されるのであるから、以後の業務処理にとって基本的な意義がある。事実関係を細部に至るまで承知していなければ、税理士は委任業務を正しく処理することはできない[27]。

提出された証拠書類の「蓋然性評価を伴う年度決算書」を作成する委任は、本来の作成活動に加えて、質問と分析的評価（analytische Beurteilung）の実施を必要とする（『声明』4.2.2-37）。そのためには、適切な質問や、個々の決算情報を分析的に評価すること（例えば、前年の数字との比較、指数比較）などが必要とされるが、これは広義の企業格付である。それゆえに、「正規の年度決算書」は、企業の経済状況の出発点であり、それとともに、格付評価の分類における基礎として格別に重要である[28]。

以上のように、税理士による「蓋然性評価を伴う年度決算書の作成」の手続は、同時に、税理士による格付コンサルティングの基礎を形成し、両者は連動関係にある。税理士が保証業務の専門家であるとともに、経営助言業務の専門家でもあるといわれるゆえんである。

4 ■レビュー・コンピレーション・プレパレーションとの相異

(1) レビューの構図

監査論の通説によれば、レビュー（review）は、独立性ある会計監査人による消極的保証であり、監査人による質問と分析的手続を通じてその意見表明が行

われる。この場合，決算書作成に監査人が関わっている場合には，その監査人の独立性が失われ，意見表明はできない。これが，グローバルなレビューの基本的構造である。米国公認会計士協会の「会計およびレビューサービス委員会」（Accounting and Review Services Committee of the AICPA）は，「会計とレビューのサービス基準説明書」（Statements on Sandards for Accounting and Review Services, SSARS）を発行している[29]。

レビューの目的は，適用される財務報告のフレームワークに従った報告のために，財務諸表になされるべき重大な修正がないという，限定された保証(limited assuarance）を入手することである。レビューは，まず質問（inquiries）と分析的手続(analytical procedures)を実施する[30]。会計士が財務諸表のレビュー業務を行うためには，独立性を保持しなければならない[31]。監査人が財務諸表の作成プロセスに関与すれば，その監査人は独立性を喪失し，レビュー業務を行うことができない。レビュー業務には，種々の指針が適用されるが，主なものを例示すれば以下のとおりである。

● **関与先の理解**（knowledge of the client）
　会計士は，「関与先のビジネス」と「関与先に用いられる会計原則と実践」に関する理解を含む関与先の知識を入手しなければならない[32]。
● **手続**
　手続には，質問と分析的手続がある。会計士は財務諸表に関して財務と会計業務に責任を持つ役員に「重要な仕訳入力（significant journal entries）とその他の調整[33]」などを質問しなければならない。分析的手続には，例えば，「比較可能な前期の情報と財務諸表との比較」や「財務情報間の，そして関連する場合には非財務情報との関係の考慮」などがある[34]。
● **経営者陳述書**（management representations）
　会計士は，財務諸表について適切な責任を持ち，関係する事項についての知識を持っている役員から書面による提示を要求しなければならない[35]。

以上のレビューの一般的構造を構図化すれば**図表 7 - 5** となる。

| 図表7-5 | レビューの構図 |

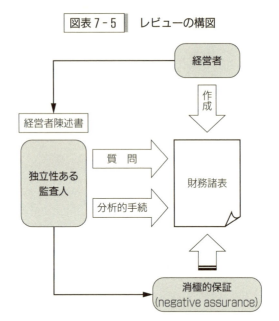

出典：坂本（2012）123頁の図表5-3

(2) 具体的な相違

レビューと「蓋然性評価を伴う年度決算書の作成」との主な違いは次の2点である。

① 職業会計人が年度決算書の作成を行うか否か

「蓋然性評価を伴う年度決算書の作成」は，税理士ないし経済監査士が年度決算書の作成を行うことが前提であり，さらに，税理士ないし経済監査士が簿記の協力作業ないし帳簿の記帳をしている場合をも想定している。他方，監査人が年度決算書の調整をしている場合，彼はレビューを実施することができなくなる。なぜなら，その場合，彼は自ら作成した年度決算書について自ら質問することになるからである[36]。

② 質問と分析的評価の対象

　レビューでは財務諸表に対して質問と分析的手続を行うが，「蓋然性評価を伴う年度決算書の作成」では，財務諸表ではなく，関与先企業から提出された証憑，帳簿，資産証明書などに対して質問と分析的評価を行うことによって，「自己証明」・「自己監査」を回避している。

　このように「蓋然性評価を伴う年度決算書の作成」は，公認会計士が財務諸表の作成プロセスに関わっていないことを前提とする米国の保証制度におけるレビューそのものではない。しかし，両者は，その監査行為において質問と分析的手続（分析的評価）を行うこと，そして，質問と分析的手続（分析的評価）による監査行為を通じて消極的保証としての意見表明を行うという点で類似性がある。

　また，一部に「蓋然性評価を伴う年度決算書の作成」は，監査論でいうコンピレーション（compilation）であるという誤解がある。しかし，「蓋然性評価を伴う年度決算書の作成」とコンピレーションとはまったく異なる業務であることを理解しなければならない。「蓋然性評価を伴う年度決算書の作成」に関する証明書は次のような記載を含んでいる。

> 　提出された証憑，帳簿，資産証明書の蓋然性を評価するために質問と分析的評価を行い，これらが正規でないという可能性をある程度の確証をもって排除した。その際に，提出された書類およびこれを根拠としてわれわれが作成した年度決算書の正規性に反するような事実関係の確認はできていない。

　つまり，ドイツの税理士および経済監査士が行う「蓋然性評価を伴う年度決算書の作成」は，関与先が提出した証憑・帳簿・資産証明書を評価し，それらに対して「消極的保証」を与えている。他方，米国公認会計士協会の行動基準書にあるコンピレーションレポートには次の文言の記載が要求されている[37]。つまり，コンピレーションは，財務情報に関して「消極的保証」を含めてなんらの保証も提供しないのである。

> 　私（われわれ）は，これらの財務諸表に関して，意見や結論を表明したり，いかなる保証も提供しない。

I (we) do not express an opinion, a conclusion, nor provide any assurance on these financial statements.

なお，同行動基準書にはコンピレーションに関して6種類のレポートが提示されている（同基準は第5章**3**2②を参照）。

また，米国公認会計士が財務諸表の作成を代行する場合には，プレパレーション（preparation）業務に基づく契約を締結することが可能である。この業務は，無保証であり，かつ証明書を発行しないという点において，ベシャイニグング
とは異なる業務である。

(3) 入口規制と「決算書の作成に関する証明業務」

われわれはすでに，ドイツでは記帳を含めた「簿記の正規性の基準となる一般的なGoB」（「インプット」と「プロセス」の領域）を精緻に法規範化することによって帳簿や決算書の信頼性（証拠力）を高める仕組みになっていることを確認した（第6章コラム12「入口規制型（ドイツ）と出口規制型（米国）」を参照）。ドイツ税理士が行う「年度決算書の作成に関する証明業務」は，年度決算書の作成を委任された税理士が，関与先企業から提出された証憑，帳簿，資産証明書などの正規性を評価することを通じて，結果として年度決算書の信頼性を保証する仕組みとなっている。

つまり，「年度決算書の作成に関する証明業務」は，入口規制型に立脚した保証制度であることが理解される。

5 ■社会を構成する3つのセクターと中小企業金融

ドイツの法体系は，「成文法」（statutory law）の思想体系に属する。したがって，税理士による決算書保証業務が特定の社会において有効な規範となるためには，法制化のプロセスが必要となる。社会を構成するものは，(a)経済，(b)政治（法律），(c)行政という3つのセクターである。これら3つのセクターがトライアングルとなって「社会」を構成している[38]。これを図形化すれば**図表7-6**となる。

宣誓帳簿監査士が誕生して以来（宣誓帳簿監査士協会の設立は1898年），それに

図表7-6　社会を構成する3つのセクターと中小企業金融（ドイツ）

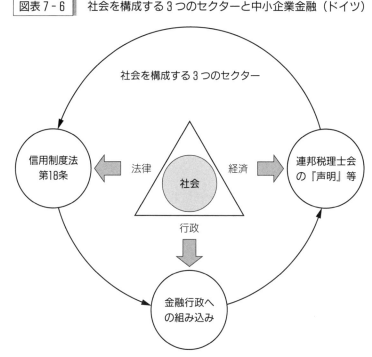

出典：坂本（2012）41頁の図表2-6

税理士も加わって，ベシャイニグングや付記（決算付記または監査付記）の作成という決算書保証業務が行われていた（経済セクター）。

その後，1961年に信用制度法が制定され，その第18条は1万ドイツマルク以上の信用供与の場合に，金融機関への「年度決算書」の提出を義務付けた（法律セクター）。しかし，同条は，年度決算書の「信頼性」への直接的な言及はない。ここで重要な機能を果たしたのは行政機関である。「法律による行政の原理」のもとで，連邦銀行制度監督局は，「可能であれば，経済監査士，帳簿監査士ないし税理士の証明書（Testat）が徴求されるべきである」（1964年通達）として，第18条所定の「年度決算書」の「品質」を定義づけている（行政セクター）。

さらに，行政セクターは，経済セクターに影響を与える。行政は，法律と経済との中間にあって，それらの調整のための行政指導を行う。1998年に連邦銀行制度監督局は，年度決算書の保証業務を行う税理士に疑念を呈している（行政

セクター）。

　これを受けて連邦税理士会は，『税理士による年度決算書の作成に関する諸原則についての連邦税理士会の書簡』（2001年）等を発表し，その『書簡』において，税理士によるベシャイニグングの証明度を，①検査行為を伴わない作成，②蓋然性評価を伴う年度決算書の作成，③包括的な検査行為を伴う年度決算書の作成，という３つの段階に区分している。さらに2002年に貯蓄銀行およびその他の金融機関が出した要望書によって，格付プロセスの一環として銀行に提出される一切の年度決算書を，少なくとも蓋然性に関して監査することになった（経済セクター）。

　そして，2010年『声明』は，①評価を伴わない年度決算書の作成，②蓋然性評価を伴う年度決算書の作成，③包括的な評価を伴う年度決算書の作成に区分し，信用制度法第18条および金融機関が求める「年度決算書」は，②および③による年度決算書であるとされるに至っている（法律セクター）。

コラム14　米国の中小企業金融における会計と公認会計士の役割

　1963年当時，米国では金融機関と公認会計士との間で顧問先の財務計算処理の受託競争が激化していた。その後1966年になって，全米銀行協会と米国公認会計士協会（AICPA）とが相互依存関係を確立している。その経緯について飯塚毅博士は以下のように解説している[39]。

> 　それは1963年のことでした。たしか R.E. Witschey 会長の時代です。AICPAは，自らの手で作り上げた膨大な行動基準書の中の倫理規定とその施行規則 "Ethics, Bylaws" とを大量に印刷して，米国内の全銀行に送りつけ，この倫理規定には厳たる拘束性があることを特に書き添え，同時に会計事務所の地域別リストを同封してやったのでした。それは，米国会計人による全米銀行への静かなる反省要求と啓蒙の手段だったのです。（中略＝坂本）。銀行が会計人から奪った顧問先の財務に関するデータは，専門の職業会計人による厳密な監査を経たものではないから，多数の誤謬を含んでおり，単に電算機を使ったという形式だけで，その実質は厳格な税務調査には耐えられない。銀行には，その取引先の財務を精細に監査するだけの人材はいないし，勿論監査の

第7章　変化する時代への対応 ■ 251

訓練もなされていない。(中略＝坂本)。第二に，銀行は企業を外見からしか知り得ない。個別企業の内容と実態の詳細は巡回監査(米国の倫理規定ではField Audit と呼んでいる)を毎月的確に実施している職業会計人だけが知悉しているのであって，銀行にはこの能力はない。たとい銀行が融資の保証として不動産等の担保を取っていたとしても，銀行は世評を懼れて大胆な担保権の行使はしたくない筈だ。だとすれば銀行は，この点でも，厳格な行動基準書に準拠している職業会計人の責任ある助言にたよらざるを得なくなる筈だ。とすれば，職業会計人を銀行の被害者として位置づけるのは間違いで，職業会計人と銀行とは，相互補完の関係に立つべきものだ，ということだったのであります。

米国公認会計士協会は，銀行業界に「職業会計人が厳格な行動基準書に準拠して業務を行っていること」を周知せしめることによって相互補完の関係を築いたのである(2000年初頭にドイツの連邦税理士会も同様の動きをしている。本章 **1** 2の⑥から⑧の動きを見よ)。その後1970年に，ケアリー氏は，「銀行が会計事務所の信頼度について，ブラックリストを作ったことは公然とは容認されたわけではないが」と断りながら，次のように述べている[40]。

> 銀行員が将来の資金需要の見込み客に対して，信頼度ありと知られる会計事務所の監査を受けるようにしなさいと，周到な説得の影響を行使したことは，隠し事ではなかった。

そして，近年の銀行と公認会計士業界との関係については以下の報告がある。

> 多くの米銀バンカーが口をそろえて効果があるというのは公認会計士からの紹介である。公認会計士は，企業の財務内容を見ているため，どの企業の業績が良いかをよく知っている。優良顧客を公認会計士から紹介で得る銀行は米銀に多く，さらに公認会計士はその企業のモニタリングをもしてくれる。優れた会計士事務所との良好な関係はそうした2つの意味で重要となっている[41]。

> (銀行は＝坂本)与信額が大きくなれば，公認会計士の監査，少なくともレビューを求めることは当然のことである[42]。

このように，歴史的に金融機関と職業会計人との相互補完の関係が醸成されて

きた米国ではあるが，中小企業金融においては，（ドイツのような）「財務諸表の信頼性保証を義務づける」仕組み自体は存在していない。プラグマティズム（prag-matism）が浸透している米国では，中小企業金融における財務情報への対応も金融機関ごとに多様性があって，取り扱いも一律ではない。またそれらの状況に関するオフィシャルな資料もほとんど存在しない。そうした中で，貴重な資料として中小企業金融公庫総合研究所による現地調査資料がある。ここでは，大手銀行から中小銀行まで12行に対するインタビューが行われている[43]。

同資料によれば，各銀行には，独自の区分による「中小企業」（Small Business）というカテゴリーがあり，その定義も，年商（100万ドル以下や1000万ドル以下など），融資額（100万ドル以下や180万ドル以下など），従業員数（500人以下），あるいはそれらの組み合わせというように多様性がある。こうした区分のもとで，各金融機関における中小企業向け融資に関する対応を整理して一覧にすれば次のようになる。

- 中小企業からは通常，貸借対照表，損益計算書（過去3年分），税務申告書（過去3年分），事業計画（1年分），さらに経営者の財務状況と財務書類の提出を求める。
- スコアリングに基づいた意思決定モデル，リレーションシップ型のキャラクター貸付などをあわせて行っている。
- 中小企業の財務諸表の信頼性は不十分なケースがある。
- 財務諸表の信頼性が欠ける場合は，IRS（内国歳入庁）より税務申告書を取り寄せて，その整合性を確認する。これらの作業を通じて企業の財務諸表が信頼に足るものであると確認できた場合には，財務諸表は当該企業の返済能力を占める重要な書類であるので，これを精査する。
- 公認会計士のレビューがない決算書は（金融機関の）顧問の公認会計士に見てもらう。
- 融資額が一定水準を超えると，会計士の監査済みの財務諸表の提出を求める。一方，中企業（Lower-Middle）・中堅企業（Middle Market）の場合は，外部の会計士によってレビューや監査を受けている。

会計と監査の先進国といわれる米国においても「監査済みの財務諸表を提出できる中堅企業とは異なり，中小，小規模企業の多くは，財務諸表があったとしても信頼に足るとは言い難い[44]」とされている。かかる状況下で中小企業向け融資は，「（銀行にとっての＝坂本）リスクを回避することではなく，収益を上げ成長するためにリスクをどのレベルでとるかを判断する[45]」という思考のもとで行わ

れ，かつ，大銀行から小型のコミュニティバンク（おおむね総資産500億円未満）における中小企業向けの融資の仕組みには多様性がみられる[46]。

　財務諸表に関しては，「中小企業であれば，財務諸表が信頼できるかどうかは，その企業およびその経営者が信頼できるかどうかに依存しているといえる。優れたコミュニティバンカーは，取引先企業の地元での評判，特に取引先の顧客，サプライヤーからの評判や会計士・弁護士界の評判に常に敏感である[47]」といわれる。また，徴求した財務諸表の信頼性が不十分である場合には，（企業から徴求した，あるいは IRS から取り寄せた）税務申告書との整合性を確認したり[48]，経営者の財務状況と財務書類の提出を求めるなどの対応をしている。この「中小企業の財務諸表の信頼性を税務申告書との整合性で判断している」という指摘はきわめて重要である[49]。

　そして，融資額が「ある水準」を超えると，銀行は，公認会計士によるレビューや監査済みの財務諸表の提出を求めることになる[50]。例えば，「ある中堅銀行では，与信額が100万ドル（約1.1億円）以上なら公認会計士によるレビュー，500万ドル（約5.5億円）以上なら監査を求めている[51]」との指摘がある一方で，「中企業・中堅企業の場合は，外部の会計士によってレビューや監査を受けている」とした上記の銀行の「中企業」の定義は「年商1,000〜5,000億ドル，平均融資額500万ドル〜600万ドル」である。このように，その閾値（融資金額や企業規模など）は一律ではなく多様性があるものの，米国中小企業金融では，融資金額や企業規模などが「ある水準」を超えた場合に銀行は公認会計士によるレビューや監査済みの財務諸表を求める，という実態があるのである（保証に関するコストと，保証から得られるベネフィットの相関関係については，第4章 ■ 2 (2)参照）。

2	# わが国の中小企業金融における会計と税理士の役割

1 ■ 全 体 像

わが国では未だに「中小企業金融における会計と税理士の役割」が明確化さ

れていない[52]。もとより，商業帳簿，会計，税理士，決算書，申告書，税理士法による書面添付，認定経営革新等支援機関にはそれぞれに固有の目的と機能があり，それらは中小企業金融のため「だけ」に存在しているわけではない。そこで，ここではまず，機械論的アプローチを用いて，固有の目的を持つ個別要素を全部集めて，組み立てることによって「中小企業金融における会計と税理士の役割」に関する全体像を再構成したい[53]。

まず，「中小企業金融における会計と税理士の役割」に関しては「融資（貸出）」，「決算書の信頼性」および「経営改善」という3つが重要なファクターである。これらの関係を整理すれば，次のようになる。

---

① 「融資（貸出）」は，借り手側である企業から見れば資金調達であり（資金調達管理は第5章 **4** 2②を参照），中小企業の「決算書の信頼性」は，税理士による保証業務によって担保され（第4章を参照），「経営改善」は，税理士による財務管理を中心とした経営助言業務に関係している（第5章 **4** を参照）。

② 「融資（貸出）」，「決算書の信頼性」および「経営改善」は，相互に密接に関係している。

③ 「融資（貸出）」，「決算書の信頼性」および「経営改善」は，それぞれ会計と財務管理に関係している。

④ 経営助言を行うための主要な基礎的資料は財務データであるため，企業と税務の委任関係にある税理士が，会計や財務管理の知見にもとづいて当該企業の経営助言の任に当たることが最も適している（第5章 **1** 1(1)を参照）。

⑤ 税理士は経営革新等支援機関として地域金融機関と連携して中小企業の経営支援・金融支援に当たることが求められている（第5章 **1** 2参照）。

このような「中小企業金融における会計と税理士の役割」を図示すれば，**図表7-7** となる[54]。

2 ■融資（貸出）の仕組み・決算書の信頼性・経営改善の関係

中小企業金融において，「融資（貸出）」，「決算書の信頼性」および「経営改善」という3つのファクターは，それぞれ相互に密接に関連している。

図表7-7 中小企業金融における会計・財務管理と税理士の役割

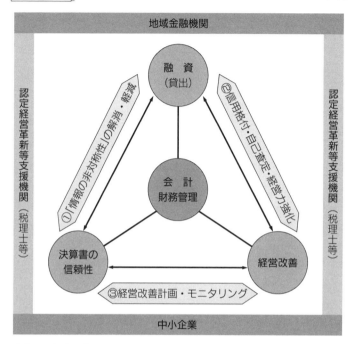

出典：坂本（2017）2頁の図表序-1

① 「融資（貸出）」と「決算書の信頼性」との相互関係

「決算書の信頼性」が失われれば，「情報の非対称性」が解消されないために，「融資（貸出）」に関して問題（逆選択，モラルハザード）が生じる。これは，中小企業にとって重要なステークホルダーである金融機関に対する説明責任の問題でもある。

この点に関して，2010年6月18日に閣議決定された中小企業憲章は，「3　行動指針」の「その六　中小企業向けの金融を円滑化する」で「中小企業金融における会計の重要性」を次のように定めている(下線は坂本)。なお，中小企業憲章がいう「中小企業の実態に即した会計制度」はその後制定された「中小企業の会計に関する基本要領」のことである（同要領は第3章 3 2⑤を参照）。

不況，災害などから中小企業を守り，また，経営革新や技術開発などを促すための政策金融や，起業，転業，新事業展開などのための資金供給を充実する。<u>金融供与に当たっては，中小企業の知的資産を始め事業力や経営者の資質を重視し，動産担保や保証人への依存を減らす。</u>そのためにも，<u>中小企業の実態に即した会計制度を整え，</u>経営状況の明確化，経営者自身による事業の説明能力の向上，<u>資金調達力の強化を促す。</u>

　このことから，「無担保・無保証融資の推進」と「決算書の信頼性の確保」との間には「正の相関関係」があること，「計算書類等の信頼性」と「資金調達力の向上」には密接な関係があることが理解される。続けて，2012年5月7日に金融庁は，「中小・地域金融機関向けの総合的な監督指針」に次の文言を追加した。

　顧客企業が自らの経営の目標や課題を正確かつ十分に認識できるよう助言するにあたっては，当該顧客企業に対し，「中小企業の会計に関する指針」や「中小企業の会計に関する基本要領」の活用を促していくことも有効である。

　そして，中小企業経営力強化支援法（2012年6月制定）の施行に伴い，2012年8月30日に告示された「中小企業の新たな事業活動の促進に関する基本方針」（総務省，厚生労働省，農林水産省，経済産業省，国土交通省。現在，同基本方針は「中小企業等の経営強化に関する基本方針」と名称が変更されている）には，「資金調達力の向上」に関して次のような記載がある（下線は坂本）。

　認定経営革新等支援機関は，<u>中小企業に会計の定着を図り，</u>会計の活用を通じた経営力の向上を図ることに加え，中小企業が作成する<u>計算書類等の信頼性を確保</u>して，<u>資金調達力の向上を促進させる</u>ことが，中小企業の財務経営力の強化に資すると判断する場合には，<u>「中小企業の会計に関する基本要領」又は「中小企業の会計に関する指針」に拠った信頼性ある計算書類等の作成及び活用を推奨する</u>こと。

　この告示からも，「計算書類等の信頼性」と「資金調達力の向上」には密接な関係があることが理解される。また，税理士による保証業務である「税理士法による書面添付」の添付書面に記載された記載内容は，金融機関にとって有用な顧客情報となっており，いくつかの金融機関では，「経営者保証に関するガイ

第7章　変化する時代への対応■　257

ドライン」と「税理士による書面添付」を結びつけた融資商品が開発されて提供されている。

②　「融資」と「経営改善」との相互関係

融資先企業の「経営改善」の進展は，金融機関の信用格付・自己査定に関連しており，「融資(貸出)」の推進に貢献する。地域金融機関からのコンサルティングや認定経営革新等支援機関（税理士等）による経営支援によって「経営力の強化」が図られる企業が輩出されれば，これもまた「貸出(融資)」の推進に貢献することになる[55]。なお，地域金融機関がそのコンサルティング機能を発揮する場合には，顧客企業の経営力の強化を図るために，顧問税理士等経営革新支援機関と連携が有効であるとされている。

③　「決算書の信頼性」と「経営改善」との相互関係

「決算書の信頼性」は経営改善計画の策定や業績管理やモニタリングの実施に関する前提条件となっており，「決算書の信頼性」が失われればこれらの有効性は大きく毀損される。また，税理士等の外部の会計専門家の月次の関与を基礎として，日々の会計データの一定の確からしさが付与されることで，年度決算書の利用価値のみならず，月次決算書，経営改善計画書および各種業務管理データの品質の確保と，これらに基づく各種モニタリングが可能となる(なお，ドイツの例は本章 ■ 2①を参照)。

これらのうち，「経営改善」については，認定経営革新等支援機関制度の創設(2012年)によって税理士の多くが支援機関として認定されるとともに，認定支援機関への予算措置も図られて，「格付コンサルタント」(Ratingberater)として位置づけられているドイツ税理士のように，わが国の税理士も経営改善指導の担い手として，それも制度的に位置づけられるに至っている。残された最大の課題は「融資」と「決算書の信頼性」を巡るものである。ここでは2つのことがポイントとなる。その第1は，中小企業金融においてボトルネックになっている「情報の非対称性」をどのようにして解消・縮減するのか，第2は，「担保・保証に必要以上に依存しない融資」という国の方針を体現した「経営者保証に関するガイドライン」をどのように推進するかである。

3 「情報の非対称性」の解消・縮減

1 ■ 情報の非対称性とは

「情報の非対称性」（information asymmetry）は経済学上の概念である。G.A.アカロフは，論文「『レモン』市場：品質の不確実性とマーケット・メカニズム」（1970年）において「情報の非対称性」を発表した[56]。この理論によってアカロフは2001年にノーベル経済学賞を受賞している。この論文の内容を簡潔に説明すれば次のとおりである。

> 中古車市場では，売り手は売ろうとする車について詳細な情報をもっているが，買い手は中古車を購入するまでその車の品質を知ることができない。売り手と買い手の間には「情報の非対称性」が存在する。「情報の非対称性」がある市場では，「品質のよい車」であってもレモン（品質の悪い車）と同じ平均価値をつけられるため，売り手は「品質のよい車」を売ることができず，レモン（品質の悪い車）ばかりが市場に出回り，「品質の良い車」の取引市場が成立しなくなる。つまり，買い手は，市場を通じて品質の良いものを選択して購入しようとするが，結果的には逆のこと（逆選択）が起きてしまうことになる。

＊米国では「品質の悪い車」（bad cars）を「レモン」（lemons）と呼称している。

「情報の非対称性」を解消・縮減する対策としてシグナリング（signaling）とスクリーニング（screening）という手法が案出されている。シグナリングとは，情報優位者がサービスや商品の品質に関する情報（シグナル）を情報劣位者に間接的および直接的に提示して情報の格差を縮小させることをいい，スクリーニングとは，情報劣位者がいくつかの案を情報優位者に示して，その選択によって情報を開示させることをいう。

2 ■ 中小企業金融における「情報の非対称性」

　「情報の非対称性」は，事業状況や財務情報の開示が株式公開企業に比べて劣っている中小企業に対する融資においてとりわけ問題となっている。これは，中小企業にとっては，重要なステークホルダーである金融機関に対する説明責任という問題である。

　「情報」には「事前（資金の貸出を行う前）の情報」と「事後（資金の貸出をした後）の情報」がある。「事前の情報の非対称性」とは，企業の質（企業の実態や将来性など）を金融機関は企業自身ほど知らないことをいい，金融機関は企業の質を判別できないため，結果としてスムーズな融資が実行できなくなる。「事後の情報の非対称性」とは，資金の貸出後は金融機関は企業の行動が正確に掌握できなくなることをいい，企業にモラルハザード（借入資金の目的外使用など）を引き起こす可能性がある。

　健全な中小企業金融を確立し維持するためには，中小企業金融における「情報の非対称性」を解消・縮減させることがきわめて重要である。中小企業白書（2005年，96頁）も次のように指摘している。

> 　大企業に比べ中小企業が資金調達をする際に困難を生ずる大きな原因として，貸手が借り手の質や，借りた後の行動を正確にモニタリングすることが難しいため，貸手と借り手の間に生じる「情報の非対称性」が指摘されており，中小企業が円滑に資金調達を行うためにはこの「情報の非対称性」を緩和することが必要不可欠である。不動産担保だけでは「情報の非対称性」によるリスクがカバーしきれなくなっている状況下では，不動産担保以外の手段により「情報の非対称性」の緩和をすることが金融機関等に求められている。

　しかしながら，わが国では，中小企業金融における「情報の非対称性」を所与のもの，仕方ないものとして位置づけ，それ自体の解消・縮減を図る仕組みの構築を放棄して，それを緩和する対応策を模索し続けてきた。具体的には，2003年3月に金融庁からリレーションシップ・バンキング（以下，「リレバン」という）の機能強化が公表されて以降，金融機関はこれを推進してきており，さらに2016年10月には金融行政方針の中で事業性評価がそこに追加されている[57]。

　本来的には，中小企業金融における「情報の非対称性」を所与の条件として

受け入れるべきではなく，ドイツのように，それ自体を解消させ，縮減させる方策を講じる必要がある。というのは，リレバンにはつぎのような問題が内在しているのである。

その第1は，リレバンを全面的に推進するためには，金融機関と中小企業側双方に多大なコストがかかることである。わが国の中小企業の数からしてその総額は国民経済的に見て膨大である。第2は，リレバン推進のため必要となる金融機関側のマンパワーが絶対的に不足していることである。TKC会員事務所職員が担当している巡回監査担当先は平均15社から20社程度なのに対して，金融機関の渉外職員諸氏が担当している企業の数はそれを遙かに超えている。

掻い摘んで言えば，リレバンを全面展開することは理想であって，物理的には無理な注文なのである。

3 ■商業帳簿の活用

地域金融機関と税理士との相互補完の関係を構築するためには，まず，すべての商人にその作成義務を課している国家的・社会的なインフラである「商業帳簿」を用いて「情報の非対称性」をできる限り解消・縮減させる必要がある[58]。シグナリングとして商業帳簿を用いるのである。そして，それに加えて「決算書の信頼性」の確保も不可欠となる。このような仕組みを構築した上で，リレーションシップ・バンキングや事業性評価を機能させるべきである[59]。

① 商業帳簿（会計）の活用

わが国の商法は商人に商業帳簿の作成を義務づけている。わが国商法典の母法であるドイツ商法の第238条「商業帳簿規定」の第1項は次のような内容である。

● **ドイツ商法第238条（商業帳簿規定） 第1項**
すべての商人は，帳簿を記帳し，かつ，その帳簿上に自己の商行為及び自己の財産の状況を正規の簿記の諸原則に従って明瞭に記載する義務がある。簿記は，専門的知識を有する第三者に対して，相当なる時間内に，取引及び企業の状況に関する全容を伝達し得るような性質のものでなければならない。取引はその発生

から終了まで追跡しうるものでなければならない。

商業帳簿（会計帳簿と決算書）は，「専門的知識を有する第三者」（税理士等会計専門家）に対して，「相当なる時間内に」，「取引及び企業の状況に関する全容を伝達し得る」レベルのものでなければならない。ここで「取引及び企業の状況に関する全容」とは当該企業の財政状態と経営成績をいう。

また，わが国の企業会計原則および中小会計要領は次のように定めている。

［真実性の原則］

企業会計は，企業の財政状態および経営成績に関して，真実な報告を提供するものでなければならない。

［明瞭性の原則］

企業会計は，財務諸表によって，利害関係者に対し必要な会計事実を明瞭に表示し，企業の状況に関する判断を誤らせないようにしなければならない。

このように，企業会計は，企業の「財政状態および経営成績」に関する「真実な報告」を提供するものであり，財務諸表（決算書）によって，「企業の状況」に関する「利害関係者」の判断を誤らせないようにすることを目的としている[60]。

したがって，中小企業金融における「情報の非対称性」の解消は，まず第一に商業帳簿が担わなければならない。「情報の非対称性」を解消・縮減できなければ，「商業帳簿」（会計帳簿と決算書）や会計はその存在価値を失ってしまうのである。

②　決算書の信頼性の確保

次に，金融機関に提出される中小企業の決算書自体の「信頼性」を確保する仕組みが必要となる。ここで重要となるのが税理士による保証業務である（第4章を参照）。

しかしながら，ドイツの中小企業金融とは異なり，わが国の中小企業金融に

おいては，金融機関に提出する中小企業の決算書の信頼性を担保する仕組みが構築されていない。このような制度が構築されれば，中小企業金融における「情報の非対称性」が大幅に解消されて，中小企業金融の円滑化・活性化に役立つとともに，金融機関における各種コストの低減が図られることになる。国民経済的にみてこのコスト軽減額は莫大なものとなるであろう。

4 「経営者保証に関するガイドライン」と税理士業務

1 ■ 背　　景

　「無担保・無保証融資」と「決算書の信頼性」との間には「正の相関関係」がある（第4章 4 2(1)を参照）。つまり，「無担保・無保証融資」が推進されればされるほど，「情報の非対称性」の解消・縮減，とりわけ「決算書の信頼性」の確保がより強く求められるようになる。その具体的な例が「経営者保証に関するガイドライン」（以下，「ガイドライン」という）である。

　わが国の中小企業金融では，借入れのある中小企業の経営者のうち，そのほとんどが個人保証（以下「経営者保証」という）を提供していると言われている。確かに，経営者による個人保証には，経営への規律づけや信用補完として資金調達の円滑化に寄与する面がある。しかし，①個人保証への依存が，借り手・貸し手双方が本来期待される機能（情報開示・事業目利き等）を発揮していく意欲を阻害している，②個人保証の融資慣行化が，貸し手側の説明責任，過大な保証債務負担の要求とともに，借り手・貸し手間の信頼関係構築の意欲を阻害している，③経営者の原則交代，不明確な履行基準，保証債務の残存等の保証履行時等の改題が，中小企業の創業，成長・発展，早期の事業再生や事業清算への着手，円滑な事業承継，新たな事業の開始等，事業取組の意欲を阻害している，などのおそれがある（「経営者保証に関するガイドライン Q&A」，1頁参照）。

こうした背景のもとで，経営者保証を求めない融資に関するルールを明確化するため，2013（平成25）年12月5日に「経営者保証に関するガイドラインQ&A」が公表され，翌年2月1日からその取扱いが開始された。

とりわけ，「経営者保証に関するガイドラインQ&A」において，個人保証への依存が借り手の情報開示の意欲を阻害している，と指摘されていることが注目される。これは，「無担保・無保証融資」が推進されればされるほど，「情報の非対称性」の解消・縮減，とりわけ「決算書の信頼性」の確保がより強く求められるようになるという私見と軌を一にする。

ガイドラインは法規ではなく，中小企業団体及び金融機関団体共通の自主的自律的な準則である。しかし，各中小・地域金融機関はガイドラインに従った業務執行を行うことが実質的に要請されている。それは，第1に，ガイドラインをまとめ上げた研究会が金融庁と中小企業庁等行政機関の関与の下で設けられていること，第2に，同研究会の事務局を全国銀行協会と日本商工会議所が担当していること，第3に，中小・地域金融機関向けの総合的な監督指針（本編）の改正によって，金融庁が金融機関に「ガイドラインを融資慣行として浸透・定着させていくこと」を求めているからである。

なお，ガイドラインは，大きく分けて，「保証契約をする時」と「債務整理をする時」の2つの局面で適用されるが，ここで関係するのは「保証契約をする時」の局面である。

2 ■ガイドラインの具体的内容

ガイドラインの資格要件は，**図表7-8**に示した3要件（①から③）であり，それらのすべてを満たす必要がある。

| 図表7-8 | 「経営者保証ガイドライン対応保証」の資格要件 |

①	法人と経営者個人の資産・経理が明確に分離されている。
②	法人のみの資産・収益力で借入返済が可能と判断し得る。
③	適時適切に財務情報等が提供されている。

出典：筆者作成

この3つの要件を組み入れて、ガイドラインが示す「経営者保証に依存しない中小企業金融の仕組み」を図示すれば、図表7-9となる。

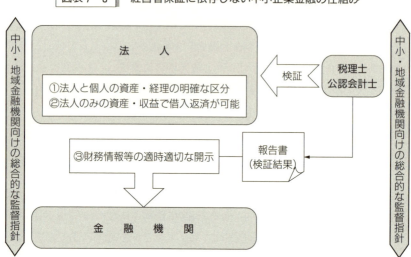

図表7-9　経営者保証に依存しない中小企業金融の仕組み

出典：坂本（2018a）79頁の図表5-8を一部修正して引用

① 法人と経営者個人の資産・経理が明確に分離されている

多くの場合、税理士等の外部専門家の検証を受けたことを示す報告書(写)が必要となる。この要件に関して信用保証協会が例示した「経営者が個人として消費した費用（飲食代等）について申込人の経理処理としていないこと」などは、法人税法上の損金性に関するものであるため、税理士法第33条の2による書面の添付（報告書）をもって、「税理士等による検証を受けた」と判断してもよいであろう。また、このような対応を確保・継続する手段として、以下のような方法が掲げられている（「ガイドラインQ&A」Q4-1に対する回答）。

> 取締役会の適切な牽制機能の発揮や、会計参与の設置、外部を含めた監査体制の確立等による社内管理体制の整備や、法人の経理の透明性向上の手段として、「中小企業の会計に関する基本要領」等に拠った信頼性のある計算書類の作成や対象債権者に対する財務情報の定期的な報告等が考えられます。

第7章　変化する時代への対応 ■ 265

また，こうした対応状況についての公認会計士や税理士等の外部専門家による検証の実施と，対象債権者に対する検証結果の適切な開示がなされることが望ましいと考えられます。

②　法人のみの資産・収益力で借入返済が可能と判断し得る

経営者個人の資産を債権保全の手段として確保しなくても，法人のみの資産・収益力で借入返済が可能と判断し得る財務状況として以下の例示がある（「ガイドライン Q&A」Q4-4に対する回答）。

- 業績が堅調で十分な利益（キャッシュフロー）を確保しており，内部留保も十分であること
- 業績はやや不安定ではあるものの，業況の下振れリスクを勘案しても，内部留保が潤沢で借入金全額の返済が可能と判断し得ること
- 内部留保は潤沢とは言えないものの，好業績が続いており，今後も借入を順調に返済し得るだけの利益（キャッシュフロー）を確保する可能性が高いこと

これらに関しては，場合によっては，実現可能性の高い経営計画や利益計画によって裏付けられる必要があるであろう（第5章 4 3参照）。

③　適時適切に財務情報等が提供されている

ガイドラインが公表されて以後，東京信用保証協会などでは，「適時適切な財務情報等の提供」を満たすものを例示していた（第4章の図表4-9を参照[61]）。ここでは，「財務諸表の作成に携わった公認会計士または税理士から中小会計要領（ないし中小指針）のすべての項目について適用状況の確認を受けている」，「税理士法第33条の2に規定する計算事項を記載した書面を税理士が作成している」などを掲げていた。

加えて，「適時適切に財務情報等が提供されている」ことに関しては，「ガイドライン Q&A」4-7に対する回答の記述が参考になる。

- 貸借対照表，損益計算書の提出のみでなく，これら決算書上の各勘定明細（資産・負債明細，売上原価・販管費明細等）の提出
- 期中の財務状況を確認するため，年に一回の本決算の報告のみでなく，試算表・

> 資金繰り表等の定期的な報告

　これを実現するためには,「発生主義に基づいた月次決算」が必要であり, 多くの中小企業にあっては, 税理士等の定期的な指導と検証行為(例えば, 月次巡回監査)を受けなければ, このレベルの財務情報等を提供することは難しいであろう。

　以上のように, ガイドラインが想定する資格要件の充足には外部専門家が大きく絡んでいる。ここで外部専門家とは,「公認会計士, 税理士(顧問税理士を含む)等の資産負債の状況, 事業計画・事業見通し, それらの進捗状況等について検証を行うことができる専門家」であるとされている。特に注目すべき点は, 決算書を作成代行している税理士等が外部専門家として想定されていることである。その点でこの検証行為は, 会計監査人の独立性を条件として成立する「正規の監査」や「レビュー」とは異なり, ドイツ税理士のベシャイニグング(年度決算書の作成に関する証明書)作成業務や, わが国における会計参与制度に類似しているといえる。

3 ■課題と対応

　現在, わが国の中小企業金融ではガイドラインの推進が喫緊の課題となっている。遠藤俊英金融庁長官は次のように述べている (『TKC 会報』2019年1月号) [62] (傍点は坂本)。

> 　ガイドラインをより一層浸透・定着させるためには, 税理士をはじめとする外部専門家の協力も必要不可欠である。例えば, ガイドライン上, 法人と経営者との関係を明確に区分・分離することが求められているところ, 経営者に対してその必要性を認識してもらうほか, 書面添付制度の活用等を通じてその実態を保証するといった形で, 税理士が経営者と金融機関の橋渡しを行うことにより, ガイドラインの浸透・定着が促進することが期待される。

　こうした状況下でガイドラインが中小企業金融おいて有効な規範になるためには, ドイツの例のように, (a)経済, (b)法律, (c)行政という3つのセクターの

機能の発揮が重要となる。

　まず，税理士は，法人企業の約9割に関与しており，かつ，近時，税理士は，税務業務・会計業務・経営助言業務に合わせて，書面添付などの保証業務も行っているという実態がある（経済）。

　そして，税理士法第33条の2による書面添付は，近時の法改正を受けてその内容が飛躍的に拡充・充実され，税務申告書の信頼性のみならず，間接的にではあるが，「決算書の信頼性」を担保するものであるとの理解が全国の金融機関に理解され始めている（法律）。

　続いて，2013（平成25）年には，金融庁と中小企業庁の関与の下で，経営者自身の保証を求めない中小企業金融を目指す「経営者保証に関するガイドライン」が策定され，2014（平成26）年2月1日からその適用が開始されている。ガイドラインの作成には，中小企業庁や金融庁が関与していることから，法的拘束力

図表7-10　社会を構成する3つのセクターと中小企業金融（日本）

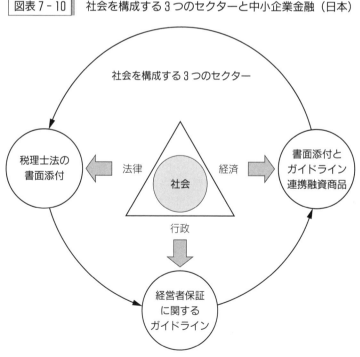

出典：筆者作成

はないものの，中小企業，その経営者，金融機関が強く尊重・遵守することが期待されている[63]（行政）。

こうした行政の動きを受けて，全国の金融機関が，ガイドラインと書面添付との連携融資商品の開発とその浸透に取り組み始めている[64]（経済）。

これらの関係を示したのが**図表7-10**である。

法人企業の約9割に関与していること，そして巡回監査（月次巡回監査と決算巡回監査）に基づいて4大業務（税務業務・会計業務・保証業務・経営助言業務）を同時に提供する立場にいることは，プロフェッショナルとしての税理士の比類なき強みではある。しかし，どのような職業も，経済社会の変化に対応できなければ没落する運命にある。税理士もけっしてその例外ではない。したがって，わが国の税理士業界は，中小企業金融に対して次のような積極的な対応をしていくべきである。

---

① 「決算書の信頼性は外部から識別可能である」という事実を金融機関に周知せしめて，金融機関の一部にある「中小企業の決算書は信用できない」という（誤った）常識を正していくこと。
　＊より具体的には，第4章の図表4-10のようなチェックリストを活用すれば，金融機関は「決算書の信頼性」の程度を確認することができる。
② 「信頼性の高い決算書」を金融機関に大量に提供することによって，金融機関と中小企業，そして金融機関と税理士との間に存在する「情報の非対称性」の解消・縮減に努めて，税理士と金融機関との信頼関係，相互補完関係を構築すること。
　＊税理士業界は，経営者の同意を得た上で，図表4-10のようなチェックリストをはじめ，決算書・申告書・その他各種資料を自主的かつ積極的に金融機関に提供することによって（シグナリング），「情報の非対称性」を解消・縮減せしめるべきである。
③ 税理士の保証業務である「書面添付業務」などを積極的に推進して，国家的な課題である「経営者保証に関するガイドライン」の普及・定着に貢献すること。

税理士の輝かしい未来は，「税務・会計・保証・経営助言領域における財務的および経済的なデータの専門家」という立場をいっそう強固にするとともに，中小企業金融における税理士の新しい役割に積極的に対応していくことにある。これらを推進することが，税理士業界の「現代の業務への適応・新しい業務の

開始」であり，税理士の未来を切り拓くことに繋がるのである。

●注───────────

(1) 資料は，平成28年度分「会社標本調査」（平成30年 3 月，国税庁企画課）による。「欠損法人」は所得金額（繰越欠損金控除等の税務上の調整を加えた後の金額）が負（損失）または 0 である法人。

(2) この状況は，公式な場において語られることは少ないが，筆者の40年近い税理士として実務経験，そして TKC 全国会の会長として金融機関のトップと公式・非公式に打合せや会談を行った経験に基づいている。例えば，「パネルディスカッション 未来を支える中小企業 中小企業の支援者が語る事業再生・事業承継」（『TKC 会報』2018年 4 月号，12-17頁）を参照されたい。

(3) 坂本（2012）；第 6 章（149-174頁）を参照されたい。

(4) 坂本（2012）；68-71頁および坂本（2015a）；4 -14頁を参照されたい。なお，経済監査士と宣誓帳簿監査士はともに，帳簿検査人（Bücherrevisoren）を起源とする資格制度である（帳簿検査人は第 1 章「ドイツにおける税理士の歴史」を参照）。

(5) 数少ない研究として，筆者の坂本（2012b），坂本（2015a），坂本（2016）がある。

(6) Meeh (Rundscheiben9/98)；S.5f.

(7) Meeh (Rundscheiben9/98)；S.6.

(8) Korth (2003)；S.33.

(9) Meeh (Rundscheiben9/98)；S.6.

(10) この点について，Kelm は「信用受供者の経済状況を判断するために，銀行はまず第一に企業の商法上の年度決算書を利用する。当時の連邦金融制度監督局の通達 9 /98では，アクチュアリティとクオリティに関わるこうした特定の要求を満たし，もしくは他の書類で補足することとされていた。他の書類が必要となるのは，特に年度決算書が『…経済または租税の助言をする職業の従事者の協力による場合でさえ…利用できる書類から監査を経ることなく作成されている』場合であるとされる。（中略＝坂本）そうであるならば，税理士により監査行為を経ることなく作成された年度決算書は要求を満たしていない」（Kelm (2007)；S.35）とし，Meeh は「連邦金融制度監督局の通達 9 /98の規定によって，税理士の職業的立場が特に選任の特別規定との比較において，実務的に不完全になっており，意見の対立を伴って議論せしめられている」（Meeh (Rundscheiben9/98)；S.6）とし，「もっぱらそれらの職業集団に属する者の協力に基づくこと（監査行為を欠いた税理士等による年度決算書の作成の場合）は，いずれにせよ保証が適切でないようにみえる。けれども，経済監査士・宣誓帳簿監査士，場合によっては税理士によって金融機関に与えられたベシャイニグングは，－通達 9 /98の意味で－年度決算書の信頼性を判定する状態に値する」（Meeh (Rundscheiben9/98)；S.3）としている。

⑾　Kelm (2007)；S.35.

⑿　Kelm (2007)；S.35.

⒀　Korth (2003)；S.3.

⒁　Halbig (Leitfaden)；S.7.

⒂　Halbig (Leitfaden)；S.14.

⒃　極めて実務的な領域であるために，この領域に関するドイツ文献は少ない。Halbig は「金融機関は，信用受供者および税理士に関するその通達において，少なくとも2001年10月23日付けの『税理士による年度決算書の作成に関する諸原則についての連邦税理士会の書簡』を引き合いに出している。金融機関の行動に基づく首尾一貫したものとして，いまや，HFA4/1996における経済監査士のチェックリストに依拠して策定された，連邦税理士会および登録済協同組合ドイツ税理士連盟による『会計制度に関する作業グループ』の『蓋然性評価を伴う年度決算書作成に関するチェックリスト』が公表されている」(Halbig (Leitfaden)；S.7) としている。

⒄　邦訳書として武田/河﨑/古賀/坂本（2007）がある。

⒅　Henselmann（2018）；22-23頁参照。

⒆　監査義務を有する資本会社は，①従業員50人，②貸借対照表総額600万ユーロ，③売上高1200万ユーロ，という３つの条件のうち，少なくとも２つの条件の基準値を２期連続で超えた場合である。

⒇　Henselmann（2018）；19頁参照。

㉑　2001年『書簡』は，「関与先による帳簿の記帳」と「税理士による帳簿の記帳」という２つの区分であったが，『声明』は，さらに踏み込んで「税理士が簿記の協力作業をしている場合」を加えている。

㉒　Halbig (Leitfaden)；S.16.

㉓　Halbig (Leitfaden)；S.17.

㉔　Halbig (Leitfaden)；S.16.

㉕　Halbig (Leitfaden)；S.17.
　　完全性宣言書の歴史的展開と様式は，飯塚毅（1988）の259-269頁に詳しい。

㉖　作業にかかる時間と費用はたいへん多大なものになるということもあり，実際には税理士が「包括的評価を伴う作成」を委任されることは，ほとんどないのが現状です（Henselmann（2018）；26頁）。

㉗　武田/河﨑/古賀/坂本（2007）；173頁。

㉘　Vgl. Schmidt (2003)；40.

㉙　SSARS が適用されるのは，公認会計士が未公開企業の未監査財務諸表に関わる場合である。

㉚　AR Section 90 Review of Financial Statements 04.

㉛　AR Section 90 Review of Financial Statements 07.

第 7 章　変化する時代への対応 ■ 271

(32)　AR Section 90 Review of Financial Statements 15.

(33)　AR Section 90 Review of Financial Statements 22, j.

(34)　AR Section 90 Review of Financial Statements 19 を参照。

(35)　AR Section 90 Review of Financial Statements 32.

(36)　岐山（2000）；456頁。

(37)　AR Section 80 Compilation Engagememts A48 を参照。

(38)　武田編著（2003）；249-250頁参照。

(39)　飯塚（1982a）；185-186頁。

(40)　Carey（1970）；p.168.

(41)　青木（2004）；43頁。

(42)　青木（2004）；44頁。

(43)　中小企業金融公庫総合研究所（2007）所収の「参考資料（インタビューメモ）」。

(44)　青木（2004）；43頁。

(45)　中小企業金融公庫総合研究所（2007）；60頁。

(46)　例えば青木（2004）の37-38頁参照。

(47)　青木（2004）；45頁。

(48)　現実的には，多くの銀行によりこの手法が採られていると思われる。中小企業への貸付において，企業は税務当局に対する納税申告書のコピーを銀行に提出し，銀行は，税務申告書と財務諸表とを付き合わせて確認することになる（青木（2004）；44頁）。

(49)　わが国でも，「法人税申告書に書面添付が行われれば，確定決算主義の原理から，その基になった決算書に一定の信頼性が付与される」とされている（第4章 **2** 2 (1)を参照）。

(50)　この場合，財務諸表が GAAP 以外の基準に準拠している場合には（例えば OCBOA），監査報告書やレビュー報告書ではなく，特別報告書（special report）が求められる。なお，OCBOA（Other Comprehensive Basis of Accounting，その他の包括的な会計基準）による財務諸表には，税務基準（Income-tax-basis），「現金基準および修正現金基準」（Cash-basis and modified-cash-basis），「中小企業用の財務報告のフレームワーク」（FRF for SMEs）に準拠した財務諸表などがある。

(51)　青木（2004）；44頁。

(52)　数少ない例外として次の文献がある。坂本（2012），坂本孝司/加藤恵一郎編著『中小企業金融における会計の役割』（中央経済社，2017年）。

(53)　機械論的アプローチと機能論的アプローチは，武田（2008b）の106-107頁および坂本（2017）の6-7頁を参照されたい。

(54)　わが国と同様に税理士制度を持ち，間接金融が主流であるとされるドイツにおける「中小企業金融における会計および税理士の役割」については，坂本（2012）9頁の図表1-3を参照されたい。

(55)　例えば，「日頃から企業と接触のある顧問税理士が異変を察知し，信用金庫と連携しなが

ら早期に経営改善を働きかけるような態勢が整えば，多くの企業が『手遅れ』にならずに回復のきっかけをつかめるのではないだろうか（家森（2016）；3頁）」との有力な意見がある。

(56) Akerlof (1970)；pp.488-500.

(57) わが国の中小企業金融では，「情報の非対称性」を解消するためにはリレーションシップ・バンキングがもっとも有効であるとされている。例えば，「金融理論的に整理すると，情報の非対称性がある状況では，貸出に当たっては継続的なモニタリング等のコスト（エージェンシー・コスト）を要するが，このコストをリレーションシップの構築によって，借り手の経営能力や事業の成長性など定量化が困難な信用情報を定量化することが可能になり，エージェンシー・コストの軽減が可能になるのである」とする（村本（2005）；8頁）。

(58) 成川正晃教授は，中小企業金融における「情報の非対称性」を緩和させるための「会計」の役割を精緻に論究されている（成川（2017）；第1章）。

(59) 大企業，特に金融商品取引法適用会社では，さまざまな制度設計がなされており，情報の非対称性を緩和，低減する試みがなされているのに対して，中小企業では，情報の非対称性を緩和する制度設計が大企業と比べると不十分である点が，中小企業金融における情報の非対称性の問題を顕在化させているとみることができる（成川（2017）；18頁）。

(60) 財務諸表とは，企業の実態を数値で表現した一覧表であって，現にある企業の実像を「数と数との関係」として描き出したものである（武田（2008a）；2頁）。

(61) なお，2018年3月末をもってかかる例示は廃止されているが，その趣旨は継続していると考えられる。

(62) 遠藤（2019）；1頁。

(63) 小林（2018）；1頁。

(64) 「経営者保証に関するガイドライン」を策定した同研究会の座長を務める小林信明弁護士は「TKC全国会が提唱している，『書面添付制度』，『モニタリング情報サービス』の拡大は重要と考えられる。これらが実現できれば，金融機関としては，適切な会計処理や適時適切な情報開示が十分なされているとの評価に繋がろう」と述べられる（小林（2018）；1頁）。

引用文献

相澤哲編著（2005）『一問一答　新・会社法』商事法務

青木武（2004）「リレーションシップバンキング再考－米国の中小企業向け貸付テクノロジー－」『信金中金月報』2004年12月号

青山善充（1995）中野貞一郎/松浦馨/鈴木正裕編『民事訴訟法講義 第3版』有斐閣

新井隆一（1984）『負担の公平 記帳の負担』成文堂

飯塚毅（1973）「巡回監査を省略しても良い条件」『TKC会報』1973年5月号

飯塚毅（1977）「職業会計人の独立性について」『TKC会報』1977年7月号

飯塚毅（1978）「職業会計人の独立性再論」『TKC会報』1978年1月号

飯塚毅（1980）「過ちては則ち改むるに憚ること勿れ」『TKC会報』1980年2月号

飯塚毅（1981）「職業会計人の独立性」『TKC会報』1981年3月号

飯塚毅（1982a）『激流に遡る』TKC広報部

飯塚毅（1982b）「巡回監査実施必然の論理」『TKC会報』1982年3月号

飯塚毅（1982c）「勝ち抜く者の条件，瞑想鍛錬」『TKC会報』1982年5月号

飯塚毅（1985）「租税正義（の原則）とは何か」『TKC会報』1985年5月号

飯塚毅（1986）「もう税理士法は改正すべきだ」『TKC会報』1986年10月号

飯塚毅（1988）『正規の簿記の諸原則　改訂版』森山書店

飯塚毅（1989a）『一職業会計人の悩み』TKC広報部

飯塚毅（1989b）「税理士会の在り方を考える(10)」『TKC会報』1989年11月号

飯塚毅（1992a）『電算機利用会計事務所の合理化 復刻版』㈱TKC

飯塚毅（1992b）「なぜ巡回監査は絶対必要なのか」『TKC会報』1992年5月号

飯塚毅（1993）「一問一答と」『TKC会報』1993年12月号

飯塚毅監訳/小関勇，柳田清治(共訳)（1995）『アメリカ公認会計士協会 会計士行動規程』TKC出版

飯塚毅（1995）『職業会計人の使命と責任』TKC出版

飯塚毅（1997a）「飯塚事件，そしてTKCの創設」『TKC会報』1997年9月号

飯塚毅（1997b）『職業会計人の行動指針』TKC出版

飯塚真玄（2015）『自利利他の経営』TKC出版

飯塚真玄（2016）『TKC社内報「とこしえ」百選』TKC出版

飯塚真玄（2019）「TKC会員が地域金融機関を支援する『TKCモニタリング情報サービス』は，会計事務所の職域防衛と運命打開に貢献します」『TKC会報』2019年1月号

石井肇/大久保昇一（2010）『実務家のための書面添付制度活用のポイント』大蔵財務協会

伊藤義一（2014）『税法の読み方 判例の見方 改訂第3版』TKC出版

伊藤義一(2018)「飯塚毅博士の思想がわが国税制等に与えた影響について」『飯塚毅生誕百年

記念 論文集』TKC 出版

浦崎直浩編著（2017）『中小企業の会計監査制度の探究－特別目的の財務諸表に対する保証業務－』同文舘出版

浦谷清（1964）「所得税青色申告書についてなされた更正処分並びに審査決定の附記理由が不備であるとされた事例」『民商法雑誌』50巻1号

遠藤俊英（2019）「地域における金融仲介機能の発揮と外部専門家への期待」『TKC 会報』2019年1月号

大下勇二（2018）『連単分離の会計システム』法政大学出版局

大内伸哉（2018）「AI 時代における士業の未来－税理士のキャリア戦略－」『税務弘報』67巻1号

岡部勝成（2010）『キャッシュ・フロー会計情報と企業価値評価－九州地区の中小企業をめぐる実証分析－』税務経理協会

加藤恵一郎（2018）「税理士法第33条の2による書面添付推進運動－その歴史的経緯と将来への期待－」『飯塚毅生誕百年記念 論文集』TKC 出版

金子宏（2016）『租税法 第21版』弘文堂

河﨑照行（2016）『最新 中小企業会計論』中央経済社

神田秀樹（2019）『会社法 第21版』弘文堂

岸悦三（1988）『会計生成史』同文舘出版

北川慎介（2015）『中小企業政策の考え方』同友館

北野弘久（1963a）「青色申告者に対する更正の理由附記をめぐる問題」『税法学』151号

北野弘久（1963b）「青色申告に対する更正の通知書に附記すべき理由の書き方についての最高裁の見解」『時の法令』470号

北野弘久（1984）「更正処分とその附記理由」『税理』27巻5号

木村弘之亮（1987）『租税証拠法の研究』成文堂

黒澤清（1984）「組織的帳簿監査及び帳簿監査人制度の創設に関する提案」『會計』126巻3号

ケアリー＝加藤隆之監訳（1970）『公認会計士－業務の未来設計』同文舘出版

ゲーテ＝山崎章甫訳（2000）『ヴィルヘルム・マイスターの修行時代（上）』岩波文庫

ゲーレ＝飯塚毅訳（1991）『ドイツ税理士法解説』第一法規

Kempf, Dieter（2015）「新しいドイツの簿記・会計の原則の制定と職業会計人へのインパクト（Kempf, Dieter/Meyer-Prries/Lars）」『ドイツの最新コンピュータ会計法』（『TKC 会報』2015年7月特別号）

神戸大学会計学研究室編（2007）『会計学辞典 第6版』同文舘出版

古賀智敏/池田公司/嶋津邦洋（2011）「原則主義と監査人の判断形成」古賀智敏編著『IFRS 時代の最適開示制度』千倉書房

小関勇/柳田清治（共訳）（2005）『アメリカ公認会計士協会 会計士行動規程（2004年版）』TKC 出版

引用文献 ■ 275

小林信明（2018）「経営者保証ガイドラインと専門家たる税理士への期待」『TKC 会報』2018
　年12月号

酒井克彦（2018）『プログレッシブ税務会計論』（ⅠおよびⅡ）中央経済社

坂本孝司（1998）「わが国におけるコンピュータ会計法規制定までの沿革」松沢智編著『コン
　ピュータ会計法概論』中央経済社

坂本孝司（2006）「会計帳簿と適時性・正確性」武田隆二編著『新会社法と中小会社会計』中
　央経済社

坂本孝司（2011）『会計制度の解明　ドイツとの比較による日本のグランドデザイン』中央経済
　社

坂本孝司（2012a）「税理士の『登録政治資金監査人』登用の意義」『TKC 会報』2012年 2 月号

坂本孝司（2012b）『ドイツにおける中小企業金融と税理士の役割』中央経済社

坂本孝司（2013）「実務的観点から見た IFRS と確定決算主義」伊藤邦雄責任編集『企業会計
　制度の再構築』（別冊企業会計）中央経済社

坂本孝司（2014）『簿記・会計先覚者の金言集・解説　改訂新版』TKC 出版

坂本孝司編著（2015a）『ドイツ税理士による決算書の作成証明業務』TKC 出版

坂本孝司監訳（2015b）「電子形態ならびにデータ媒体での帳簿，記録および証拠書類に関す
　る正規の記帳および保存の諸原則」『TKC 会報』2015年 7 月特別号32-67頁

坂本孝司編著（2016）『ドイツ税理士による決算書の作成証明業務　第 2 版』TKC 出版

坂本孝司（2017）坂本孝司/加藤恵一郎編著『中小企業金融における会計の役割』中央経済社

坂本孝司（2018a）『中小企業の財務管理入門　財務経営力で会社を強くする　第 2 版』中央経
　済社

坂本孝司（2018b）「飯塚毅博士の『正規の簿記の諸原則』論－その歴史的位置づけと現代への
　提言－」『飯塚毅博士生誕百年記念　論文集』TKC 出版

佐藤英明（1992）『脱税と制裁』弘文堂

佐藤英明（2018）『脱税と制裁　増補版』弘文堂

佐野鉱治（2005）「回想　税理士法第 1 条」『飯塚毅先生追悼集』TKC 出版

下川環（2006）「理由の提示(1)」『行政判例百選Ⅰ　第 5 版』有斐閣

シャウプ使節団（1949）『日本税制報告書』附録第四編

シュマーレンバッハ＝土岐政蔵訳(1950)『シュマーレンバッハ　動的貸借対照表論　第 7 版』
　森山書店

高田順三（1998）「坂本孝司会員が，自由民主総裁賞を受賞」『TKC 会報』1998年 3 月

高柳信一（1983）「青色申告に対する更正の理由附記」『租税判例百選　第 2 版』有斐閣

武田隆二（1970）『所得会計の理論－税務会計の基礎理論』同文舘出版

武田隆二（1985a）「限定監査のフォーカス－会計専門家による外部『監査』に寄せられた問題
　の焦点」『税経通信』40巻 1 号

武田隆二（1985b）「第Ⅲ部　限定監査試論」税経通信別冊『限定監査試論－外部「監査」を考

える』税務経理協会，112-162頁

武田隆二（2002）「新世紀における会計問題と将来展望」『TKC会報』2002年8月号

武田隆二編著（2003）『中小会社の会計－中小企業庁「中小企業の会計に関する研究会報告書」の解説』中央経済社

武田隆二（2003a）「新しい職業会計人像－その戦略設計とパラダイム」黒澤清/飯塚毅/松沢智/武田隆二『職業会計人の新パラダイム』TKC出版

武田隆二（2003b）「新世紀，『経営革新』を担うTKC会計人の姿」『TKC会報』2003年10月号

武田隆二（2004）『法人税法精説 平成16年版』森山書店

武田隆二（2005a）「問題提起 税理士法の改正を望む－税理士法三条一項および第二条二項について－」『TKC会報』2005年3月号

武田隆二（2005b）「会計参与制度と『虚偽表示抑止効果』への期待－会計参与の役割期待（その3）」『TKC会報』2005年8月号

武田隆二（2005c）「会社法制の現代化にTKC会計人はいかに応えるべきか」『TKC会報』2005年9月号

武田隆二（2005d）「『計算書類の信頼性』の担保と新書面添付制度－会計参与の役割期待（その4）」『TKC会報』2005年10月号

武田隆二（2005e）「会計参与問題の総括・展望－会計参与の役割期待（その6）」『TKC会報』2005年12月号

武田隆二（2005f）『法人税法精説 平成17年度版』森山書店

武田隆二編著（2006a）『中小会社の会計指針』中央経済社

武田隆二（2006b）「『空』なる世界を訪ねて－『般若心経』と会計（その1）」『TKC会報』2006年5月号

武田隆二（2006c）「緊急提言 電子申告の実践目標達成に向けて」『TKC会報』2006年12月号

武田隆二（監修）/TKC全国会巡回監査・書面添付委員会（編著）（2007）『中小企業のための「内部統制制度」の確立 改訂新版』TKC出版

武田隆二（監訳者代表）・河﨑照行/古賀智敏/坂本孝司（監訳）（2007）『税理士業務における品質保証と品質管理』ドイツ連邦税理士会/ドイツ税理士連盟/DATEV協同組合，㈱TKC

武田隆二（2007）「経理自由の原則」神戸大学会計学研究室編『会計学辞典 第6版』同文舘出版

武田隆二（2008a）『最新財務諸表論 第11版』中央経済社

武田隆二（2008b）『会計学一般教程 第7版』中央経済社

忠佐市（1981）『租税法要綱 第10版』森山書店

中小企業金融公庫総合研究所（2007）『米国銀行の中小企業向け融資戦略の実態～リレーションシップ・バンキングを活用した融資現場の視点ら～』中小公庫レポート，No.2007-1

千代田邦夫（2014）『闘う公認会計士 アメリカにおける150年の軌跡』中央経済社

TKC全国会広報委員会編纂（1997）『租税正義の実現を目ざして 飯塚事件の本質と系譜』TKC出版
TKC全国会中央研修所編（2007）『TKC基本講座 理念編 第3版』TKC出版
TKC全国会中央研修所編（2014）『TKC基本講座 第4版』TKC出版
ティプケ，K.＝木村弘之亮，吉村典久，西山由美訳（1988）『所得税・法人税・消費税』木鐸社
富岡幸雄（2003）『税務会計学原理』中央大学出版部
富田茂之（2019）「忘れ得ぬ出来事」『TKC会報』2019年1月号
友岡賛（2016）『会計の歴史』税務経理協会
ドラッカー＝有賀祐子訳（2008）『マネジメント 務め，責任，実践Ⅲ』日経BP社
ドラッカー＝上田惇生訳（2008）『マネジメント［中］－課題，責任，実践』ダイヤモンド社
内藤文雄（2007）「証明業務」『会計学辞典 第6版』神戸大学会計学研究室編，同文舘出版
内藤文雄（2012）『財務情報等の監査・保証業務』中央経済社
中川一郎（1963）「付記すべき更正理由ならびに審査決定理由の程度」『シュトイエル』16号
那須伸裕/松本祥尚/町田祥弘（2015）『公認会計士の将来像』同文舘出版
成川正晃（2017）「会計情報の役割－会計で情報の非対称性を緩和する－」坂本孝司/加藤恵一郎（編著）『中小企業金融における会計の役割』中央経済社
成道秀雄（2015）『税務会計』第一法規
日本公認会計士協会（2018）「平成31年度税制改正意見・要望書」
日本税理士会連合会（1987）『税理士制度沿革史 増補改訂版』
日本税理士会連合会（2005）『税理士法逐条解説 5訂版』日本税理士会連合会
日本税理士会連合会（2018）「平成31年度税制改正に関する建議書」
野村総合研究所/寺田知太他（2017）『誰が日本の労働力を支えるのか？』東洋経済新報社
㟁山（はげやま）幸繁（2000）武田隆二編著『中小会社の計算公開と監査－各国制度と実践手法』清文社
福澤諭吉（1875）『学問のすすめ』「第14編」慶應義塾大学出版会
ブリーリー，マイヤーズ，アレン＝藤井眞理子，國枝繁樹監訳（2014）『コーポレートファイナンス 第10版 下』日経BP社
Henselman, Klaus(2018)；「ドイツにおける税理士による中小企業会計指導の重要性」『TKC会報』2018年12月特別号
マウツ/シャラフ＝近澤弘治訳（1987）『監査理論の構造』中央経済社
増田英敏（2008）『リーガルマインド租税法』成文堂
増田英敏（2010）「書面添付の紛争予防税法上の意義」TKCタックスフォーラム2010パネルディスカッション 資料
松沢智（1991）『新版 税理士の職務と責任－期待される税理士像を求めて』中央経済社
松沢智（1995）『税理士の職務と責任－期待される税理士像を求めて 第3版』中央経済社
松沢智（1998）「法とコンピュータ会計法－職業会計人に税法の『法律家』としての自覚を－」

『TKC 会報』1998年 4 月号

松沢智（2000）「現代税法学研究 税理士法第一条の現代的意義－21世紀の新しい税理士像建設に向けての問題点の解明－」『TKC 会報』2000年 1 月号

松沢智（2003）「租税法律主義と税理士の責務」黒澤清/飯塚毅/松沢智/武田隆二『職業会計人の新パラダイム』TKC 出版

村本孜（2005）「イノベーションを創造するリレーションシップ・バンキング」『社会イノベーション研究』1 巻 1 号（3-23）

矢澤憲一（2012）町田祥弘/松本祥尚編著『会計士監査制度の再構築』中央経済社

柳裕治訳（2010）『ドイツ税理士法－第 8 次改正報告書－』(財)日本税務研究センター

山下学編著（2009）『税理士の使命』清文社

山本高志（2001）『税理士の歩いてきた道・進む道』財団法人大蔵財務協会

家森信善（2016）「支援の効果を高めるために必要な専門家との協働」『信金中金月報』2016年 8 月号

ローゼンベルク＝倉田卓次訳（1987）『ローゼンベルク立証責任論 全訂版』判例タイムズ社

渡部吉隆（1963a）「所得税申告書についてなされた更正処分並びに審査決定の附記理由が不備であるとされた事例」『法曹時報』15巻 7 号

渡部吉隆（1963b）「青色申告の更正処分・審査決定に附記すべき理由記載の程度」『法律のひろば』16巻 8 号

AICPA (1959) ; *Guides to Successful Accounting Practice.*

Akerlof, George A. (1970) ; The Market for "Lemons" Quality Uncertainty and The Market Mechanism, *The Quarterly Journal of Ecconomics*, Vol. 84, No. 3 (Aug., 1970).

Brönner, Herbert (1952) ; *Die Bilanz nach Handels- und Steuerrecht.*

Bundessteuerberaterkammer (Hrsg.) (1990) ; *Checklisten zur Verfahrensprüfung der Ordnungsmäßigkeit von EDV-Buchführung*, Bonn.

Carey John L. (Author) (1965) ; *The CPA plans for the future.*（邦訳としてケアリー＝加藤訳（1970）がある）

Carey, John L. (Author) (1970) ; *Rise of the Accounting Profession to Responsibility and Authority 1937-1969*, II.

De Bissy (2016) ; *Comptabilité et fiscalité*, LexisNexis.

Drucker, Peter Ferdinand (1993) ; *Management Tasks Responsibilities Practice (1985).*（邦訳としてドラッカー＝有賀訳（2008），ドラッカー＝上田訳（2008）がある）

Entwurf (Reichsministerium der Justiz) (1849) ; *Entwurf eines allgemeinen Handelsgesetzbuches für Deutschland.*

Entwurf (Württemberg II) ; *Entwurf eines Handelsgesetzbuches für das Königreich Württemberg mit Motiven (1839/40)* II. Theil : Motive18

Friesecke, Kuno (1957); Die Voraussetzungen und Grenzen der steuerlichen Schätzung, *StuW*.

Gehre, Horst (1995); *Steuerberatungsgesetz mit Durchführungsordnungen*, 3 Aufl., München.（第 1 版の邦訳としてゲーレ＝飯塚毅訳（1991）がある）

Goethe, Johann Wolfgang (2009); *Wilhelm Meisters Lehrjahre*, 1796; Insel Verlag Frankfurt am Main.（邦訳としてゲーテ＝山崎訳（2000）がある）

Halbig/Wilfried (Leitfaden) Leitfaden zur Erstellung von Jahresabschlüssen mit Plausibilitätsbeurreilung, http://www.collega.de/dok_95_plausibil.pdf

Hartung, Hans (1956); Anregungen auf steuerprozeßrechtlichen Gebiete, insbesondere Stellungsnahme zu den herrschenden Theorien über die Beweislast und das Ermessen im steuerprozeß, *StuW*.

Hartung, Hans (1959); Die Beweislast im Steuerverfahren, *NJW*.

Heise, Georg Arnold (1858); Heise's Handelsrecht, Frankfurt.

Hey, Johanna (2010); in Tipke, K./Lang, J., *Steuerrecht*, 20 Aufl., Köln.

Kelm, Michael (2007); *Basel II und Rating Anforderungen an die Kreditinstitute und Möglichkeiten der Mandantenunterstützung durch die Steuerberater zur Optimierung des Rating*, Hamburg.

Korth, H.-Michael (2003); *Jahresabschlusserstellung mit Plausibilitätsbeurreilungen*, Stuttgart/München.

Kruse, Heinrich Wilhelm (1978); *Grundsätze ordnungsmäßiger Buchführung Rechtsnatur und Bestimmung*, 3 Aufl.

Kühn, Rolf (1956); *Reichsabgabenordnung*, 4 Aufl., Stuttgart.

Kühn, Rolf (1968); *Reichsabgabenordnung*, 5 Aufl., Stuttgart.

Kühn/Kutter/Hofmann (1974); *Abgabenordnung Finanzgerichtsordnung*, 11 Aufl., Stuttgart.

Lang, Joachim (2010); in Tipke, K./Lang, J., *Steuerrecht*, 20 Aufl., Köln.

Leffson, Ulrich (1987); *Die Grundsätze ordnungsmäßiger Buchführung*, 7 Aufl.

Leyerer, Brüm (1922); Historische Entwicklung der Buchführung seit der ersten Kenntnis bis zum X V II Jahrhundert, *Zfhf*.

Littmann, Eberhard (1978); in: Littmann, Eberhard/Grube, Georg; *Das Einkommensteuerrecht*, 12 Aufl., Bd. 1.

Mautz, R.K./Sharaf, Hussein A. (1961); *The Philosophy of Auditing*, American Accounting Association.（邦訳としてマウツ/シャラフ＝近澤弘治訳（1987）がある）

Meeh, Gunther (Rundschreiben 9/98); Rundschreiben 9/98 des Bundesaufsichtsamtes für das Kreditwesen-Implikationen für die wirtschaftsprüfenden und steuerberatenden Berufe.

Mittelsteiner, Karl-Heinz (Hersg.) (1999) ; *Illustrierte Geschichte des steuerberateratenden Berufes*, 3 Aufl.

Reinisch, Günther (1963) ; Beweislast und Vermutung im Steuerrecht, *BB*.

Rosenberg, Leo (1923) ; *Die Beweislast auf der Grundlage des Bürgerlichen Gesetzbuchs und der Zivilprozessordnung*, 2 Aufl., Berlin.

Rosenberg, Leo (1965) ; *Die Beweislast auf der Grundlage des Bürgerlichen Gesetzbuchs und der Zivilprozessordnung*, 5 Aufl., Berlin.（邦訳としてローゼンベルク＝倉田卓次訳（1987）がある）

Sakamoto Takashi (2014) ; in Teruyuki Kawasaki/Takashi Sakamoto, *General Accounting Standard for Small- and Medium-sized Entities in Japan*, Wiley.

Schmalenbach, Eugen. (1926) ; *Dynamische Bilanz*, 4 Aufl.（第7版の邦訳としてシュマーレンバッハ＝土岐訳（1950）がある）

Schmidt, Stefan (2003) ; *Kreditrating nach Basel II Beratung und Begleitung von mittelständischen Unternehmen durch Steuerberater*, Hamburg.

Schuppenhauer, Rainer (1984) ; *Grundsätze für eine ordnungsmäßige Datenverarbeitung*, 2 Aufl.

Sombart, Werner (1917) ; *Der moderne Kapitalismus : historisch-systematische Darstellung des gesamteuropäischen Wirtschaftslebens von seinen Anfängen bis zur Gegenwart*, Bd., 2.

Tipke, K./Lang, J. (1991) ; *Steuerrecht Ein systematischer Grundriß*, 13 Aufl., Köln.

Weber-Grellet, Heinrich (1981) ; In dubio quo ? Zur Beweislast im Steuerrecht, *StuW*.

Westerhoff, Willhelm (1959) ; *Unklare Rechtsgestaltungen in ihrer Bedeutung für das Steuerrecht*, Düsseldorf.

Ziemer, Herbert/Birkholz, Hans (1970) ; *Finanzgerichtsordnung*, 2 Aufl., München.

索　引

― 英　数 ―

AI……………… 3, 29, 112, 201, 206, 213
AICPA ………… 2, 9, 10, 58, 140, 173, 250
AO ……………………………………… 61
EDV 簿記 ……………………………… 218
FinTech ……………… 112, 201, 206
FRF for SMEs ………………………… 173
GoB ………………… 33, 61, 88, 99
GoBD ………………………… 213, 215
IFRS ……………………… 96, 105, 171
IT ……………………………………… 3
TKC …………………………… 177, 223
TKC 会計人の行動基準書…… 111, 112, 132, 206
TKC 経営指標 …………………………… 177
TKC 全国政経研究会 ……………… 73, 196
TKC モニタリング情報サービス…………… 149

― あ　行 ―

青色申告制度 …………………… 16, 65
青色申告の更正制限規定……………… 66
アングロ・サクソン法系（英米法系）……… 60
飯塚事件 ………………………………… 16
一般監査技術 …………………………… 211
一般に公正妥当と認められる会計処理の基準
　……………………………… 17, 69, 83
一般に公正妥当と認められる会計の慣行
　……………………………… 84, 89, 99
一般に公正妥当と認められる企業会計の慣行
　……………………………… 101, 128
一般に認められた会計原則 ………… 99, 203
異分野融合型のプロフェッショナル …… 5, 157
インテリジェンス・バンク ………………… 7
オーディット ………………………… 133

― か　行 ―

外観的独立性 …………………………… 20
会計技術の組立の局面 ……………… 86, 96
会計基準の複線化 …………………… 105
会計参与 ………………… 24, 84, 120
会計参与制度 …………………… 135, 266
会計参与の行動指針 ………………… 136
会計士行動規程 ……………………… 140
会計上の利益 ………………………… 186
会計専門家 …………………………… 2, 82
会計帳簿（仕訳）の信頼性 ……… 8, 194, 195
会計帳簿の記帳代行 ……………… 108, 112
会計帳簿の領域を含む会計制度 ………… 86
会計で会社を強くする ……………… 94, 168
会計に関する識見を有する者 ………… 135
会計リテラシー ……………… 111, 169, 201
会社法 ………………………………… 187
蓋然性評価を伴う年度決算書の作成
　……………………………… 157, 242, 246
外部会計 ……………………………… 171
学際性 ………………………………… 49
学際的 ………………………………… 4, 87
確実性を境に接する蓋然性 ……………… 62
格付けコンサルタント ………………… 232
確定決算主義 …………………… 69, 128
確認の付記 …………………… 233, 239
監査証明業務提供会社 …………………… 9
監査証明業務提供会社に対する非監査証明
　業務の同時提供禁止 ……………… 9, 105
完全性宣言書 …………………… 111, 241
管理会計 …………………… 171, 187
企業会計基準 …………………………… 96
企業会計原則 …………………… 204, 261
企業財務 ……………………………… 175
記帳代行業者 …………………… 2, 144
記帳適時性証明書 ……………… 149, 223

記帳の重要性	195,197	個別監査技術	211
記帳の正確性と網羅性	199	コンピュータ会計法規	218
記帳の整然性と明瞭性	199	コンピレーション	133,247
記帳の訂正・修正・加除の履歴	215,216		
記帳の適時性	198		

— さ 行 —

記帳の適時性と正確性	139,196		
記帳の不可変性	215	罪刑法定主義	46
機能	94	財務会計	171
起票代行	109	財務管理	158,174
規模および法律的属性	98	財務管理上の利益	186
狭義の記帳代行	108	財務経営力	161
狭義の巡回監査	207	財務諸表	91
狭義の税理士業務	26	財務書類	91,118,146
業種および業態	99	財務分析	177
禁反言の法理	74	事業性評価	130
金融商品取引法	70,105,187	資金運用管理	178
経営改善	257	資金管理	181
経営経済的評価	170,188	資金調達管理	178
経営コンサルタント	2,156	シグナリング	148,258,260
経営財務	175	自己監査	133
経営者保証に関するガイドライン	127,262,267	自己報告機能	202
経営助言業務	157,165,188	試査	209
経営セーフティ共済（中小企業倒産防止共済		実査	211
制度）	186	実質的確定力	67
経営分析	177	実質的適正性	129,224
計算書類	91	実質的独立性	20
形式的な確定決算主義	72,129	実質的な確定決算主義	72,128
形式的に正規な簿記	64	質問	157,211,244
経理自由の原則	74,128	指導的機能	208
決算書	91	社会的均衡価値	146
決算書の信頼性	127,146,255,256,263	重要性の原則	206,208
月次決算書	170	巡回監査（月次巡回監査と決算巡回監査）	
原価管理	181		8,205
現金取引	198	巡回監査士	209
憲法	47	小規模企業共済制度	186
広義の記帳代行	108	商業帳簿（帳簿）の法の適用局面	86,94
広義の巡回監査	207	商業帳簿の自己報告	94
広義の税理士業務	26	商業帳簿の自己報告機能	168
公正性	21	商業帳簿の証拠力	95
公認会計士	3,6,10,21,82	消極的保証	119,146,242,247
衡平法	17	証券市場の番人	10
コーポレート・ガバナンス	7	消費税法の帳簿記載要件	213
コスト・ベネフィットの基準	146	証憑突合	211

索　引■ 283

情報センター …………………………… 221
情報の非対称性 ……………… 238, 255, 258
証明業務 …………………………………… 123
証明行為 …………………………………… 126
職業会計人 ……………………………… 3, 5
所得税法上の青色申告決算書 ……… 98, 132
書面添付制度 ………………… 16, 18, 122
書面添付制度の拡充 ……………………… 24
書類範囲証明書 …………………………… 111
仕訳 ……………………………………… 200
仕訳の誤り ……………………………… 215
申告書の作成に関する証明業務 ……… 122
申告調整 ………………………………… 69
真実性の原則 …………………………… 261
真正の事実 ………………… 24, 52, 205
親身の相談相手 …………… 2, 156, 163
信用制度法 ……………………………… 233
信用取引・振替取引 …………………… 198
推定基盤 ………………………………… 62
推定事実に対する反対事実の証明 …… 62
推定の前提事実の証明に対する反証 … 62
正規性の推定 …………………………… 68
正規の監査 …………………… 119, 145, 266
正規の簿記の原則 ……………… 69, 204
正規の簿記の諸原則 …… 33, 61, 84, 88, 99
制度会計 ………………………………… 171
正の相関関係 …………………………… 144
成文法 …………………………………… 248
税法に関する法律家 ………………… 2, 51
税法に関する法律業務 ………………… 53
税務会計論 ……………………………… 57
税務監査業務 …………………………… 123
税務監査証明 …………………… 110, 195
税務監査証明業務 ……………………… 122
税務監査人 ……………………………… 126
税務管理 ………………………………… 176
税務計算書類の監査証明 …………… 16, 125
税務コンプライアンス ………………… 166
税務申告作成業者 ……………………… 31
税務貸借対照表に対する商事貸借対照表の
　基準性 ……………………………… 71
税務代弁業 ……………………………… 13
税務代理士 …………………………… 14, 33

税務の相談業務 ………………… 165, 176
生命保険 ………………………………… 185
税理士および税務代理士の決算付記および
　監査付記に関する連邦税理士会の注意事項
　…………………………………………… 234
税理士業務における品質保証に関する連邦
　税理士会の指針 …………………… 235
税理士による計算書類の作成に関する証明書
　…………………………………………… 139
税理士による年度決算書の作成に関する諸原
　則についての連邦税理士会の書簡 …… 236
税理士による保証業務 ………………… 120
税理士の使命 …………………………… 18
税理士の職責 …………………………… 15
積極的保証 ……………………………… 119
全部監査 ………………………… 206, 209
総合財務計画 …………………………… 183
相当注意義務違反 ……………… 24, 205
租税実体法 ……………………………… 57
租税正義 ………………………………… 46
租税正義の護持者 ……………………… 51
租税正義の実現 ………………… 24, 205
租税法律主義 …………………… 16, 46, 129
損害保険 ………………………………… 185
損金経理要件 …………………… 72, 129

— た　行 —

第 1 項書面添付 ………………… 122, 126
第 1 次シャウプ勧告 …………………… 15
第 2 項書面添付 ………………………… 123
第 2 次シャウプ勧告 …………………… 15
棚卸資産証明書 ………………………… 111
単一性の原則 …………………………… 223
短期利益計画 …………………………… 184
地域金融機関 …………………………… 160
中小企業会計基準 ……………… 102, 169
中小企業経営力強化支援法 ……… 18, 85, 256
中小企業憲章 …………………… 104, 255
中小企業退職金共済制度 ……………… 186
中小企業等の経営強化に関する基本方針 …… 85
中小企業の会計に関する基本要領
　（中小会計要領）

………… 17, 83, 96, 137, 161, 172, 255, 261, 265

中小企業の会計に関する研究会 ……… 102, 103

中小企業の会計に関する研究会報告書 …… 102

中小企業の会計に関する検討会 ……… 104

中小企業の会計に関する指針
…………………… 17, 83, 96, 103, 161

中小企業用の財務報告のフレームワーク … 173

中小・地域金融機関向けの総合的な監督指針
…………………………… 161, 256

中正な立場 ……………………………… 16, 20

懲戒処分 ……………………………… 123, 129

長期利益計画 ………………………………… 183

帳簿の証拠力 …………… 60, 66, 67, 195

帳簿（簿記）の証拠力 ……………… 60, 68

通達 ……………………………………… 52

継ぎ目のない織物 ……………………… 8, 55

訂正仕訳 ……………………………………… 215

訂正仕訳処理 …………………………… 216

適時適切な財務情報等の提供 ……… 144, 265

適切な記帳 ………………… 8, 105, 195

適切なシステム ………………………… 8, 212

電子帳簿保存法 ……… 130, 142, 213, 219

ドイツ国税通則法 …………………………… 61

ドイツ税理士法第57条 ……… 33, 58, 165

統一貸借対照表 ………………………… 98, 132

登録政治資金監査人 ……………… 24, 120

トータルシステム ……………………… 213

独立した公正な立場 ……… 20, 21, 25, 52

独立性 ……………………………………… 20

特例事業承継税制 ……………………… 162

取引の原始的形成権力 ……………… 107

トレーサビリティ ……………… 216, 218

— な 行 —

内部会計 ……………………………… 171

内部統制 ……………………………… 206

内部統制システム ……………………… 30

日本公認会計士協会 ………… 73, 102, 136

日本税理士会連合会
……… 16, 17, 73, 102, 125, 136, 140

認定経営革新等支援機関 ……… 19, 85, 160, 254

年度決算書の作成に関する証明業務 ……… 147

年度決算書の作成に関する証明書
…………………… 133, 138, 233, 238

年度決算書の作成に関する諸原則についての
連邦税理士会の声明 ……………… 238

年度決算書の信頼性 ………………… 236

— は 行 —

場の条件 …………………………… 89, 92

反証可能な法律上の推定 ………………… 61

非監査証明業務 ……………………… 9, 121

非制度会計 ……………………………… 171

批判的機能 ……………………………… 208

表見証明 ………………………………… 62

開かれた体系 …………………………… 88

不確定法概念 …………………………… 88

複式簿記 ……………………………… 169, 201

負債証明書 ……………………………… 111

不正等是正助言義務 ……………………… 24

普遍性の観点 …………………………… 146

フランコ・ジャーマン法系（大陸法系）…… 60

プレパレーション ……………… 133, 248

分析的手続 ……………………… 211, 244

分析的評価 ……………………… 157, 244

米国企業改革法（サーベンス・オクスレー法）
……………………………………… 9

米国公認会計士協会 … 2, 9, 10, 58, 140, 173, 250

ベシャイニグング ……………… 133, 266

弁護士 ……………………………………… 22

包括外部監査人 ……………………… 23, 120

法定の帳簿組織による正当な記載 ……… 67

法律上の推定 …………………………… 61

簿記の形式的な諸原則 …………………… 64

簿記の証拠力 …………………………… 61

保証業務 ………………………………… 118

保証の連続体 …………………………… 142

— ま 行 —

丸抱え ……………………………… 107, 201

丸投げ …………………………………… 107

見え消し ………………………………… 214

無償独占業務 …………………………… 54

索　引■ 285

無担保・無保証融資 ………… 144, 239, 256, 263
明瞭性の原則 ………………………… 261

— や　行 —

融資（貸出）……………………………… 255
有償独占業務 …………………………… 54

— ら　行 —

利益管理 ………………………………… 178

利益計画 …………………………………… 183
利害調整機能 ……………………………… 74
リスクマネジメント …………………… 185
リレーションシップ・バンキング ……… 259
レビュー ………………… 133, 242, 244, 253, 266
連結財務諸表 …………………………… 105
廉潔性 …………………………………… 140

— わ　行 —

ワンストップ・サービス ……………… 158

◆著者紹介

坂本　孝司（さかもと　たかし）

税理士・米国公認会計士　博士（経営情報科学・愛知工業大学）

1956年　静岡県浜松市生まれ

1978年　神戸大学経営学部卒業

1998年　東京大学大学院法学政治学研究科博士課程単位取得退学

2011年　愛知工業大学大学院経営情報科学研究科博士後期課程修了　博士号取得

中小企業庁「中小企業の会計に関する研究会」専門委員，経済産業省「中小企業政策審議会」臨時委員，中小企業庁「中小企業の会計に関する研究会」委員等の要職および愛知工業大学経営学部・大学院教授を歴任。現在，中小企業会計学会副会長，TKC全国会会長，TKC全国政経研究会会長，静岡理工科大学大学院客員教授を務める。

＜主な著書＞

『会計制度の解明－ドイツとの比較による日本のグランドデザイン』中央経済社，2011年（日本会計研究学会　太田・黒澤賞受賞）

『ドイツにおける中小企業金融と税理士の役割』中央経済社，2012年

『会計で会社を強くする（中小会計要領対応版）』TKC出版，2013年

『会計で会社を強くする　簿記・会計先覚者の金言集・解説』TKC出版，2014年

GENERAL ACCOUNTING STANDARD for SMALL-and MEDIUM SIZED ENTITIES in JAPAN，共著，WILEY，2014年

『ドイツ税理士による決算書の作成証明業務（第2版）－ドイツ連邦税理士会『声明』の解説－』編著，TKC出版，2016年

『中小企業金融における会計の役割』共編著，中央経済社，2017年

『中小企業の財務管理入門－財務経営力で会社を強くする（第2版）』中央経済社，2018年　他多数

税理士の未来
－新たなプロフェッショナルの条件

2019年7月10日　第1版第1刷発行
2022年7月10日　第1版第6刷発行

著　者　坂　本　孝　司
発行者　山　本　　　継
発行所　㈱中　央　経　済　社
発売元　㈱中央経済グループ
　　　　パブリッシング

〒101-0051　東京都千代田区神田神保町1-31-2
電話 03（3293）3371（編集代表）
　　 03（3293）3381（営業代表）
https://www.chuokeizai.co.jp
印刷／昭和情報プロセス㈱
製本／誠　製　本　㈱

© 2019
Printed in Japan

＊頁の「欠落」や「順序違い」などがありましたらお取り替えいた
しますので発売元までご送付ください。（送料小社負担）

ISBN978-4-502-31661-6　C3034

JCOPY〈出版者著作権管理機構委託出版物〉本書を無断で複写複製（コピー）することは，
著作権法上の例外を除き，禁じられています。本書をコピーされる場合は事前に出版者
著作権管理機構（JCOPY）の許諾を受けてください。
JCOPY〈https://www.jcopy.or.jp　eメール：info@jcopy.or.jp〉

オススメします

中小企業金融における
会計の役割

坂本孝司・加藤惠一郎 (編著)

＜A5判・336頁＞

「融資（貸出）」「決算書の信頼性」「経営改善」の3つの視点から中小企業と金融機関の架け橋となる会計の機能を体系的に解明するとともに，地域金融機関・中小企業・職業会計人（税理士・会計士等）の役割期待も提示。中小企業会計学会・課題研究委員会の成果をブラッシュアップして書籍化。

◆**Contents**

序　章　中小企業金融における会計の役割

第Ⅰ部　中小企業金融における会計の位置づけ

第1章　会計情報の役割／第2章　金融政策における会計の位置づけ

第Ⅱ部　中小企業金融における融資（貸出）

第3章　金融検査マニュアルと金融機関の自己査定／第4章　金融機関の貸出審査／第5章　経営者保証に関するガイドライン／第6章　事業性評価

第Ⅲ部　中小企業金融における決算書の信頼性

第7章　中小企業会計基準／第8章　会計システム／第9章　税理士の役割／第10章　決算書の信頼性

第Ⅳ部　中小企業金融における経営改善

第11章　経営改善計画／第12章　モニタリング

資料：中小企業の決算書・税務申告書のサンプル

中央経済社